Fördern lernen – Intervention
Herausgegeben von
Stephan Ellinger

Band 6

Philipp Abelein/Roland Stein

Förderung bei Aufmerksamkeits- und Hyperaktivitätsstörungen

Verlag W. Kohlhammer

1. Auflage 2017

Alle Rechte vorbehalten
© W. Kohlhammer GmbH, Stuttgart
Gesamtherstellung: W. Kohlhammer GmbH, Stuttgart

Print:
ISBN 978-3-17-026900-2

E-Book-Formate:
pdf: ISBN 978-3-17-026901-9
epub: ISBN 978-3-17-026902-6
mobi: ISBN 978-3-17-026903-3

Für den Inhalt abgedruckter oder verlinkter Websites ist ausschließlich der jeweilige Betreiber verantwortlich. Die W. Kohlhammer GmbH hat keinen Einfluss auf die verknüpften Seiten und übernimmt hierfür keinerlei Haftung.

Vorwort des Reihenherausgebers

Die Reihe *Fördern lernen* umfasst drei klare thematische Schwerpunkte. Es sollen erstens die wichtigsten *Förderkonzepte und Fördermaßnahmen* bei den am häufigsten vorkommenden Lern- und Verhaltensstörungen dargestellt werden. Zweitens gilt es, die wesentlichen Grundlagen pädagogischer Beratungsarbeit und die wichtigsten *Beratungskonzepte* zu diskutieren, und drittens sollen zentrale *Handlungsfelder pädagogischer Prävention* übersichtlich vermittelt werden. Dabei sind die Bücher dieser Reihe in erster Linie gut lesbar und unmittelbar in der Praxis einzusetzen.

Im *Schwerpunkt Intervention* informiert jeder einzelne Band (1–9) in seinem ersten Teil über den aktuellen Stand der Forschung und entfaltet theoriegeleitet Überlegungen zu Interventionen und Präventionen. Im zweiten Teil eines Bandes werden dann konkrete Maßnahmen und erprobte Förderprogramme vorgestellt und diskutiert. Grundlage für diese Empfehlungen sollen zum einen belastbare empirische Ergebnisse und zum anderen praktische Handlungsanweisungen für konkrete Bezüge (z. B. Unterricht, Freizeitbetreuung, Förderkurse) sein. Schwerpunkt des zweiten Teils sind also die Umsetzungsformen und Umsetzungsmöglichkeiten im jeweiligen pädagogischen Handlungsfeld.

Die Bände im *Schwerpunkt Beratung* (10–15) beinhalten im ersten Teil eine Darstellung des Beratungskonzeptes in klaren Begrifflichkeiten hinsichtlich der Grundannahmen und der zugrundeliegenden Vorstellungen vom Wesen eines Problems, den Fähigkeiten des Menschen usw. Im zweiten Teil werden die Methoden des Beratungsansatzes anhand eines oder mehrerer fiktiver Beratungsanlässe dargestellt und erläutert, so dass Lehrkräfte und außerschulisch arbeitende Pädagogen konkrete Umsetzungen vornehmen können.

Die Einzelbände im *Schwerpunkt Prävention* (16–21) wenden sich *allgemeinen Förderkonzepten und Präventionsmaßnahmen* zu und erläutern praktische Handlungshilfen, um Lernstörungen, Verhaltensstörungen und prekäre Lebenslagen vorbeugend zu verhindern.

Die Zielgruppe der Reihe *Fördern lernen* bilden in erster Linie Lehrkräfte und außerschulisch arbeitende Pädagogen, die sich entweder auf die Arbeit mit betroffenen Kindern vorbereiten oder aber schnell und umfassend gezielte Informationen zur effektiven Förderung oder Beratung von Betroffenen suchen. Die Buchreihe eignet sich auch für die pädagogische Ausbildung und als Zugang für Eltern, die sich nicht auf populärwissenschaftliches Halbwissen verlassen wollen.

Die Autorinnen und Autoren wünschen allen Leserinnen und Lesern ganz praktische *Aha*-Erlebnisse!

Stephan Ellinger

Einzelwerke in der Reihe Fördern lernen

Intervention
Band 1: Förderung bei sozialer Benachteiligung
Band 2: Förderung bei Lese-Rechtschreibschwäche
Band 3: Förderung bei Rechenschwäche
Band 4: Förderung bei Gewalt und Aggressivität
Band 5: Förderung bei Ängstlichkeit und Angststörungen
Band 6: Förderung bei ADS/ADHS
Band 7: Förderung bei Sucht und Abhängigkeiten
Band 8: Förderung bei kulturellen Differenzen
Band 9: Förderung bei Hochbegabung
Beratung
Band 10: Pädagogische Beratung
Band 11: Lösungsorientierte Beratung
Band 12: Kontradiktische Beratung
Band 13: Kooperative Beratung
Band 14: Systemische Beratung
Band 15: Personzentrierte Beratung
Prävention
Band 16: Berufliche Eingliederung
Band 17: Förderung der Motivation bei Lernstörungen
Band 18: Schulische Prävention im Bereich Lernen
Band 19: Schulische Prävention im Bereich Verhalten
Band 20: Resilienz
Band 21: Hilfen zur Erziehung

Inhalt

Vorwort des Reihenherausgebers	5

Einleitung	12

1	Das Phänomen AD(H)S	15
1.1	AD(H)S – ein klar definiertes und anerkanntes Störungsbild?	17
1.1.1	Definition und Klassifikation von AD(H)S	19
1.1.2	Epidemiologie	23
1.1.3	Komorbidität	27
1.2	AD(H)S – ein unscharf formuliertes Störungsbild?	30
1.2.1	Aufmerksamkeitsdefizit – eine unscharf formulierte Variable?	30
1.2.2	(Regionale) Überdiagnostizierung von AD(H)S in Deutschland?	33
1.2.3	Entlastungsfunktion der Diagnose AD(H)S?	35
1.3	Stärken von Kindern und Jugendlichen mit AD(H)S – ein Blick auf den Forschungsstand	37
1.3.1	Überdurchschnittliche Intelligenz	37
1.3.2	Empathie	39
1.3.3	Kreativität	40
1.4	Fazit	41

2	**Diagnostik von AD(H)S**	**44**
2.1	Leitlinien zur Diagnostik von AD(H)S	45
2.2	Differentialdiagnostik	48
2.3	Symptomkriterien nach ICD-10	49
2.4	Symptomkriterien nach DSM-5	50
2.5	DSM-5 versus ICD-10 – einige bedeutende Unterschiede	53
2.6	Kritik der Diagnostik von AD(H)S nach ICD-10 und DSM-5	56
2.6.1	Kritische Betrachtung der wichtigsten Veränderungen von DSM-IV zu DSM-5	56
2.6.2	Kritische Betrachtung der Symptomkriterien nach ICD-10 und DSM-5	59
2.6.3	Ausblick	62
3	**Bedingungsfaktoren und Theorien zur Entstehung von AD(H)S**	**64**
3.1	Genetische sowie prä- und perinatale Bedingungsfaktoren von AD(H)S	65
3.2	Neurobiologische Bedingungsfaktoren von AD(H)S	68
3.2.1	Neuroanatomische und neurophysiologische Faktoren	70
3.2.2	Neurochemische Faktoren	71
3.2.3	Neuropsychologische Faktoren	73
3.3	Kulturtheoretische Erklärungen	74
3.4	Psychoanalytische Erklärungsperspektive	77
3.4.1	Grundlagen einer psychoanalytischen Erklärung von AD(H)S	77
3.4.2	Kritische Betrachtung der psychoanalytischen Erklärungsperspektive von AD(H)S	81

3.5	Weitere Bedingungsfaktoren	83
3.6	Eine interaktionistische Betrachtungsweise von Aufmerksamkeits- und Hyperaktivitätsproblemen	84
3.6.1	Auf dem Weg zu einer interaktionistischen Perspektive: komplexere Modelle von AD(H)S	85
3.6.2	Grundlagen einer interaktionistischen Sicht von Aufmerksamkeits- und Hyperaktivitätsproblemen	87
3.6.3	Personorientierte Sichtweise von Verhaltensstörungen in Bezug auf AD(H)S	89
3.6.4	Situationsorientierte Sichtweise von Verhaltensstörungen und AD(H)S	90
3.6.5	Interaktionistische Sichtweise von Verhaltensstörungen und AD(H)S	93
3.6.6	Etikettierungsansatz/Perspektive der Beobachterwahrnehmung von Verhaltensstörungen und AD(H)S	95
3.6.7	Interaktionen zwischen Aspekten	96
3.6.8	Fazit: Erklärungsperspektiven von AD(H)S und ihre Bedeutung für die pädagogische und didaktische Praxis	99

4	**Therapeutische Förderung bei AD(H)S**	**102**
4.1	Medikamentöse Therapie	103
4.1.1	Wirksamkeit der Pharmakotherapie bei AD(H)S	103
4.1.2	Entwicklung der Verordnungen von Methylphenidat-Präparaten in Deutschland	108
4.1.3	Einnahme von Methylphenidat – primär schulbezogen?	112
4.2	Verhaltenstherapeutische Maßnahmen	113
4.2.1	Patientenzentrierte Interventionen bei AD(H)S	114

4.2.2	Elternzentrierte Interventionen bei AD(H)S	116
4.2.3	Kindergarten- und schulzentrierte Interventionen bei AD(H)S	117
4.3	Neurofeedback	118
4.4	Fazit	122

5 Förderkonzepte und Trainingsprogramme im Kontext von AD(H)S — 124

5.1	Einführung	124
5.2	Therapieprogramm für Kinder mit hyperkinetischem und oppositionellem Trotzverhalten (THOP)	125
5.3	Training mit aufmerksamkeitsgestörten Kindern (TmaK)	128
5.4	Marburger Konzentrationstraining (MKT) und Marburger Verhaltenstraining (MVT)	132
5.4.1	Das Marburger Konzentrationstraining (MKT)	132
5.4.2	Das Marburger Verhaltenstraining (MVT)	136
5.4.3	Fazit zu MKT und MVT	138
5.5	Attentioner	138
5.6	Das Lerntraining LeJA	141
5.7	Fazit	146

6 Pädagogische Ansatzpunkte und Handlungsmöglichkeiten bei AD(H)S — 149

6.1	Haltung	152
6.2	Gestaltung von Situationen	156
6.2.1	Der Ausgangspunkt: ›klassische‹ Unterrichtskonzepte zu AD(H)S	157
6.2.2	Strukturgebung	160

6.2.3	Bewegung	175
6.3	Unterstützung der Kinder und Jugendlichen	179
6.3.1	Maßnahmen zur Förderung von Aufmerksamkeit und Konzentration	179
6.3.2	Förderung von Gedächtnisleistungen	180
6.3.3	Förderung der Fähigkeit zur Selbstregulation	181
6.3.4	Förderung eines angemessenen Selbstkonzepts	186
6.4	Kompetenz von Pädagoginnen und Pädagogen	188
6.4.1	Merkmale erfolgreichen Lehrerhandelns nach Kounin	189
6.4.2	Ausgewählte Maßnahmen für Pädagogen und Lehrkräfte	190
6.4.3	Fachwissen zu AD(H)S als wichtige Grundlage professionellen Handelns	195
6.5	Arbeit mit der Gruppe	197
6.6	Kompetenz und Einbindung der Eltern	200

7	**Fazit**	**206**

Literatur	**210**

Internetquellen	232
Internetseiten	233

Einleitung

Aufmerksamkeits- und Hyperaktivitätsstörungen werden in diesem Buch aus einer pädagogischen Perspektive betrachtet – und zugleich spezifisch im Hinblick auf pädagogische Handlungsfelder. Seit Jahrzehnten stellt die Auseinandersetzung mit diesen Problemen ein Brennpunktthema dar – sei es hinsichtlich Auffälligkeiten und Schwierigkeiten in der Schule oder auch in der Familie. Hierzu ist – wiederum über die Jahrzehnte – eine Fülle von Literatur auf den Markt gekommen, und es sind auch verschiedenste Förderprogramme zur Prävention von und zum Umgang mit solchen Problemen entwickelt worden.

Historisch hat der Phänomenbereich eine Fülle von unterschiedlichen Bezeichnungen und Begriffen erlebt; aktuell steht die Bezeichnung AD(H)S im Vordergrund, die ein Syndrom aus Aufmerksamkeits- und teilweise damit verbundenen Hyperaktivitätsstörungen kennzeichnen soll. Impulsivität spielt – als drittes Problemfeld – in beiderlei Richtung eine bedeutsame Rolle.

In der Forschung kann man eine erhebliche Dominanz der Medizin feststellen, hier insbesondere der Kinder- und Jugendpsychiatrie, aber auch anderer medizinischer Teildisziplinen. Die Medizin betreibt große Projekte und erforscht insbesondere die biologisch-genetischen Ursachen von ADHS, aber auch komplexe Verursachungsmodelle und Auswirkungen sowie die Effekte unterschiedlicher Therapieformen und -verfahren. Es fließen erhebliche öffentliche Mittel in dieses Feld. Dementsprechend ergibt sich auch eine Dominanz der Medizin, ergänzt durch die Psychologie, in der verfügbaren Literatur. Auch Förderprogramme kommen häufig aus der Kinder- und Jugendpsychiatrie sowie der Psychologie. Ein genauerer Blick auf den Erscheinungsbereich von Problemen der Aufmerksamkeit, der Impulsivität und der Hyperaktivität in unserer Gesellschaft zeigt allerdings, dass die Frage von Ursachen,

Einflussfaktoren sowie zudem Entwicklungsprozessen in ihrer Dynamik ausgesprochen komplex ist und es nach wie vor verschiedene Erklärungsmodelle gibt. Nur wenige stehen im Vordergrund, und nur zu denjenigen Aspekten, die erforscht werden, können auch Ergebnisse zutage gefördert werden. Daher ist es an der Zeit, den Blick auf Aufmerksamkeits- und Hyperaktivitätsstörungen zu weiten, über den aktuellen Schwerpunkt der Sichtweisen und Erklärungen hinaus – und dies gilt gerade aus einer pädagogischen Perspektive heraus, die im bisherigen wissenschaftlichen und praxisbezogenen Diskurs um »AD(H)S« deutlich unterrepräsentiert ist. Dazu bedarf es auch eines besonderen Störungsverständnisses.

Warum, könnten Leser[1] dennoch fragen, wenn es schon so viel Literatur gibt, noch ein Buch zu diesem Thema? Die von den Autoren gesehenen Gründe wurden bereits angesprochen, seien jedoch angesichts der berechtigten Frage noch einmal auf den Punkt gebracht: Aus Sicht der Verfasser, die an einem sonderpädagogischen Lehrstuhl tätig sind, und ihrer Erfahrung in der universitären Lehre und Forschung fehlt es an genuin pädagogischen Auseinandersetzungen zu dieser Thematik, die zugleich drei Funktionen erfüllen müssten:

- erstens das Phänomen und die Forschung hierzu aus einer distanzierten wissenschaftlichen Perspektive kritisch betrachten,
- zweitens eine solche Perspektive auf Aufmerksamkeits- und Hyperaktivitätsprobleme einnehmen, die auch pädagogischen Handlungsfeldern gerecht wird,
- drittens auch einen Blick auf eine spezifisch pädagogische Förderung und ihre Möglichkeiten werfen, gerade angesichts eines Phänomens, das häufig und allzu schnell therapeutische Antworten aus Medizin und Psychotherapie erfährt.

---

1 Aus Gründen der Lesbarkeit ist in diesem Buch, soweit nicht anders gekennzeichnet, bei Nennung der männlichen Form die weibliche stets mitgemeint.

Einleitung

Diesen drei Zwecken soll das vorgelegte Buch gerecht werden. Dabei wird, aus noch darzulegenden Gründen und in einer ebenso darzulegenden Art und Weise, von einem besonderen, »interaktionistischen« Störungsverständnis ausgegangen. Dieses Störungsverständnis ist grundsätzlich durchaus kompatibel mit internationalen Klassifikationssystemen, entspricht aber nicht dem »Mainstream« der Verwendung des Störungsbegriffs, welche sehr »personenbezogen« erfolgt. Im Text selbst wird aus pragmatischen Gründen auch sehr häufig das Kürzel »AD(H)S« verwendet, welches jedoch keineswegs eng im medizinisch-psychiatrischen Sinne verstanden sein soll, sondern als Kurzform dessen, was hier – aus einer pädagogischen Perspektive – eben als »Aufmerksamkeits- und Hyperaktivitätsstörungen« in den Blick rückt. Es wird in diesem Buch aber auch, offener, von »Aufmerksamkeits- und Hyperaktivitätsproblemen« die Rede sein.

Insofern folgt das Buch begrifflich dem »Mainstream«, um den Lesern Zugänge zu eröffnen – allerdings folgt es nicht dem »Mainstream« der Erklärungs- und Handlungskonzepte. Damit ist die Begriffswahl eine Gratwanderung, was den Autoren bewusst ist: die genutzten Begriffe könnten falsch verstanden werden; ihnen wird hier eine andere als die übliche Sicht »unterlegt«. Ziel ist es, den Lesern auf diesem Wege eine breitere Betrachtung des Problemfeldes zu ermöglichen, was wiederum auf das Verständnis des Konzepts »Aufmerksamkeits- und Hyperaktivitätsstörungen« bzw. auch des Begriffs AD(H)S zurückwirken könnte.

Würzburg, im Herbst 2016
Philipp Abelein und Roland Stein

1

Das Phänomen AD(H)S

Im Vergleich zu anderen bedeutenden Störungsbildern wie Ängstlichkeit oder Aggressivität und Gewalt dominiert in den fachlichen Beiträgen bei der Beschreibung dieses Phänomens nahezu ausschließlich ein – im deutschsprachigen Raum mittlerweile weitverbreitetes – Kürzel: AD(H)S. Angelehnt ist die deutsche Abkürzung am angloamerikanischen Kürzel ADHD der offiziellen Diagnosebezeichnung »Attention-Deficit/Hyperactivity Disorder« des Klassifikationssystems DSM-5 (Diagnostic and Statistical Manual of Mental Disorders, fifth edition, APA 2013). Die offizielle deutschsprachige Übersetzung der Diagnosebezeichnung im DSM-5 lautet »Aufmerksamkeitsdefizit/Hyperaktivitätsstörung«, wobei einige Autoren den Buchstaben ›S‹ des Kürzels AD(H)S anders wiedergeben und es als »Aufmerksamkeits-Defizit/Hyperaktivitätsyndrom«, »Aufmerksamkeitsdefizit-Hyperaktivitätssyndrom« oder »Aufmerksamkeits-Defizit- und Hyperaktivitätssyndrom« bestimmen (Becker-Pfaff & Engel 2010, 177; Klicpera & Gasteiger-Klicpera 2007, 103; Ellinger 2007, 121). Hinter der Abkürzung AD(H)S steht ein Phänomen, das ein relativ komplexes Erscheinungsbild aufweist. In den international anerkannten Diagnosesystemen DSM-5 und ICD-10 meint AD(H)S das durchgängige Auftreten von unaufmerksamen, hyperaktiven und impulsiven Verhaltensweisen (APA 2013; Remschmidt et al. 2012). Für kritische Betrachter der Diagnose sowie des Störungsbildes AD(H)S erweckt es jedoch den Anschein, dass durch die gängige Verwendung dieses Kürzels eine vereinfachte Kategorie geschaffen wurde, um eine Vielzahl von normabweichenden Verhaltensmustern in diese Störungsgruppe einzuordnen, die aber letztlich recht heterogen sind (Dörpinghaus 2009, 23 f).

Des Weiteren findet sich in der Fachliteratur, synonym zum Begriff AD(H)S, die Bezeichnung »psychoorganisches Syndrom« (Preuss & Stümpfig 2010, 97) mit dem dazugehörigen Akronym POS, welches aber bis zum heutigen Tag ausschließlich in der Schweiz verwendet wird. Zudem nehmen einige Autoren in Bezug auf AD(H)S Begriffsneuschöpfungen vor – wie beispielsweise: »Mozart-Edison-Syndrom« (Brandau & Kaschnitz 2008, 17) oder die »Hypies« (Dietz 2006, 21; Harland 2003, 18; Schaupp 2009, 177). Mit solchen Umschreibungen wird die Absicht verfolgt, die Schwierigkeiten und Defizite der Betroffenen in den Hintergrund der Diskussion zu rücken und stattdessen deren Stärken zu betonen. Diese ressourcenorientierten Bezeichnungsformen scheinen bei einem von Autoren und Klassifikationssystemen so defizitär betrachteten Phänomen wie AD(H)S auf den ersten Eindruck durchaus nachvollziehbar zu sein. Bei einer genaueren wissenschaftlich orientierten Betrachtung fällt jedoch auf, dass diese Bezeichnungen ähnlich wie der Begriff »verhaltensoriginell« (Streßler 2008, 18; Neuhaus 2009, 108) dazu führen, empirisch nicht bzw. nicht eindeutig zu belegende positive Eigenschaften von Kindern und Jugendlichen mit AD(H)S in den Vordergrund zu rücken (► Kap. 1.3). Dabei werden gleichzeitig die Schwierigkeiten, die sich in vielerlei Hinsicht für die betroffenen Kinder und

Jugendlichen und für deren Umfeld in der schulischen und häuslichen Praxis ergeben, verschleiert – eine Folge, die letztlich für keine Seite wirklich hilfreich ist.

1.1 AD(H)S – ein klar definiertes und anerkanntes Störungsbild?

Die Mehrzahl der Autoren vertritt den Standpunkt, »dass AD(H)S und Hyperkinetische Störungen unzweifelhaft als Verhaltensstörungen mit Krankheitswert« (Biegert 2004, 73) anzuerkennen sind. Als Gegenargument zu den in den letzten Jahren aufgekommenen Vorwürfen, AD(H)S sei eine »Modekrankheit« bzw. »Modediagnose« (Tschauer & Feuz 2011, 59 ff; Leuzinger-Bohleber 2006, 11 ff), wird häufig die Figur des »Zappelphilipp« als Prototyp eines Kindes mit AD(H)S angeführt, welcher bereits im Jahr 1844 vom späteren Psychiater Hoffmann in seinem Urmanuskript des Kinderbuches »Struwwelpeter« erschaffen wurde (Gawrilow 2013, 17). Diese Bildergeschichte belege »anschaulich, dass es die Kinder [...] immer schon gab« (Hoberg 2013, 13). Ebenso beschreibt Hoffmann in diesem Werk Geschichten des »Hanns Guck-in-die Luft«, der in aktuellen Literaturbeiträgen als klassisches »Träumerchen« (Schäfer & Gerber 2007, 22), als »vorwiegend unaufmerksamer Typ« (Tücke 2005, 285) betrachtet sowie mit dem Diagnosekürzel »ADS« (Harland 2003, 17) versehen wird. In der Folgezeit des 19. und zu Beginn des 20. Jahrhunderts wurden Kinder, denen vermutlich heutzutage die Diagnose AD(H)S zukommen würde, als »zappelig, impulsiv, ablenkbar, streitsüchtig, ungehorsam, rebellisch und antisozial« beschrieben (Vernooij 1992, 11).

Als nachweislicher Ursprung der wissenschaftlichen Anerkennung der Störungskategorie AD(H)S wird in vielen Beiträgen auf das Jahr 1902 und den englischen Pädiater und Professor für Kinderkrankheiten Sir George Frederic Still verwiesen (Krause & Krause 2009, 13; Müller et al. 2011, 34; Rothenberger & Neumärker 2005, 17 ff). Still (1902) habe anhand von 23 Fallgeschichten von ihm behandelter Kinder die heute gültigen Kernsymptome Hyperaktivität, Unaufmerksamkeit und Impulsivität beschreiben können (Gawrilow 2013, 18). Als Ursache für die beschriebenen Verhaltenssymptome machte er einen »defect of moral control« (Still 1902, 1009) verantwortlich, welchen er auf eine feine organische Hirnschädigung zurückführte. Historisch besonders erwähnenswert waren in der Folgezeit die Erkenntnisse der beiden Psychologen Strauss & Lehtinen (1947), die ein Buch über Kinder mit einer Hirnhautverletzung veröffentlichten und dabei Zusammenhänge zwischen Schädigungen im Zentralnervensystem und Verhaltensstörungen aufzeigen konnten (Myschker & Stein 2014, 471). Hieraus entwickelte sich für Kinder mit unaufmerksamen, hyperaktiven und impulsiven Verhaltensweisen die damalige Störungsbezeichnung einer »minimalen Hirnschädigung« (»minimal brain injury«, »minimal brain damage«) (Müller et al. 2011, 36). Mit Beginn der 1960er Jahre geriet die Bezeichnung »minimale Hirnschädigung« verstärkt in die Kritik, da bei mehreren betroffenen Kindern keine Schädigung des Gehirns gefunden werden konnte und es als unzulässig angesehen wurde, organische Schädigungen aufgrund von beobachtbaren Verhaltensweisen zu erschließen (Kessler 1980, zit. n. Myschker & Stein 2014, 473). Dementsprechend einigte man sich 1966 darauf, den »Schädigungsbegriff« durch einen »Funktionsstörungsbegriff« und die Bezeichnung »Minimal cerebral Dysfunction«, »Minimale cerebrale Dsyfunktion« (MCD) zu ersetzen (Heinemann & Hopf 2006, 9 f; Stiehler 2007, 4). Bis in die 1970er Jahre wurde in Deutschland das Kürzel MCD synonym zu den Begriffen Hyperaktivität und hyperkinetisches Syndrom verwendet. In den 1970er Jahren verlor dann das Konzept der MCD wegen fehlender wissenschaftlicher Befunde an Bedeutung (Rothenberger & Neumärker 2005, 33) – genauer gesagt zeigte eine Forschergruppe um Laucht, Eisert & Esser (1986) auf, dass bei ca. 75 % der Kinder mit normaler bis höherer Intelligenz (IQ ≥ 85) trotz nachgewiesener cerebraler Dysfunktion keine psychiatrischen Auffälligkeiten gefunden werden konnten, während wiederum bei etwa 80 % der psychiatrisch auffälligen Kinder keine Hirnfunktionsstörung feststellbar war. Im Jahr 1980, mit der Veröffentlichung des DSM-III durch die APA (American Psychiatric

1.1 AD(H)S – ein klar definiertes und anerkanntes Störungsbild?

Association), kam es infolgedessen zu einer Veränderung der Diagnosebezeichnung in »Attention Deficit Disorder« mit der Differenzierung in die beiden Subtypen »with or without hyperactivity« bzw. ADD-H (ADS) und ADD+H (AD(H)S) (Rothenberger & Neumärker 2005, 37; Müller et al. 2011, 37). Das DSM-III brachte darüber hinaus noch eine weitere Neuerung mit sich, indem erstmalig genaue Kriterien bestimmt wurden, die einer Diagnose zugrunde zu legen wären (Müller et al. 2011, 37). Es folgte im Jahr 1987 eine Revision des DSM-III, die es vorsah, auf den Subtyp »without hyperactivity« weitestgehend zu verzichten, weil man der Ansicht war, dass Aufmerksamkeitsstörungen gewöhnlich mit Hyperaktivität einhergehen (Krause & Krause 2009, 3). Aus diesem Grund wurde die »reine« Aufmerksamkeitsstörung in die Restkategorie »Undifferentiated ADD« verschoben, was wiederum zu einer weiteren und bisher letzten Namensänderung im DSM führte: »Attentiondeficit-Hyperactivity Disorder« (Müller et al. 2011, 37). Verglichen mit dieser begrifflichen Weiterentwicklung und dem Wechsel vom Fokus auf Hyperaktivität zum Aufmerksamkeitsdefizit im DSM blieb es im Klassifikationssystem der ICD (International Classification of Diseases) der WHO (World Health Organization) seit der ersten Aufnahme des Störungsbildes im Jahr 1974 bei einer Betonung der Hyperaktivität, sodass auch in der aktuellen Einteilung der ICD-10 die Bezeichnung »Hyperkinetische Störungen« (HKS) lautet (Remschmidt et al. 2012, 33). Somit wird hier die Diagnose »AD(H)S« nicht gestellt, sondern ist nur für das DSM gültig.

1.1.1 Definition und Klassifikation von AD(H)S

Beide international gültigen Klassifikationssysteme sind kategorial angelegt, d. h. es wird eine Entscheidung getroffen, ob eine Störung bzw. Krankheit vorliegt oder nicht. Dabei wird sowohl im DSM-5 als auch in der ICD-10 eine primär deskriptive Einteilung verfolgt, also in Unabhängigkeit von bestimmten Erklärungskonzepten und Theorien. Im Hinblick auf AD(H)S werden verschiedene Verhaltensauffälligkeiten bestimmten (Haupt-)Symptomen zugeordnet, um bei der

Gesamtbeurteilung zu entscheiden, ob die Diagnose AD(H)S erfüllt ist. Angesichts ihrer deskriptiven Ausrichtung sind beide Klassifikationssysteme weder in der Lage, genauere Aussagen über die Ätiologie von AD(H)S zu treffen, noch direkte Hinweise für das pädagogische und didaktische Handeln zu geben (Staufenberg 2011, 30).

Übereinstimmend gehen sowohl DSM-5 für die Diagnose »Aufmerksamkeitsdefizit-/Hyperaktivitätsstörung« (314) als auch ICD-10 für das Vorliegen von »Hyperkinetischen Störungen« (F90.0) vom Vorhandensein der drei Kernsymptome »Unaufmerksamkeit, motorische Unruhe und Impulsivität« aus (Lehmkuhl & Döpfner 2008, 215). In der Langfassung der Stellungnahme der Bundesärztekammer (2005) zur »Aufmerksamkeitsdefizit-/Hyperaktivitätsstörung« werden die drei Hauptsymptome wie folgt dargestellt:

- Die Aufmerksamkeitsstörung zeigt sich durch eine fehlende Ausdauer bei Leistungsanforderungen sowie in der Neigung, nicht bei der zu bearbeitenden Aufgabe zu bleiben und stattdessen zu anderen Tätigkeiten zu wechseln.
- Die Hyperaktivität wird als »unruhiges Verhalten, insbesondere mit der Unfähigkeit, stillsitzen zu können« beschrieben (Bundesärztekammer 2005, 5).
- Kennzeichnend für die Impulsivität sind »abrupte[n] motorische [n] und/oder verbale[n] Aktionen, die nicht in den sozialen Kontext passen« (ebd.).

In beiden Klassifikationssystemen werden ähnliche zentrale Kriterien aufgelistet, die für die Diagnose Voraussetzung sind. Die erste Bedingung ist, dass die auftretende Symptomatik nicht dem zu erwartenden Entwicklungsstand entspricht, situationsübergreifend und in einem »abnormen Ausmaß« (Lehmkuhl & Döpfner 2008, 215) in Erscheinung tritt. Neben dem Grad der Ausprägung ist der frühe Beginn der Störung vor dem sechsten (ICD-10) bzw. zwölften Lebensjahr (DSM-5) sowie das konstante Auftreten der Symptome über einen Zeitraum von mindestens sechs Monaten maßgeblich (ICD-10 sowie DSM-5).

Zudem sollte die Störung in zumindest zwei Lebensbereichen gleichbleibend vorkommen – z. B. in der Schule, Familie, im Kindergarten oder im Unterricht (Lehmkuhl & Döpfner 2008, 215). Aufgrund der hohen Komorbiditätsrate (► Kap. 1.1.3) von AD(H)S ist für beide Klassifikationssysteme eine gründliche Differentialdiagnose erforderlich (Lehmkuhl & Döpfner 2008, 215; Quaschner et al. 2011, 158). Hier gilt es auszuschließen, dass die auftretenden Symptome nicht vordergründig auf andere psychische Störungsbilder zurückzuführen sind – wie beispielsweise affektive Störungen, Angststörungen oder Störungen des Sozialverhaltens.

Klassifikation der Störung nach dem DSM-5

Im Klassifikationssystem des DSM-5 unterscheidet man drei »Präsentationen« von AD(H)S. Zunächst ist die »reine« Aufmerksamkeitsstörung, die vorwiegend unaufmerksame Präsentation zu nennen (APA 2013, 60). Die Betroffenen scheinen dauernd verträumt, den Faden zu verlieren und fallen durch ein langsames und eher introvertiertes (Arbeits-)Verhalten auf (Frölich et al. 2014, 15). Voraussetzung für die Diagnose ist, dass die Kriterien für Hyperaktivität und Impulsivität nicht erfüllt, jedoch sechs (oder mehr) Symptome der Unaufmerksamkeit vorhanden sind (APA 2013, 60). Zweitens soll davon die vorwiegend hyperaktiv-impulsive Präsentation mit vorherrschenden hyperaktiven und impulsiven Verhaltenssymptomen abgegrenzt werden. Hierunter sind Personen zu verstehen, die ein erhöhtes Defizit an motorischer, kognitiver und emotionaler Selbstkontrolle aufweisen, dabei jedoch keine Kriterien einer Aufmerksamkeitsstörung erfüllen (Frölich et al. 2014, 16 ff). Insofern dürfen für diese Gruppe weniger als sechs Symptome von Unaufmerksamkeit und gleichzeitig mindestens sechs Symptome aus den Bereichen Hyperaktivität und Impulsivität erfüllt sein. Drittens konstituiert sich in dieser Systematik aus der Kombination der beiden beschriebenen Symptomebenen die kombinierte Präsentation, bei der sowohl wenigstens sechs Symptome der Unaufmerksamkeit als auch mindestens insgesamt sechs Symptome aus Hyperaktivität und

Impulsivität bestehen müssen (APA 2013, 60). Neben diesen drei Symptompräsentationen wird eine Restkategorie einer nicht näher bezeichneten AD(H)S vorgesehen, die gewählt werden kann, wenn einzelne Kriterien nicht vollständig erfüllt sind (ebd., 66).

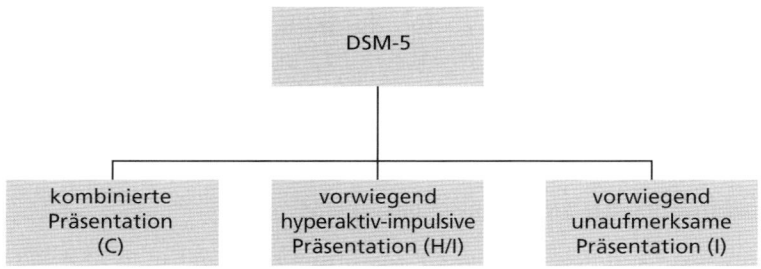

Abb. 1: Präsentationen der Aufmerksamkeitsdefizit-/Hyperaktivitätsstörung nach DSM-5 (APA 2013, 60).
C = Combined presentation; H/I = Predominantly hyperactive/impulsive presentation; I = Predominantly inattentive presentation

Klassifikation der Störung nach der ICD-10

In der ICD-10 der Weltgesundheitsorganisation (WHO) von 2013 wird die Kategorie der »Hyperkinetischen Störungen« zunächst in die beiden größeren Subtypen F90.0 »Einfache Aktivitäts- und Aufmerksamkeitsstörung« und F90.1 »Hyperkinetische Störung des Sozialverhaltens« ausdifferenziert. Für die Diagnose einer einfachen Aktivitäts- und Aufmerksamkeitsstörung müssen neben einer Aufmerksamkeitsstörung auch situationsübergreifende Störungen der Aktivität und Impulskontrolle vorliegen.

Insgesamt müssen mindestens sechs Kriterien aus dem Kardinalbereich Unaufmerksamkeit, drei Kriterien aus dem Gebiet Überaktivität und ein Kriterium der Impulsivität erfüllt sein, damit eine »Einfache Aufmerksamkeits- und Hyperaktivitätsstörung« (F90.0) diagnostiziert werden kann. Von einer »Hyperkinetischen Störung des Sozialverhaltens« (F90.1) kann gesprochen werden, wenn zusätzlich eine Störung des Sozialverhaltens feststellbar ist. Dies betrifft überdauernde Verhaltensgewohnheiten, bei denen »entweder die Grundrechte anderer Menschen oder altersentsprechende Normen und Gesetze verletzt werden« (Freitag 2007, 74).

Neben diesen beiden großen Gruppen »Hyperkinetischer Störungen« (F90) tauchen in der ICD-10, wie bei vielen anderen Störungsformen, zwei weitere Restkategorien (F 90.8, F 90.9) auf, die jedoch bei einer Vielzahl der Autoren keinerlei Berücksichtigung finden (u. a. Freitag 2007; Brandau & Kaschnitz 2008; Lehmkuhl & Döpfner 2008). Diese »völlig unspezifischen« Restkategorien (Heinemann & Hopf 2006, 11) sorgen bei den Autoren für Uneinigkeit im Hinblick auf die Einteilung einer »Aufmerksamkeitsstörung ohne Hyperaktivität«. Während Heinemann & Hopf (ebd.) die davon Betroffenen unter F90.8, »Sonstige hyperkinetische Störungen«, zuordnen würden, weisen Altherr (2000, 197), Müller et al. (2011, 11) sowie Krause & Krause (2009, 4) darauf hin, dass eine »Aufmerksamkeitsstörung ohne Hyperaktivität« vielmehr der Unterkategorie F98.8, »Sonstige näher bezeichnete Verhaltens- und emotionale Störungen mit Beginn in der Kindheit und Jugend«, zuzuweisen sei. Für diese Sichtweise spricht, dass neben Symptomen wie Nägelkauen, Daumenlutschen, Nasebohren und exzessiver Masturbation in dieser Gruppierung tatsächlich die »Aufmerksamkeitsstörung ohne Hyperaktivität« aufgelistet ist. Letzte Untergruppe sind die unter F90.9 angeführten »nicht näher bezeichneten hyperkinetischen Störungen« – eine nach Steinhausen (2000, 13) »nicht zu empfehlende Restkategorie«, »die nur verwendet werden soll, wenn die Differenzierung zwischen F90.0 und F90.1 nicht möglich ist, die allgemeinen Kriterien für F90 aber erfüllt sind«.

1.1.2 Epidemiologie

In der wissenschaftlichen Literatur begegnet man teilweise sehr unterschiedlichen Häufigkeitsangaben zum Störungsbild AD(H)S. Lauth & Schlottke (2009, 19) führen diese Heterogenität der

Prävalenzraten in Studien vor allem auf folgende Faktoren zurück:

• Untersuchungskriterien
• Untersuchungsinstrumente
• Beurteilerquellen
• untersuchte Stichproben

Sie weisen darauf hin, dass höhere Häufigkeitsangaben vor allem dann entstehen, wenn lediglich eine einzelne Beurteilerquelle erhoben wird und wenn unspezifische Messinstrumente zum Einsatz kommen. Zudem kann festgestellt werden, dass sich in Abhängigkeit des verwendeten Klassifikationssystems verschiedene Prävalenzraten von AD(H)S ergeben. Die differenzierte Aufteilung in unterschiedlichen Subtypen im DSM hat zur Folge, dass die Häufigkeitsangaben von HKS nach ICD-10 mit 1–3 % deutlich geringer ausfallen als diejenigen von AD(H)S nach DSM-IV, welche bei etwa 4–8 % der Schulkinder zwischen 6 und 14 Jahren liegen (Quaschner & Theisen 2008, 157). Die weltweite Prävalenz von AD(H)S wird nach einer Metaanalyse von Polanczyk et al. (2007) auf 5,29 % beziffert.

Eine in Deutschland häufig zitierte Studie zur Prävalenz von AD(H)S ist der Kinder- und Jugendgesundheitssurvey des Robert Koch-Instituts, welcher von den Bundesministerien Gesundheit sowie Bildung und Forschung finanziert wird (KIGGS; Schlack et al. 2007). Im Rahmen dieser Untersuchung wurde eine schriftliche Elternbefragung von insgesamt 7569 Jungen und 7267 Mädchen im Alter von 3–17 Jahren aus 167 deutschen Städten und Gemeinden durchgeführt (Schlack et al. 2007, 828). Im KIGGS wurden die Eltern zunächst danach gefragt, ob bei ihrem Kind jemals eine AD(H)S diagnostiziert wurde und von welcher professionellen Personengruppe (Arzt oder Psychologie) diese Diagnose gestellt wurde. Zusätzlich wurden die Eltern gebeten, ihr Kind auf der Subskala »Unaufmerksamkeit/Hyperaktivität« des Fragebogeninstruments Strengths and Difficulties Questionnaire (SDQ) (Goodman et al. 2000) zu bewerten – um neben dem Anteil an klinisch diagnostizierten Kindern auch die

Häufigkeit von AD(H)S-Verdachtsfällen einschätzen zu können. Nach Angaben der Eltern haben durchschnittlich 4,8 % der Kinder und Jugendlichen in Deutschland eine offiziell anerkannte klinische Diagnose einer AD(H)S erhalten (Schlack et al. 2007, 830), wobei für Jungen mit einer Prävalenz von 7,9 % ein deutliches Übergewicht im Vergleich zu Mädchen mit nur 1,8 % festzustellen ist. Des Weiteren weisen die Ergebnisse des KIGGS darauf hin, dass die Häufigkeit der Diagnose AD(H)S in Deutschland abhängig vom sozialen Status ist. So ist bei Heranwachsenden aus Familien mit niedrigem sozialen Status die Anzahl der von Eltern wiedergegebenen klinisch bestätigten AD(H)S-Diagnosen (6,4 %) signifikant größer als bei der Vergleichsgruppe mit mittlerem (5,0 %) und hohem sozialen Status (3,2 %) – diese Unterschiede werden durch eine neue Erhebungswelle bestätigt (Schlack et al. 2014). Außerdem wird bei Familien mit Migrationshintergrund seltener von dem Vorliegen einer klinischen Diagnose einer AD(H)S berichtet (3,1 %) als in Familien ohne Migrationshintergrund (5,1 %), wobei Eltern mit Migrationshintergrund häufiger vom Verdacht einer AD(H)S bei ihrem Kind berichten als Eltern aus Familien ohne Migrationshintergrund (Schlack et al. 2007, 831).

Die ermittelte Häufigkeit von 4,8 % an Kindern und Jugendlichen mit einer klinischen AD(H)S-Diagnose deckt sich größtenteils mit den Ergebnissen von internationalen Studien. So wurde beispielsweise anhand einer umfassenden Bestandsaufnahme von Ihle & Esser (2002), in der die Autoren einen Überblick über 19 internationale Studien von 1970 bis 2000 zur Prävalenz von psychischen Störungen im Kindes- und Jugendalter geben, die durchschnittlichen Prävalenz von AD(H)S auf 4,4 % beziffert. Bei der Auswahl der Studien wurden repräsentative und große Stichproben herangezogen, die entweder die Kriterien der ICD-9/ICD-10 oder des DSM-III/DSM-IV erfüllen konnten. Bemerkenswerterweise ermittelte diese Metaanalyse für die in der öffentlichen Wahrnehmung weitaus weniger präsenten Angststörungen eine Häufigkeit von 10,4 %, und zudem lag Depressivität bei Kindern und Jugendlichen hier gleichauf mit AD(H)S.

Was die Persistenz des Störungsbildes AD(H)S betrifft, ist man innerhalb der letzten Jahre in der wissenschaftlichen Forschung davon abgerückt, dass AD(H)S mit dem Jugendalter bzw. spätestens mit dem Erwachsenenalter schrittweise verschwinde. Laut Längsschnittstudien bleibt AD(H)S zu 33–66 % bis ins Erwachsenenalter bestehen (Gawrilow 2009, 17). Verbunden mit der Persistenz von AD(H)S ins Erwachsenenalter hinein ist zumeist ein negativer Entwicklungsverlauf von Menschen mit Diagnose AD(H)S zu beobachten (Lauth & Schlottke 2009, 28 ff).

Bei den Angaben zur Prävalenz von AD(H)S blieb bisher unerwähnt, dass sich zwischen männlichem und weiblichem Geschlecht erhebliche Unterschiede ergeben. Dem unausgewogenen Geschlechterverhältnis bei AD(H)S soll sich ein kurzer Exkurs widmen, da in der Literatur verschiedene Auffassungen darüber bestehen, welche Gründe für diese ungleiche Verteilung verantwortlich sind.

Exkurs: Unausgewogenes Geschlechterverhältnis bei AD(H)S

In allen epidemiologischen Untersuchungen zeigt sich eine deutliche Überrepräsentierung von Jungen (Quaschner et al. 2011, 158). Als Gründe für die ungleiche Häufigkeitsverteilung werden vordergründig genetische Ursachenfaktoren angeführt.

In diesem Zusammenhang weisen viele Autoren auch auf die geschlechtsspezifischen Unterschiede hinsichtlich der Ausprägung von AD(H)S hin. Im Vergleich zu ihren männlichen Altersgenossen zeigen Mädchen zumeist weniger bis keinerlei Symptome im Bereich der motorischen Unruhe, sondern wirken eher »verträumt« bzw. »hypoaktiv« (Simchen 2007, 14), was eher einer Aufmerksamkeitsstörung ohne Hyperaktivität und Impulsivität zuzuordnen wäre (Imhof et al. 2007, 12). Da sich das Verhalten der Mädchen in der Regel nicht so sehr nach außen richtet, wird in der Literatur diskutiert, ob AD(H)S bei Mädchen teilweise übersehen werde (Müller et al. 2011, 10) und ob dies eine mögliche Ursache für den geringen Anteil von Mädchen mit AD(H)S sein könnte (Imhof et al. 2007, 12; Preuss & Stümpfig 2010, 41). Dafür spräche, dass bei Fehlen bzw.

einer schwächeren Ausprägung der Kernsymptome Impulsivität und Hyperaktivität das Kardinalsymptom der Unaufmerksamkeit weniger auffällt. Ferner können auch die geschlechtsspezifischen Unterschiede hinsichtlich der Komorbidität bei AD(H)S eine mögliche Erklärung für die häufigere AD(H)S-Diagnose bei Jungen sein. Während bei Jungen eher andere externalisierende Verhaltensstörungen wie Störungen des Sozialverhaltens komorbid auftreten, neigen Mädchen mit AD(H)S zu internalisierenden Störungen wie Angststörungen oder depressiven Erkrankungen, die nicht so augenscheinlich zutage treten (Gawrilow 2009, 67). Eine differenzierte Auseinandersetzung mit der genetischen Ursachenerklärung und anderen zentralen Erklärungstheorien zu AD(H)S findet sich in Kapitel 3.

1.1.3 Komorbidität

Sowohl nationale als auch internationale Forschungsbefunde zeigen auf, dass AD(H)S ohne Begleitung von anderen psychischen Störungen eher als Ausnahme bezeichnet werden kann (Gawrilow 2012, 31 ff). Ein Studienergebnis von Lavigne und Kollegen (1996) weist beispielsweise darauf hin, dass bereits im Vorschulalter 90 % der Kinder mit AD(H)S die Kriterien einer komorbiden Störung erfüllen. Von ähnlichen, wenn auch nicht ganz so eindeutigen Zahlen berichten Döpfner und Kollegen (2013, 7), Gawrilow (2012, 31) und die Bundeszentrale für gesundheitliche Aufklärung (BzgA 2010, 16), wonach bei etwa zwei Drittel aller Kinder mit AD(H)S Doppel- bzw. Mehrfachdiagnosen vorliegen. Den größten Anteil in empirischen Untersuchungen haben dabei Störungen des Sozialverhaltens mit oppositionellem Trotzverhalten. Gefolgt davon sind Störungen des Sozialverhaltens ohne eine oppositionelle Verhaltensstörung sowie affektive Erkrankungen, insbesondere depressive Störungen sowie Angststörungen, Tic-Störungen und Teilleistungsstörungen (Döpfner et al. 2013, 7; BzgA 2006, 16).

Tab. 1: Die häufigsten komorbiden Störungen bei Kindern und Jugendlichen mit AD(H)S und ihre jeweiligen Prävalenzraten (aus Döpfner et al. 2013, 7)

Oppositionelle Störung des Sozialverhaltens	50 %
Störung des Sozialverhaltens (ohne oppositionelle Verhaltensstörung)	30–50 %
Affektive, v. a. depressive Störungen	10–40 %
Angststörungen	30–40 %
Lernstörungen, Teilleistungsschwächen	10–40 %
Tic-Störungen	bis 30 %

Wie Tabelle 1 zu entnehmen ist, tritt bei etwa der Hälfte der Kinder und Jugendlichen mit AD(H)S eine oppositionelle Störung des Sozialverhaltens auf. Typische oppositionelle Verhaltensweisen sind beispielsweise das Nicht-Befolgen von Regeln und Anweisungen, das Beschuldigen von anderen Personen für eigene Fehler sowie eine erhöhte Tendenz, mit Gleichaltrigen und Erwachsenen zu streiten und diese zu ärgern (Wyschkon & Esser 2007, 42). In 30–50 % der Fälle wird bei Kindern und Jugendlichen mit AD(H)S eine Störung des Sozialverhaltens diagnostiziert. Hierunter sind schwerwiegende dissoziale Verhaltensweisen zu verstehen, wie körperliche und verbale Aggressionen gegenüber anderen Personen (ebd.). Neben diesen externalisierenden Begleitproblemen weisen Kinder und Jugendliche mit AD(H)S auch einen erheblichen Anteil an depressiven Störungen und Angststörungen auf (bis zu 40 %). Die Zusammenhänge zwischen AD(H)S und diesen internalisierenden Problematiken werden u. a. auf (schulische) Misserfolgserlebnisse und Schwierigkeiten in den sozialen Beziehungen zurückgeführt, welche sich in negativer Art und Weise auf das Selbstwertgefühl und die Selbstwirksamkeit auswirken (Döpfner et al. 2013, 8). Bei etwa einem Drittel der Kinder und Jugendlichen mit AD(H)S liegt zudem eine Tic-Störung vor, welche ebenfalls mit psychosozialen Beeinträchtigungen einhergeht (Frölich et al. 2014, 26). An dieser Stelle sei der Hinweis gegeben, dass

1.1 AD(H)S – ein klar definiertes und anerkanntes Störungsbild?

70 % der Personen, die unter Tic-Störungen leiden, gleichzeitig AD(H)S aufweisen (ebd.). Dies könnte so interpretiert werden, dass das Unterdrücken von Tic-Störungen aufgrund von Schamgefühlen auch umgekehrt AD(H)S-typische Verhaltensweisen hervorrufen mag (ebd.). 10–40 % der Kinder und Jugendlichen mit einer AD(H)S-Diagnose wiesen umschriebene Entwicklungsstörungen, Lernstörungen und Teilleistungsstörungen auf. Neben fein- oder grobmotorischen Defiziten sind hierunter Lese-Rechtschreib-Störungen, Dyskalkulie und Störungen der sprachlichen Entwicklung zu nennen.

Schwenck et al. (2007, 28) weisen auf die Bedeutung des Vorliegens von komorbiden Störungen hin, da diese den Schweregrad und die Prognose negativ beeinflussen. Sie zeigen auf, dass eine komorbide Problematik sowohl hauptursächlich durch AD(H)S bedingt sein als auch unabhängig davon entstehen kann. Das Auftreten einer Begleitstörung modifiziert das Erscheinungsbild von AD(H)S und erschwert dadurch einerseits die Diagnose, erhöht andererseits die Persistenzrate der Störung bis ins Erwachsenenalter (ebd.).

Zusammenfassend lässt sich in Anlehnung an Wyschkon & Esser (2007, 48) feststellen, dass Störungen des Sozialverhaltens die häufigste Begleitstörung von AD(H)S sind und besonders ungünstige Auswirkungen auf den Entwicklungsverlauf dieser Kinder und Jugendlichen haben: »Kinder mit dieser Kombination sind in hohem Maße gefährdet, sich ungünstig zu entwickeln, und zwar sowohl hinsichtlich späterer delinquenter Handlungen, im Hinblick auf Substanzmissbrauch im Jugendalter, in Bezug auf die schulische Entwicklung als auch bezüglich ihres Funktionierens in der Familie und ihrer Einbindung in die Peer-Group« (ebd.).

1.2 AD(H)S – ein unscharf formuliertes Störungsbild?

Der Position, AD(H)S vollständig als Krankheitsbild zu sehen, steht eine in den letzten Jahren deutlich gewachsene Anzahl von Autoren gegenüber, die Zweifel an der Diagnosestellung von AD(H)S äußern und sie stattdessen als »Modediagnose« bezeichnen. Jene Vertreter richten sich vereinzelt deutlich gegen eine neurobiologische Ursachenerklärung von AD(H)S, wobei ihre Kritik hauptsächlich die Definition des Störungsbildes AD(H)S und die in den letzten Jahrzehnten gestiegenen Raten von AD(H)S-Diagnosen, somit die damit in Verbindung stehenden pharmakologischen Interventionsmaßnahmen betrifft.

1.2.1 Aufmerksamkeitsdefizit – eine unscharf formulierte Variable?

Im Fokus verschiedener Kritiker des Störungsbildes AD(H)S steht das Kernsymptom der Unaufmerksamkeit. Dabei wird auf eine unzureichend genaue Auseinandersetzung mit den heterogenen Zuständen von Aufmerksamkeit hingewiesen. Das Phänomen Aufmerksamkeit wird in den medizinischen Klassifikationssystemen sowie in den meisten Literaturbeiträgen zu AD(H)S als ein homogener Kernbereich wiedergegeben, ohne dabei eine Abgrenzung zum eng verwandten Konzept Konzentration vorzunehmen, wie sie z. B. Resch et al. (1999), Scharfetter (2002, 142) und Stiehler (2007) vollziehen (auch schon: Kleber & Stein 1993). Scharfetter (2002, 142) zufolge meint Aufmerksamkeit »die Ausrichtung (aktiv, passiv) des Bewusstseins auf ein Erfahrenes«, während Konzentration »das versammelte Dabeibleiben« ist. In diesem Sinne haben sowohl Aufmerksamkeit als auch Konzentration etwas mit Wachheit für Geschehnisse innerhalb des Wahrnehmungsfeldes zu tun, wobei Konzentration im Sinne von Resch (1999, 331) und Stiehler (2007, 10) als eine eigene und spezielle

Form der Aufmerksamkeit verstanden wird. Dies wird deutlicher, wenn man das Phänomen Aufmerksamkeit in willkürliche und unwillkürliche Aufmerksamkeit bzw. in kontrollierte und automatisierte Reizverarbeitung unterteilt. Unwillkürliche Aufmerksamkeit ist von Geburt an vorhanden, der Reiz bzw. Gegenstand löst (quasi automatisch und ohne willentliche Beeinflussung) das Interesse und die Wachheit einer Person aus. Willkürliche Aufmerksamkeit bedarf hingegen einer bewussten Kontrolle und Verarbeitung des zu verarbeitenden Reizes bzw. Gegenstandes. Diese »Höchstform der willkürlichen Aufmerksamkeit« (Resch et al. 1999, 331) ist mit Konzentration gleichzusetzen. Im Unterschied zur unwillkürlichen Aufmerksamkeit bildet sich die bewusste Steuerung der eigenen Aufmerksamkeit (Konzentration) in der Regel erst mit dem Schuleintrittsalter aus (ebd., 332) und muss daher im Kleinkindalter erlernt werden. Dazu zählen laut Keller & Grömmiger (1993, zit. n. Resch et al. 1999, 332)

- die *selektive Aufmerksamkeit* (als Fähigkeit, Störreize auszublenden und die angetragene Aufgabe unabhängig davon konzentriert fortführen zu können),
- die *Teilung der Aufmerksamkeit* (mehrere Aufgaben parallel zueinander gleichwertig bearbeiten zu können) sowie
- die *Daueraufmerksamkeit* (Konzentration über einen längeren Zeitraum, trotz subjektiv empfundener Eintönigkeit des Gegenstandes).

Konzentration unterscheidet sich insofern im Gesamtbild von Aufmerksamkeit hinsichtlich ihrer Intensität und Willkürlichkeit (Kleber & Stein 1993, 148).

Stiehler (2007, 11) übt Kritik an den Verhaltenskriterien des DSM-IV und der ICD-10. Im Rahmen des Hauptsymptoms Unaufmerksamkeit wird nur die zu erlernende willentliche Aufmerksamkeit (Konzentration), nicht aber die angeborene unwillkürliche Aufmerksamkeit erfasst. Tatsächlich lässt sich unter den formulierten Symptomkriterien in ICD-10 und DSM-5 keine Verhaltensbeschreibung ausfindig machen, die der von Natur aus gegebenen unwillkürlichen Aufmerksamkeit zuzuordnen ist. »Es fehlt den Betroffenen also nicht die biologisch gegebene Aufmerksamkeit, sondern die erst zu schaffende Konzentration« (ebd.). Die Fähigkeit, sich konzentrieren zu können, ist für Stiehler (2007) eine persönliche Leistung, welche nur durch die Lenkung von außen bzw. durch Erziehung ausgebildet werden kann. Im Hinblick auf die Krankheitsauffassung von AD(H)S bedeutet das: »Eine Größe, die von Natur aus gar nicht vorhanden ist, kann daher nicht durch einen natürlichen Vorgang – eine Krankheit – geschädigt sein« (ebd., 11) – man sollte hinzufügen: insbesondere nicht genetisch oder biochemisch. Es muss die Frage gestellt werden, inwiefern diese wichtigen Differenzierungen im Rahmen der vorliegenden internationalen Klassifikationssysteme und mehr noch ihrer Realisierung in konkreter Diagnostik eine Rolle spielen.

Neben der fehlenden begrifflichen Auseinandersetzung und Differenzierung im Hinblick auf Aufmerksamkeit und Konzentration wird bei der Bestimmung eines Aufmerksamkeitsdefizits nur der »trait«-Aspekt, nicht jedoch der »state«-Aspekt erfasst (Kleber & Stein 1993, 149): Die mangelhafte Aufmerksamkeitsleistung eines Kindes wird allein auf die Fähigkeitsdefizite der Person zurückgeführt, wobei weder die Mehrzahl der Autoren noch die internationalen Klassifikationssysteme DSM-5 und ICD-10 eine Analyse von situativen Bedingungen vornehmen, unter denen die Konzentrationsschwäche auftritt (ebd., 148). Gerade in schulischen Lernsituationen ist die Konzentration eines Schülers in besonderer Art und Weise gefordert. Erstens findet Konzentration im Rahmen des Unterrichts unter ganz spezifischen situativen Bedingungen statt, die mit dem Lernen in anderen Kontexten keinesfalls gleichzusetzen sind. Zweitens wird im Rahmen des schulischen Lernens Konzentration vom Schüler verlangt, und diese ist von einer Konzentrationsleistung in anderen Kontexten, beispielsweise häuslichen, getrennt zu betrachten und zu analysieren. Konzentration steht insofern nicht allein mit der *Fähigkeit*, sondern auch mit der *Bereitschaft* einer Person in Abhängigkeit (vgl. ebd., 51). Unter Bezug auf Roggensack (2006, 171) sei noch hinzugefügt, dass in der Diagnostik von AD(H)S zwar das Auftreten einer Verhaltensauffälligkeit erfasst wird (etwa: nicht zuhören zu können), dadurch aber gänzlich unberücksichtigt bleibt, ob das Auftreten dieses Verhaltens möglicherweise sinnvoll bzw. in Anbetracht des situativen Kontextes eventuell nachvollziehbar sei. So können Schwierigkeiten der Konzentration unter anderem auch auf einen Unterricht zurückzuführen sein, der das Interesse des Schülers nicht anspricht, auf ein Unwohlsein im Klassenverband oder in der Schule generell oder auch auf die gedankliche Auseinandersetzung mit anderen aktuell subjektiv bedeutsameren Inhalten, etwa familiären oder sonstigen persönlichen Gegebenheiten bzw. Problemen.

1.2.2 (Regionale) Überdiagnostizierung von AD(H)S in Deutschland?

In den letzten Jahren ist in der diagnostischen Praxis in Deutschland zwischen 2006 und 2011 ein Anstieg der Diagnoseraten von AD(H)S von ca. 49 % festzustellen (Barmer GEK 2013, 16). Weiterhin ergeben sich bei den Diagnosestellungen von AD(H)S erhebliche regionale Unterschiede. So weisen in Unterfranken 8,83 % der Mädchen und 18,8 % der Jungen im Durchschnitt eine AD(H)S-Diagnose auf, während in den übrigen deutschen Regionen durchschnittlich 11,33 % des männlichen und 3,86 % des weiblichen Geschlechts so diagnostiziert werden (ebd., 19).

Hinsichtlich einer möglichen Überdiagnostizierung von AD(H)S in Deutschland häufen sich in den letzten Jahren vermehrt selbstkritische Stimmen führender Ärzte, wie beispielsweise Holtmann, ärztlicher Direktor der Kinder- und Jugendpsychiatrie in Hamm: »Es gibt zwar Leitlinien und Standards, aber sie werden nicht von allen Ärzten ausreichend angewandt« (www.aerztezeitung.de 2015). Lehmkuhl, Direktorin der Kinderklinik für Kinder- und Jugendpsychiatrie und Psychotherapie an der Berliner Charité, berichtet in einem Zeitungsinterview davon, dass neun von zehn Kindern fälschlicherweise mit einer AD(H)S-Diagnose zu ihr geschickt würden, demnach seien »90 Prozent der AD(H)S-Diagnosen falsch« (www.faz.net 2015).

Die Vermutung einer zu häufigen Diagnostizierung von AD(H)S wird durch Studienergebnisse von Bruchmüller & Schneider (2012, 77 ff) gestützt, die eine Befragung von 473 Kinder- und Jugendpsychotherapeuten in Deutschland durchführten. In dieser Untersuchung wurden den teilnehmenden Professionellen vier verschiedene Fallgeschichten vorgelegt, anhand derer sie eine Diagnosestellung nach ICD-10 vornehmen sollten. Darüber hinaus mussten die Probanden eine Entscheidung treffen, ob sie für die vorliegende Fallgeschichte eine medikamentöse und/oder eine psychotherapeutische Behandlung als notwendig erachten und empfehlen würden. Lediglich eines dieser vier Beispiele ließ die eindeutige Schlussfolgerung einer AD(H)S-Diagnose zu. Zudem wurden alle vier Versionen sowohl mit einer weiblichen als auch einer männlichen Fallperson an die Probanden weitergegeben. Die Ergebnisse dieser Studie brachten zum Vorschein, dass für die drei Fallgeschichten, in denen keine Diagnosestellung einer AD(H)S zutreffend war, dennoch 16,7 % der Kinder- und Jugendpsychotherapeuten und Psychiater zur Entscheidung gelangten, dass in diesen Fällen eine AD(H)S-Diagnose zu treffen sei und zusätzlich 5,8 % von ihnen den Verdacht einer AD(H)S äußerten. 33 % jener Versuchsteilnehmer, die fälschlicherweise eine AD(H)S-Diagnose in den jeweiligen drei Fallgeschichten stellten, empfahlen eine medikamentöse Behandlung des Kindes, 92 % von ihnen erachteten psychotherapeutische Maßnahmen als sinnvoll. Bei Fallgeschichten mit männlichem Geschlecht ergaben sich doppelt so viele Fehldiagnosen wie bei Mädchen. Zwei Fallgeschichten waren dabei identisch, mit der Ausnahme, dass in der einen Fallbeschreibung der Junge Leon und in der anderen das Mädchen Lea das zu diagnostizierende Kind darstellte, wobei für Leon deutlich häufiger eine AD(H)S-Diagnose gestellt wurde als für Lea.

Diese Ergebnisse von Bruchmüller & Schneider (2012) weisen deutlich auf die Gefahr einer zu häufigen Diagnosestellung von AD(H)S hin. Darüber hinaus zeigen sie die Tendenz, für Jungen eher eine AD(H)S-Diagnose zu stellen als für Mädchen; zudem neigen hier männliche Diagnostiker im Vergleich zu ihren weiblichen Berufskolleginnen stärker zur Diagnosestellung AD(H)S. Schließlich geht eine hohe Anzahl an Fehldiagnosen mit der Empfehlung einer pharmakologischen und psychotherapeutischen Behandlungsalternative einher (ebd., 77). Als ausschlaggebender Grund für die beträchtliche Rate an fehlerhaften AD(H)S-Diagnosen wird vermutet, dass die Urteile auf Heuristiken anstelle einer klaren und sorgfältigen Verfolgung der diagnostischen Standards der Diagnostik von AD(H)S beruhen (ebd., 85).

Einschränkend hinsichtlich der Aussagekraft der Studienergebnisse von Bruchmüller & Schneider (2012) muss angemerkt werden, dass sowohl die Diagnosestellung als auch die Behandlungsvorschläge der Probanden auf Basis von knapp formulierten Fallbeispielen erfolgten und damit die Kriterien einer offiziellen multiaxialen AD(H)S-Diagnostik nicht erfüllt waren. Allerdings waren trotz dieser fehlenden Voraussetzungen ca. 90 % der befragten Kinder- und Jugendpsychotherapeuten bereit, lediglich auf Grundlage von Fall- bzw. Symptombeschreibungen, also ohne das entsprechende Individuum und dessen psychosoziale Rahmenbedingungen zu kennen, eine Aussage hinsichtlich Diagnose und Behandlung zu treffen.

1.2.3 Entlastungsfunktion der Diagnose AD(H)S?

Die Zweifel an der Eindeutigkeit der Diagnose von AD(H)S nehmen auch zunehmend unter prominenten deutschen AD(H)S-Forschern zu. Döpfner, Mitautor der Leitlinien für die Behandlung von AD(H)S, sprach sich 2006 in einem Interview noch ausdrücklich dafür aus, dass »AD(H)S keine Modediagnose sei« (www.focus.de 2015). In einem Zeitungsinterview aus dem Jahr 2012 kommt er jedoch zu folgendem Urteil:

> »Die Grundschwierigkeit ist, dass es keine natürlichen Grenzen gibt, an denen die Normalität aufhört und die Krankheit anfängt. Sicher ist auch ein Problem, dass AD(H)S zu einer Modestörung geworden ist, dass diese Erklärung für Fehlverhalten deutlich überdehnt worden ist. Vieles, was lediglich mit Variationen von der Norm zu tun hat, wird bereits in eine Krankheits-

kategorie gesteckt, in die es nicht gehört. Ohne Zweifel ist AD(H)S auch sehr beliebt, weil es manchmal Eltern fälschlicherweise suggeriert, sie seien entlastet. Es ist schon komisch, dass einige Eltern erleichtert sind, wenn man ihnen sagt, ihr Kind sei krank.« (www.rhein-zeitung.de 2015)

Döpfner (2012) zweifelt nicht an der Existenz des Störungsbildes AD(H)S. Jedoch können unter Bezug auf seine Gedanken oben zwei wesentliche Bedenken im Hinblick auf die Diagnose AD(H)S herausgearbeitet werden:

Erstens besteht bei der Feststellung von AD(H)S die Schwierigkeit, eindeutig zu klären, wo die Trennlinie zwischen auffälligem und unauffälligem Verhalten zu ziehen wäre. Diese Problematik wird in Kapitel 2.6 näher beleuchtet, nachdem die diagnostischen Vorgehensweisen nach DSM-5 und ICD-10 dargestellt wurden und darauf Bezug genommen werden kann.

Zweitens zeigt Döpfner (2012) auf, dass die AD(H)S-Diagnose von einigen Eltern gewollt und dementsprechend positiv aufgenommen wird. Hochwald (2012, 7) erklärt die Entlastungsfunktion einer solchen Diagnose wie folgt: »Endlich gibt es eine Anerkennung des Problems, und es gibt Möglichkeiten sich Hilfe zu holen«. In diesem Sinne hat es Für und Wider, wenn etwa Drüe (2007, 224), Mutter eines Kindes mit AD(H)S, eine möglichst frühzeitige Diagnose befürwortet, weil dadurch die Erziehungsverantwortlichen von »quälenden Selbstvorwürfen zumindest teilweise entlastet werden«. Dammasch (2009, 189) und Otto (2010, 150) erachten diese Entlastungsfunktion insofern als negativ, da die Diagnose AD(H)S eine Pathologisierung des Verhaltens des Kindes bewirke und bei Erziehungsverantwortlichen die Haltung auslöse, die Verantwortung für das auffällige Verhalten des Kindes von sich zu weisen und die Ursachensicht rein auf das Kind (und seine biogenetische »Ausstattung«) zu verlagern. Wenn dem so ist, ergibt sich jedoch eine generelle Entlastung für das eigene Erziehungsverhalten. Diese mag für verzweifelte Eltern gut sein, enthebt jedoch alle fast schon grundsätzlich der erzieherischen Verantwortung für die problematischen Verhaltensweisen der Kinder, die im Syndrom AD(H)S beschrieben werden.

1.3 Stärken von Kindern und Jugendlichen mit AD(H)S – ein Blick auf den Forschungsstand

Neben den drei an Defiziten orientierten Merkmalen Unaufmerksamkeit, Hyperaktivität und Impulsivität weisen diverse Autoren auch auf einige besonders positive Attribute von Kindern und Jugendlichen mit AD(H)S hin. Im Fokus stehen dabei insbesondere drei wesentliche Kompetenzbereiche:

* eine mögliche *überdurchschnittliche Intelligenz* (Drüe 2007, 47 f; Hallowell & Ratey 1999; Rossi 2001; Hamm & Berger 2004, 20);
* eine mögliche *besondere Empathie* (Drüe 2007, 48; Farnkopf 2007, 58; Krowatschek & Hengst 2004, 64; Neuhaus 2009, 34, 63 f; Schröder 2006, 26; Ruf & Arthen 2006, 42; Heil et al. 2007, 26; Simchen 2007, 53; Warnke & Satzger-Harsch 2004, 12);
* eine mögliche *besondere Kreativität* (Drüe 2007, 46 f; Brandau & Kaschnitz 2008, 16; Neuhaus 2009, 33, 63 f; Farnkopf 2007, 58; Schröder 2006, 26; Ruf & Arthen 2006, 42; Hamm & Berger 2004, 20; Heil et al. 2007, 26; Simchen 2007, 53; Gawrilow 2012, 22; Warnke & Satzger-Harsch 2004, 12).

Nachdem solche Attribute gerade in jüngerer Zeit in den Vordergrund getreten sind und von einer Vielzahl von Autoren erwähnt werden, sollen diese drei Aspekte im Folgenden etwas näher betrachtet und im Hinblick auf den Forschungsstand untersucht werden (▶ Kap. 1.3.1–1.3.3).

1.3.1 Überdurchschnittliche Intelligenz

Im Gegensatz zu der beispielsweise von Drüe (2007, 47 f) zugeschriebenen »überdurchschnittlichen Intelligenz« bei Kindern und Jugendlichen mit AD(H)S stehen die Ergebnisse verschiedener Studien, welche darauf hinweisen, dass Kinder und Jugendliche mit AD(H)S vermehrt einen IQ-Wert erreichen, der unter dem Norm- bzw. Vergleichswert einer Kontrollgruppe von Probanden ohne AD(H)S liegt (Faraone et al. 1993; Frazier et al. 2004; Hellwig-Brida et al. 2010, 300). Hässler & Thome (2012, 89) kommen in ihrem Forschungsbeitrag anhand der Analyse unterschiedlicher Studien zur Feststellung, dass Kinder mit einer unterdurchschnittlichen Intelligenz eindeutig höhere Prävalenzraten von AD(H)S aufweisen als die Vergleichsgruppe. Der Zusammenhang zwischen geringerer Intelligenz und AD(H)S könnte möglicherweise auf gemeinsame hirnorganische Ursachen sowie perinatale Einflüsse zurückgeführt werden (ebd., 89 f). Die schlechteren Resultate in Testverfahren zur Intelligenz werden vor allem auf Basis der Störung exekutiver Funktionen bei Kindern und Jugendlichen mit AD(H)S gesehen, da sie gerade in diesen Fähigkeitsbereichen nur unterdurchschnittliche Leistungen erzielen (Hellwig-Brida et al. 2010, 300). Folgt man jedoch der von Stiehler (2007) in Kapitel 1.2.1 vorgenommenen Differenzierung zwischen Aufmerksamkeit und Konzentration, dann wäre es ebenso möglich, dass Kinder mit AD(H)S v. a. deshalb schlechtere Ergebnisse in Intelligenztests erzielen, weil sie (primär) aufgrund mangelnder bzw. unstrukturierter Erziehung bestimmte Fähigkeitspotenziale, wie z. B. die Konzentrationsfähigkeit (Fähigkeit zur selektiven Aufmerksamkeit), nicht vollständig ausschöpfen konnten, welche für den individuellen Erfolg bei Intelligenzverfahren maßgebend sind.

Mayes & Calhoun (2006) konnten mittels Einzelprofilen zeigen, dass die geringeren Intelligenzleistungen von Probanden mit AD(H)S auf deren Defiziten im Arbeitsgedächtnis und in der Verarbeitungsgeschwindigkeit basieren (Hellwig-Brida et al. 2010, 300). Die unzureichende Nutzung des Arbeitsgedächtnisses führt zu Problemen, neue Informationen abzuspeichern, über sie zu verfügen und sie mit älteren Fakten aus dem Langzeitspeicher in Verbindung zu bringen (Lauth & Naumann 2009, 29). In der Metaanalyse von Hervey et al. (2004) zeigte sich bei 69 % der Personen mit AD(H)S eine schwächere Gedächtnisleistung als bei Nicht-Betroffenen (Lauth & Naumann 2009, 29). Demgegenüber stehen eine Reihe wissenschaftlicher

Studien, bei denen Kinder mit der Diagnose AD(H)S einen IQ-Wert erzielen konnten, der innerhalb des Normbereiches lag (Doyle et al. 2000; Schuck & Crinella 2005). Jepsen et al. (2008, 1) kommen anhand ihrer eigenen Untersuchung sowie einer Analyse anderer Studien zur Intelligenzleistung allerdings zum Ergebnis, dass das Vorliegen einer AD(H)S mit einer verminderten Leistung von zwei bis fünf IQ-Punkten einhergeht. Frazier et al. (2004) konnten in ihrer Metaanalyse von 123 Studien nur eine einzige Studie finden, in denen Kinder, Jugendliche und Erwachsene mit der Diagnose AD(H)S keinen geringeren Gesamt-IQ-Wert erzielten als die Vergleichsgruppe ohne eine diagnostizierte AD(H)S (Jepsen et al. 2008, 3). Eine Studie, in welcher eine »überdurchschnittliche Intelligenz« bei Kindern und Jugendlichen, wie von Drüe (2007, 47) postuliert, mit der Diagnose AD(H)S nachgewiesen werden konnte, liegt aktuell nach Kenntnisstand der Autoren nicht vor.

Es dürfte noch zu klären sein, inwiefern möglicherweise ungünstige Erziehungseinflüsse, so etwa eine unstrukturierte Erziehung, *parallel* auf beide Parameter wirken: zum einen die Ausprägung exekutiver Funktionen wie Konzentrations-, kognitive Strukturierungs- oder Gedächtnisleistung – und zum anderen Verhaltenstendenzen wie Hyperaktivität und Impulsivität. Aufmerksamkeit und Impulsivität bilden ohnehin ein ›Bindeglied‹ zwischen kognitiven und sozialen ›Leistungen‹.

1.3.2 Empathie

»Hilfsbereitschaft und Empathie« (Drüe 2007, 48) sind zwei Beispiele von sozialen Fertigkeiten, die Kindern und Jugendlichen mit AD(H)S mehrfach von Autoren zugeschrieben werden; Gawrilow (2012, 22) spricht von »Gespür für soziale Fairness«. Im Hinblick auf die empathischen Fähigkeiten bei Kindern und Jugendlichen mit AD(H)S gibt es relativ wenige wissenschaftlich fundierte Befunde. Braaten & Rosén (2000) konnten in einer Studie mit sechs- bis zwölfjährigen Jungen mit AD(H)S geringere empathische Fertigkeiten als bei der gleichaltrigen Kontrollgruppe ohne AD(H)S feststellen. Analog dazu weisen Studienergebnisse auf Schwierigkeiten in der Fähigkeit zur Perspektivenübernahme (Buitelaar et al. 1999; Marton et al. 2009) sowie in der Emotionserkennung (Kats-Gold et al. 2007; Sinzig et al. 2008) sowohl von Kindern als auch von Jugendlichen mit AD(H)S hin (Schwenck et al. 2011, 266). Es gibt auch empirische Studien, in denen keine signifikanten Unterschiede zwischen Kindern und Jugendlichen mit und ohne AD(H)S ermittelt werden konnten (Fastnacht-Hill 2001; Kumar 2002). Allerdings waren bis zum jetzigen Zeitpunkt in keiner den Verfassern bekannten veröffentlichten Studie überlegene empathische Fertigkeiten von Kindern und Jugendlichen mit AD(H)S im Vergleich zu ihrer Gleichaltrigengruppe ohne AD(H)S nachweisbar. Die von vielen Autoren vermutete besondere Stärke im Bereich der Empathie stimmt insofern nicht mit den bisherigen Ergebnissen wissenschaftlicher Forschung überein. Auch hier sei jedoch darauf hingewiesen, dass Parameter wie Aufmerksamkeit oder Impulsivität mit Empathie interferieren: Empathie bedarf auch der (nachhaltigen) Aufmerksamkeit für den Anderen.

1.3.3 Kreativität

Schließlich weisen gerade in den letzten Jahren immer mehr Autoren auf eine besondere Kreativität von Kindern und Jugendlichen mit AD(H)S hin. Brandau & Kaschnitz (2008) beschreiben den Zusammenhang zwischen Kreativität und AD(H)S wie folgt:

> »Die Geistesverfassung von AD(H)S scheint Kreativität zu begünstigen. Einmal haben diese Menschen mehr Toleranz für Chaos. Die Neigung, Dinge durcheinanderzubringen, einerseits ein Hauptmanko, schafft andererseits die Chance, dass Informationen einen unerwarteten Gestaltwandel durchlaufen, ehe sie sich im Bewusstsein kategorisieren.« (ebd., 16)

In Bezug auf die Hypothese, dass Kinder und Jugendliche mit AD(H)S kreativer sind als Gleichaltrige ohne AD(H)S, liegen in der wissenschaftlichen Forschung inkonsistente Studienergebnisse vor. Im deutschsprachigen Raum wurde keine Studie gefunden, die den Zusammenhang eines erhöhten Ausmaßes an Kreativität bei Kindern und Jugendlichen mit AD(H)S im Vergleich zu solchen ohne AD(H)S empirisch belegen konnte. Lediglich Brandau et al. (2007) berichten davon, dass sie in einer eigenen empirischen Untersuchung einen positiven Zusammenhang zwischen Impulsivität und Kreativität bei Jungen zwischen sechs und zehn Jahren feststellen konnten. Im englischsprachigen Forschungsraum gibt es eine geringe Anzahl an Studien, welche die Kreativität bei Menschen mit AD(H)S erhoben haben (Healey & Rucklidge 2006, 3). Zwar weisen manche Studien auf eine erhöhte Kreativität bei Personen mit AD(H)S hin (Cramond 1994; White & Shah 2006). Hingegen konnten in anderen Studien keine signifikanten Unterschiede zwischen Kindern und Jugendlichen mit AD(H)S und ohne AD(H)S festgestellt werden (Healey & Rucklidge 2005). Die Grundschwierigkeit bei der Erfassung von Kreativität und eine mögliche Begründung für die uneinheitlichen Testergebnisse in den Studien liegen für White & Shah (2006, 1122) in erster Linie in der fehlenden begrifflichen Klarheit und einem identischen Verständnis von Kreativität. Im Gegensatz zu den beiden anderen von Autoren zugewiesenen Stärken einer überdurchschnittlichen Intelligenz und Empathie gibt es im Hinblick auf den Fähigkeitsbereich der Kreativität tatsächlich einige empirische Untersuchungsergebnisse, die bei Kindern und Jugendlichen mit der Diagnose AD(H)S ein erhöhtes Leistungspotenzial vermuten lassen. Allerdings sind die Forschungsresultate noch zu heterogen, um wirklich eindeutige Aussagen im Hinblick auf Kinder und Jugendliche mit der Diagnose AD(H)S treffen zu können.

1.4   Fazit

AD(H)S erweist sich als ein sehr viel diskutiertes Phänomen, das in einschlägigen internationalen Klassifikationssystemen psychiatrisch definiert und beschrieben wird. Es liegen recht klare Kriterien vor, die auch der Diagnose dienen können. Es scheint sich um ein Problem mit durchaus erheblicher Verbreitung zu handeln – auf der anderen Seite droht die Häufigkeit, folgt man internationalen und nationalen epidemiologischen Studien, auch auf Kosten anderer, insbesondere ›internalisierender‹ Phänomene überschätzt zu werden.

Bei genauerem Blick zeigt sich zudem, dass auch die international konsensuell definierten Kriterien an ihre Grenzen kommen: AD(H)S wird hier zu einer ›Kategorie‹, während alle zugrunde liegenden Hauptaspekte letztlich ein Kontinuum bezeichnen: von geringer bis zu hoher Aufmerksamkeitseinschränkung, Hyperaktivität und Impulsivität. Psychiatrische Kategoriensysteme versuchen hier einen ›Schnitt‹ zu definieren, ab wann ein Verhalten als problematisch einzuschätzen wäre. Des Weiteren ist zu bedenken, dass Phänomene wie AD(H)S immer in der Interaktion zwischen Voraussetzungen auf Seiten der Person (des Kindes oder Jugendlichen) und der Situation (in der Familie, in der Schule usw.) auftreten. Internationale Klassifikationssysteme werden dem durch ihre Multiaxialität grundsätzlich gerecht. In der Fachdiskussion dominieren allerdings Auseinandersetzungen hinsichtlich der personalen Bedingungen des Kindes – und dies droht auch für die konkrete Diagnostik der Fall zu sein.

Damit zusammenhängend, aber auch grundsätzlich kommt der Diagnose AD(H)S bezogen auf Erziehung, aber auch auf Entstehungsbedingungen eine ›Entlastungsfunktion‹ zu. Diese kann zum einen hilfreich sein, jedoch auch den Blick allzu sehr von Bedingungsfeldern wie etwa elterlicher Erziehung weglenken (siehe dazu näher Kap. 6).

Schließlich geht ein jüngeres Bemühen dahin, angesichts eines stark negativ konnotierten Phänomens auch positive Aspekte in den Blick zu nehmen. Dieses Bemühen ist ehrenwert in dem Sinne, ›betroffene‹ Kinder und Jugendliche nicht auf ihre Probleme zu reduzieren – andererseits finden sich bei genauerem Hinsehen kaum wissenschaftlich belegbare Hinweise, welche besondere positive

1.4 Fazit

Merkmale wie Intelligenz, Empathie oder Kreativität belegen könnten. Es könnte hilfreicher sein, Probleme klar in den Blick zu nehmen, ohne die gesamte Person des Kindes dadurch zu definieren.

Die Diskussion um AD(H)S ist in den vergangenen Jahren und Jahrzehnten recht stark medizinisch-psychiatrisch dominiert. Pädagogische Aspekte und Sichtweisen kommen leider erheblich zu kurz.

2

Diagnostik von AD(H)S

Im ersten Kapitel wurden – im Rahmen der Klassifikation von AD(H)S – bereits die möglichen Diagnosestellungen und die zentralen Voraussetzungen für eine AD(H)S-Diagnose nach ICD-10 und DSM-5 dargestellt. Im Folgenden soll zunächst der Weg zur Diagnose AD(H)S anhand der aktuell gültigen psychiatrischen Leitlinien beschrieben und konkretisiert werden. In diesem Zusammenhang wird anschließend auf die diagnostischen (Ausschluss-)Kriterien von AD(H)S eingegangen. Zum Abschluss dieses Kapitels erfolgt ein Vergleich der beiden Klassifikationssysteme ICD-10 und DSM-5 sowie des Weiteren eine kritische Betrachtung zur Diagnostik bei AD(H)S.

2.1 Leitlinien zur Diagnostik von AD(H)S

Für die Diagnostik von AD(H)S gelten in Deutschland die im Jahr 2007 von der Deutschen Gesellschaft für Kinder- und Jugendpsychiatrie und Psychotherapie herausgegebenen Leitlinien. Diese orientieren sich im Gegensatz zu der hier verwendeten Begrifflichkeit AD(H)S nicht am Klassifikationssystem DSM, sondern an der ICD-10. Verantwortlich für die Diagnosestellung sind Fachleute – wie Kinder- und Jugendärzte, Kinder- und Jugendpsychiater, klinische Psychologen, psychologische Psychotherapeuten oder Kinder- und Jugendlichen-Psychotherapeuten mit verhaltenstherapeutischer Ausbildung sowie spezialisierte Hausärzte (Neuhaus 2009, 113). Für die Diagnostik von AD(H)S werden insgesamt die in Tabelle 2 dargestellten sechs Leitlinien empfohlen.

Tab. 2: Leitlinien zur Diagnose von AD(H)S (aus Döpfner, Frölich & Lehmkuhl 2013, 43)

L1	Exploration der Eltern, des Kindes/Jugendlichen und der Erzieher/Lehrer
L2	Durchführung der Exploration von Kindern und Jugendlichen mit ADHS
L3	Standardisierte Fragebögen für Eltern, für das Kind/den Jugendlichen und für Erzieher/Lehrer
L4	Testpsychologische Untersuchung
L5	Körperliche Untersuchung
L6	Verlaufskontrolle

Die erste diagnostische Leitlinie bezieht sich auf eine umfassende Exploration *über* den Betroffenen, die Eltern und die Erzieher bzw. die Lehrkraft (Döpfner et al. 2013, 43). Die Exploration findet zunächst mit mindestens einem Elternteil statt (ebd., 47).

Die Befragung der Erzieher oder Lehrkräfte erfolgt erst mit Einverständnis der Eltern. Mit den jeweils gewonnenen Informationen sollen zum einen die Leitsymptome von AD(H)S hinsichtlich ihres Auftretens (Häufigkeit, Intensität, Situationsvariabilität) erfasst werden (ebd., 44). Zum anderen wird danach gefragt, ob und inwieweit das Kind/der Jugendliche und das Umfeld durch die AD(H)S-Symptomatik beeinträchtigt bzw. belastet sind (ebd.). Des Weiteren werden im Rahmen der Exploration der Eltern und der Erzieher oder Lehrer mögliche Komorbiditäten differentialdiagnostisch abgeklärt. Hilfreich sind hierbei u. a. Informationen zur Entwicklungsgeschichte sowie eine spezifische (medizinische) Anamnese des Kindes/Jugendlichen bzw. der Familie. Als besonders geeignete Verfahren zur klinischen Beurteilung der aktuellen AD(H)S-Symptomatik von Kindern und Jugendlichen werden von Döpfner et al. (2013, 49) das halbstrukturierte Explorationsschema für hyperkinetische und oppositionelle Verhaltensstörungen (ES-HOV, Döpfner et al. 2006), die Diagnose-Checkliste für Hyperkinetische Störungen (DCL-ADHS, Döpfner et al. 2008) sowie das Elterninterview über Problemsituationen in der Familie (EI-PF, Döpfner et al. 2006) genannt. Für die Erhebung komorbider Störungen weisen Döpfner et al. (2013, 52) u. a. auf das Psychopathologische Befund-System für Kinder und Jugendliche hin (Döpfner et al. 1998).

Bei der zweiten Leitlinie zur Diagnostik von AD(H)S, der Durchführung der Exploration *von Kindern und Jugendlichen mit AD(H)S*, wird das Verhalten des Betroffenen während der Exploration und in unterschiedlichen Untersuchungssituationen (Spielsituation, körperliche und testpsychologische Untersuchung) erfasst und beobachtet. Die Exploration von Kindern und Jugendlichen kann ohne oder in Anwesenheit der Eltern erfolgen. Umso älter das Kind, desto mehr wird das Kind in die Exploration miteinbezogen. Analog zur Exploration mit den Eltern finden beim Kind/Jugendlichen eine Einschätzung zur aktuellen AD(H)S-Symptomatik sowie eine differentialdiagnostische Abklärung bezüglich möglicher Begleitstörungen statt (Döpfner et al. 2013, 64).

Als dritte diagnostische Leitlinie sollen, als Ergänzung zur Exploration, *standardisierte Fragebogenverfahren* für Kind, Eltern und Erzieher/Lehrer angewandt werden, um die Symptome von AD(H)S sowie das Problembewusstsein des betroffenen Kindes/Jugendlichen zu erheben (ebd., 69). Hierzu zählen sowohl Fremdbeurteilungsverfahren, wie z. B. der Fremdbeurteilungsbogen für Aufmerksamkeitsdefizit-/Hyperaktivitätsstörungen (FBB-ADHS; Döpfner et al. 2008) durch Eltern, Erzieher/Lehrer oder der Fragebogen über Verhaltensprobleme bei den Hausaufgaben (FVH; Döpfner et al. 2006), sowie auch Selbstbeurteilungsverfahren, wie z. B. der Selbstbeurteilungsbogen für Aufmerksamkeits-/Hyperaktivitätsstörungen (SBB-ADHS; Döpfner et al. 2013, 70).

Bei der Diagnostik können optional *testpsychologische Untersuchungen* durchgeführt werden, welche die vierte diagnostische Leitlinie vorschlägt. Wenngleich mit keinem testpsychologischen Verfahren AD(H)S eindeutig bestimmt werden kann, sind testpsychologische Untersuchungen im Hinblick auf die Intelligenz-, Leistungs- und Entwicklungsdiagnostik »eine unverzichtbare Ergänzung« (ebd., 72), um ausschließen zu können, dass die AD(H)S-Symptome nicht Folge einer Intelligenzminderung, Leistungs- und/oder Entwicklungsstörung sind (Bundesärztekammer 2005, 19).

Die fünfte diagnostische Leitlinie sieht eine *internistische und neurologische Untersuchung* vor, um zu ermitteln, ob körperliche Erkrankungen vorhanden sind. Hierbei werden u. a. die sensorische Wahrnehmung, Reizverarbeitung und motorische Leistungen abgeklärt, um koexistierende Hirnfunktionsstörungen ermitteln zu können (Bonath 2007, 133). Imhof et al. (2007, 78) führen folgende Untersuchungen auf, die notwendig sind, um organische Erkrankungen auszuschließen: Elektroenzephalografie (EEG), Elektrokardiografie (EKG) und Untersuchungen des Blutes.

Die sechste und letzte Leitlinie sieht die Durchführung einer *Verlaufskontrolle* vor. Darunter ist die regelmäßige Kontrolle über den Verlauf a) der AD(H)S, b) anderer Verhaltensauffälligkeiten, c) (schulischer) Leistungsentwicklungen und d) sozialer Beziehungen inner- und außerhalb der Familie zu verstehen.

2.2 Differentialdiagnostik

Erste wesentliche Bedingung für das Vorliegen einer AD(H)S ist gemäß der ICD-10 der Beginn dieser Verhaltensproblematiken in einem nicht entwicklungsgerechten Ausmaß vor dem Alter von sieben bzw. nun zwölf Jahren nach DSM-5 (WHO 2013; APA 2013, 59). Das erstmalige Auftreten von AD(H)S nach diesem Alter soll demnach nicht zu einer Diagnose führen. Die zweite Voraussetzung ist das kontinuierliche Auftreten von AD(H)S über einen Zeitraum von mehr als sechs Monaten in mehr als einem Lebensbereich (WHO 2013; APA 2013, 59). Beim Auftreten von AD(H)S-typischen Verhaltensweisen in lediglich einem einzelnen Lebensbereich sollte die Ursache nicht beim Betroffenen, sondern vielmehr im jeweiligen Lebensumfeld gesucht werden. Die dritte Bedingung für das Vorliegen der Diagnose AD(H)S ist die Frage nach dem subjektiven Leidensdruck, der durch diese Störung verursacht wird (WHO 2013; APA 2013, 59). Neben Problemen bei schulischen Leistungen sind hierunter auch Schwierigkeiten beim Umgang mit Gleichaltrigen und Erwachsenen gemeint. Gerade Lehrkräfte und Eltern berichten bei Kindern und Jugendlichen mit AD(H)S häufig von Schwierigkeiten im Sozial- und Arbeitsverhalten (Hoberg 2013, 37). Die vierte zu überprüfende Variable bei der Diagnostik von AD(H)S ist die differentialdiagnostische Abklärung bzw. der Ausschluss einer anderen Störung, die hauptursächlich für das zutage tretende AD(H)S-typische Verhalten sein könnte (WHO 2013; APA 2013, 60). Hierbei gilt es u.a. zu überprüfen, ob die zu beobachtenden AD(H)S-typischen Verhaltensweisen keine Begleiterscheinung anderer Störungsbilder sind. Andernfalls oder wenn sonstige Faktoren, wie z.B. besonders belastende Lebensumstände, als primäre Ursachen für das Auftreten von AD(H)S-typischen Verhaltensweisen verantwortlich gemacht werden können, ist von der AD(H)S-Diagnose abzusehen.

Angesichts der in Kapitel 1.1.3 dargestellten hohen Komorbiditätsrate von AD(H)S gestaltet sich die differentialdiagnostische Abgrenzung häufig relativ schwierig. Probleme ergeben sich insbesondere bei der Abgrenzung von AD(H)S zu einer Störung des Sozialverhaltens, da auch die zuletzt genannte Gruppe durch mangelnde Aufmerksamkeit und Anstrengungsbereitschaft auffällt. Die Bundesärztekammer (2005, 15) geht davon aus, dass Probleme im Aufmerksamkeitsverhalten bei Schülern mit einer Störung des Sozialverhaltens eher auf die fehlende Motivation zurückzuführen sind und somit beide Störungsbilder im beobachtbaren Verhalten nur schwer voneinander zu unterscheiden wären.

2.3 Symptomkriterien nach ICD-10

Sowohl in der ICD-10 als auch im DSM-5 werden die Merkmale einer AD(H)S anhand einer Auflistung verschiedener Symptomkriterien (nahezu identisch zueinander) wiedergegeben. Diese diagnostischen Kriterien sind im Hinblick auf die drei Kernsymptome Unaufmerksamkeit, Hyperaktivität und Impulsivität nach ICD-10 folgendermaßen formuliert:

»G1. Unaufmerksamkeit

- sind häufig unaufmerksam gegenüber Details oder machen Sorgfaltsfehler bei den Schularbeiten und sonstigen Arbeiten und Aktivitäten,
- sind häufig nicht in der Lage, die Aufmerksamkeit bei Aufgaben und beim Spielen aufrechtzuerhalten,
- hören häufig scheinbar nicht, was ihnen gesagt wird,
- können oft Erklärungen nicht folgen oder ihre Schularbeiten, Aufgaben oder Pflichten am Arbeitsplatz nicht erfüllen (nicht wegen oppositionellen Verhaltens oder weil die Erklärungen nicht verstanden werden),
- sind häufig beeinträchtigt, Aufgaben und Aktivitäten zu organisieren,
- vermeiden häufig ungeliebte Arbeiten, wie Hausaufgaben, die geistiges Durchhaltevermögen erfordern,
- verlieren häufig Gegenstände, die für bestimmte Aufgaben wichtig sind, z. B. für Schularbeiten, Bleistifte, Bücher, Spielsachen und Werkzeuge,
- werden häufig von externen Stimuli abgelenkt,
- sind im Verlauf der alltäglichen Aktivitäten oft vergesslich.

G2. Überaktivität

- fuchteln häufig mit Händen und Füßen oder winden sich auf den Sitzen,
- verlassen ihren Platz im Klassenraum oder in anderen Situationen, in denen Sitzenbleiben erwartet wird,
- laufen häufig herum oder klettern exzessiv in Situationen, in denen dies unpassend ist (bei Jugendlichen und Erwachsenen entspricht dem nur ein Unruhegefühl),
- sind häufig unnötig laut beim Spielen oder haben Schwierigkeiten bei leisen Freizeitbeschäftigungen,
- zeigen ein anhaltendes Muster exzessiver motorischer Aktivitäten, die durch den sozialen Kontext oder Verbote nicht durchgreifend beeinflussbar sind.

G3. Impulsivität

- platzen häufig mit der Antwort heraus, bevor die Frage beendet ist,
- können häufig nicht in einer Reihe warten oder warten, bis sie bei Spielen oder in Gruppensituationen an die Reihe kommen,
- unterbrechen und stören andere häufig (z. B. mischen sie sich ins Gespräch oder Spiel anderer ein),
- reden häufig exzessiv ohne angemessen auf soziale Beschränkungen zu reagieren.«

(Bundesärztekammer 2005, 6 f)

2.4 Symptomkriterien nach DSM-5

Im Mai 2013 wurde von der American Psychiatric Association (APA) die fünfte und neueste Auflage des Klassifikationssystems »Diagnostic and Statistical Manual of Mental Disorders« (DSM-5) herausgegeben. Im Vergleich mit der seit 1994 gültigen Vorgängerversion (DSM-IV) ergeben sich im Hinblick auf AD(H)S einige Veränderungen (▶ Kap. 2.6.1), wobei die Definition und die Kriterien von AD(H)S im Wesentlichen bestehen geblieben sind (APA 2013, 59 ff; Banaschewski & Döpfner 2014, 271). AD(H)S wird weiterhin als ein überdauerndes, situationsübergreifendes Auftreten von unaufmerksamen und/oder hyperaktiv-impulsiven Verhaltensweisen verstanden, die ihren Ursprung in der Kindheit haben und zu funktionellen Beeinträchtigungen in den Lebensbereichen Familie, Schule oder Beruf bzw. Entwicklungsbeeinträchtigungen führen (ebd.). Darüber hinaus wird im DSM-5 die Formulierung der 18 Symptomkriterien für Unaufmerksamkeit und Hyperaktivität/Impulsivität vom DSM-IV übernommen. Um zur Diagnose AD(H)S zu gelangen, müssen auch weiterhin mindestens sechs Verhaltenskriterien von Unaufmerksamkeit und Hyperaktivität/Impulsivität erfüllt sein (APA 2013, 59 ff; Banaschewski & Döpfner 2014, 271). Die im DSM-5 formulierten Symptomkriterien liegen mittlerweile in deutscher Übersetzung vor (APA 2015, 77 f):

Unaufmerksamkeit

a. »Beachtet häufig Einzelheiten nicht oder macht Flüchtigkeitsfehler bei den Schularbeiten, bei der Arbeit oder bei anderen Tätigkeiten (z. B.: übersieht Einzelheiten oder lässt sie aus; arbeitet ungenau).
b. Hat oft Schwierigkeiten, längere Zeit die Aufmerksamkeit bei Aufgaben oder beim Spielen aufrechtzuerhalten (z. B.: hat während Unterricht, Vorträgen, Unterhaltungen oder längerem Lesen Schwierigkeiten, konzentriert zu bleiben).
c. Scheint häufig nicht zuzuhören, wenn andere ihn bzw. sie ansprechen (z. B.: scheint mit den Gedanken anderswo zu sein, auch ohne ersichtliche Ablenkungen).
d. Führt häufig Anweisungen anderer nicht vollständig durch und bringt Schularbeiten, andere Arbeiten oder Pflichten am Arbeitsplatz nicht zu Ende (z. B.: beginnt mit Aufgaben, verliert jedoch schnell den Fokus und ist leicht abgelenkt).
e. Hat häufig Schwierigkeiten, Aufgaben und Aktivitäten zu organisieren (z. B.: hat Probleme, sequenziell aufeinander folgende Aufgaben zu bewältigen; Schwierigkeiten, Materialien und eigene Sachen in Ordnung zu halten; unordentliches, planlos-desorganisiertes Arbeiten; schlechtes Zeitmanagement; hält Termine und Fristen nicht ein).
f. Vermeidet häufig, hat eine Abneigung gegen oder beschäftigt sich nur widerwillig mit Aufgaben, die länger andauernde geistige Anstrengungen

erfordern (z. B.: Mitarbeit im Unterricht oder Hausaufgaben; bei älteren Jugendlichen und Erwachsenen: Ausarbeiten von Berichten, Ausfüllen von Formularen, Bearbeiten längerer Texte).
g. Verliert häufig Gegenstände, die für bestimmte Aufgaben oder Aktivitäten benötigt werden (z. B.: Schulmaterialien, Stifte, Bücher, Werkzeug, Geldbörsen, Schlüssel, Arbeitspapiere, Brillen, Mobiltelefone).
h. Lässt sich oft durch äußere Reize leicht ablenken (bei älteren Jugendlichen und Erwachsenen können auch mit der aktuellen Situation nicht in Zusammenhang stehende Gedanken gemeint sein).
i. Ist bei Alltagstätigkeiten häufig vergesslich (z. B. bei der Erledigung von häuslichen Pflichten oder Besorgungen; bei älteren Jugendlichen und Erwachsenen umfasst das Vergessen auch Telefonrückrufe zu tätigen, Rechnungen zu bezahlen, Verabredungen einzuhalten).«
(APA 2015, 77 f)

Hyperaktivität und Impulsivität

a. »Zappelt häufig mit Händen und Füßen oder rutscht auf dem Stuhl herum.
b. Steht oft in Situationen auf, in denen Sitzenbleiben erwartet wird (z. B.: verlässt eigenen Stuhl im Klassenraum, im Büro oder an anderem Arbeitsplatz oder in anderen Situationen, die erfordern, am Platz zu bleiben).
c. Läuft häufig herum oder klettert exzessiv in Situationen, in denen dies unpassend ist. (Beachte: Bei älteren Jugendlichen und Erwachsenen kann dies auf ein subjektives Unruhegefühl beschränkt bleiben.)
d. Hat häufig Schwierigkeiten, ruhig zu spielen oder sich mit Freizeitaktivitäten ruhig zu beschäftigen.
e. Ist häufig ›auf dem Sprung‹ oder handelt oftmals, als wäre er bzw. sie ›getrieben‹ (z. B.: kann nicht über eine längere Zeit hinweg ruhig an einem Platz bleiben bzw. fühlt sich dabei sehr unwohl, z. B. in Restaurants, bei Besprechungen; dies kann von anderen als Ruhelosigkeit oder als Schwierigkeit erlebt werden, mit dem Betreffenden Schritt zu halten).
f. Redet häufig übermäßig viel.
g. Platzt häufig mit den Antworten heraus, bevor die Frage zu Ende gestellt ist (z. B.: beendet die Sätze anderer; kann in Unterhaltungen nicht abwarten bis er bzw. sie mit Reden an der Reihe ist).
h. Kann häufig nur schwer warten, bis er bzw. sie an der Reihe ist (z. B. beim Warten in einer Schlange).

i. Unterbricht oder stört andere häufig (z. B.: platzt in Gespräche, Spiele oder andere Aktivitäten hinein; benutzt die Dinge anderer Personen ohne vorher zu fragen oder ohne Erlaubnis; bei älteren Jugendlichen und Erwachsenen: unterbricht oder übernimmt Aktivitäten anderer).« (APA 2015, 78)

2.5 DSM-5 versus ICD-10 – einige bedeutende Unterschiede

Bis zur fünften Auflage des DSM waren die beiden zentralen medizinisch-psychiatrischen Klassifikationssysteme multiaxial angelegt, d. h. neben der Beurteilung des Erscheinungsbildes einer Störung, wie z. B. AD(H)S, sollten u. a. zusätzlich Informationen zur Genese dieser Störung erhoben und untersucht werden, ob eine weitere psychiatrische Diagnose – und welche – vorliegt (Remschmidt et al. 2011, 9). Die Grundidee einer mehrdimensionalen diagnostischen Betrachtung »ist der Versuch, der Komplexität eines Patienten gerecht zu werden, diesen umfassend anhand von klinisch als bedeutsam angesehenen Merkmalen, den sog. Achsen oder Dimensionen, zu beschreiben« (Stieglitz 2008, 106). Während im DSM-5 von der multiaxialen Systematik abgewichen wurde, »da es in der Forschung und Praxis kaum genutzt wurde« (Ehret & Berking 2013, 259), ist in der ICD-10 nach wie vor eine mehrdimensionale diagnostische Erfassung auf sechs Achsen vorgesehen. Hierzu zählen:

- das klinisch-psychiatrische Syndrom (Achse 1, z. B. Angststörungen, frühkindlicher Autismus),
- die Erfassung einer umschriebenen Entwicklungsstörung (Achse 2, z. B. umschriebene Entwicklungsstörung der motorischen Funktionen),
- das Intelligenzniveau (Achse 3, z. B. leichte intellektuelle Behinderungen),

- die körperliche Symptomatik (Achse 4, z. B. Diabetes),
- aktuelle abnorme psychosoziale Umstände (Achse 5) – sowie eine
- Globalbeurteilung des psychosozialen Funktionsniveaus (Achse 6) (Remschmidt et al. 2011, 9).

AD(H)S bzw. HKS ist in der ICD-10, wie andere psychische Störungen, im Kapitel F, genauer gesagt in der Untergruppe F9, ›Verhaltens- und emotionale Störungen mit Beginn in der Kindheit und Jugend‹, zu finden (Dilling et al. 2008, 315).

Recht analog erfolgte die ursprüngliche Beurteilung nach DSM-IV in fünf Achsen: (1) klinische Störungen sowie andere klinisch relevante Probleme, (2) Persönlichkeitsstörungen, geistige Behinderung, (3) medizinische Krankheitsfaktoren, (4) psychosoziale oder umgebungsbedingte Probleme, (5) globale Beurteilung des Funktionsniveaus. Dies wurde im DSM-5 geändert, indem die ersten drei Achsen in ein »monoaxiales System integriert« sind (Ehret & Berking 2013, 259) und man bei der vierten und fünften Achse auf die Instrumente der ICD-10 bzw. die ICF verweist (APA 2013, 16). Das DSM-5 sieht in der Auflistung nun 22 verschiedene diagnostische Kriterien bzw. Kapitel vor (APA 2013, 27). AD(H)S ist dabei in der ersten Störungskategorie, »Neurodevelopmental Disorders« (ebd., 31), also »Störungen der neuronalen und mentalen Entwicklung« (APA 2015, 35), zu finden.

Ein zentraler Unterschied zwischen beiden Klassifikationssystemen ist, wie Brandau & Kaschnitz (2008, 27) bemerken, dass in der ICD-10 für gehäuft auftretende Störungen *Kombinationsdiagnosen* gestellt werden, während das DSM-5 für entsprechende Fälle *Mehrfachdiagnosen* vorsieht. So wird bei einem Auftreten einer AD(H)S mit einer Störung des Sozialverhaltens in der ICD-10 die (Kombinations-)Diagnose »Hyperkinetische Störung des Sozialverhaltens« (F90.1) vergeben, wohingegen im DSM-5 zwei voneinander getrennte Diagnosen »AD(H)S« und »Störung des Sozialverhaltens« zum Einsatz kommen. Die in der ICD-10 vorgenommene Betonung des hohen Überschneidungsgrades zu einer Störung des Sozialverhaltens zeigt sich in den wesentlichen Begleitmerkmalen, die bei einer hyperkinetischen Störung zutage treten:

- Distanzlosigkeit in sozialen Beziehungen,
- Unbekümmertheit in gefährlichen Situationen,
- impulsive Missachtung sozialer Regeln
(Dilling et al. 2008, 318 f).

Ein weiterer Unterschied liegt darin, dass für das Vorliegen von AD(H)S bzw. »Hyperkinetischen Störungen« (F90) nach der ICD-10 Kriterien aus je allen drei Kardinalbereichen erfüllt sein müssen, während im DSM-5 Hyperaktivität und Impulsivität zusammengelegt werden und lediglich sechs der neun Kriterien zutreffen müssen (APA 2013, 59).

Des Weiteren wird das in der Literatur weitverbreitete sowie im DSM-5 unter 314.00 (ebd., 60) auftauchende Aufmerksamkeitsdefizitsyndrom ohne Hyperaktivität mit dem gängigen Kürzel ADS in der ICD-10 nicht als Untertyp von hyperkinetischen Störungen geführt, sondern als eine »qualitativ verschiedene Störung« (Steinhausen 2000, 15) interpretiert. In der Stellungnahme der Bundesärztekammer (2005, 9) sowie bei Steinhausen (2000, 16; 2010, 140) werden als mögliche Begründung die fehlenden wissenschaftlichen Untersuchungserkenntnisse zur vorwiegend unaufmerksamen Erscheinungsform angeführt. Demnach wird auf die Definition eines eigenständigen Störungsbilds einer reinen Aufmerksamkeitsstörung verzichtet, mit dem Argument, dass eine Aufmerksamkeitsstörung eine Begleiterscheinung mehrerer anderer Störungsbilder darstelle. Somit ist »das Vorhandensein [...] der Hyperaktivität ein unabdingbares Merkmal« in der ICD-10 (Lauth & Naumann 2009, 11). Hier wird die Betonung der hyperaktiven Komponente in der ICD-10 deutlich, während im DSM-5 die Aufmerksamkeitsproblematik im Vordergrund der inhaltlichen Ausrichtung und der Diagnosebezeichnungen steht.

2.6 Kritik der Diagnostik von AD(H)S nach ICD-10 und DSM-5

Bei kaum einem anderen Störungsbild wird die diagnostische Vorgehensweise so kontrovers diskutiert wie bei AD(H)S. Dies mag einerseits an den daraus resultierenden Folgen für die (medikamentöse) Behandlung dieser Kinder und Jugendlichen liegen. Ein ebenso großes Streitthema sind andererseits die Fragen nach den Ursachen und Entstehungsbedingungen von AD(H)S und die Zweifel, inwieweit diese (ausreichend) im Rahmen der AD(H)S-Diagnostik erfasst werden. Die in der Fachliteratur bisher kaum näher beschriebenen Neuerungen von DSM-IV zu DSM-5 sowie die Schwierigkeiten bei der Beurteilung der Symptomkriterien werden daher einer kritischen Betrachtung unterzogen.

2.6.1 Kritische Betrachtung der wichtigsten Veränderungen von DSM-IV zu DSM-5

Banaschewski & Döpfner (2014) fassen die wesentlichen Veränderungen bei der Definition und Diagnostik von AD(H)S von der vierten zur neu erschienenen fünften Auflage des DSM in sieben Punkten zusammen:

1. »AD(H)S wird künftig der Kategorie der ›Neurodevelopmental Disorders‹ zugeordnet.
2. Den Symptomen werden Beispiele hinzugefügt, die vor allem illustrieren, wie sich die Symptomatik im späten Jugend- und Erwachsenenalter darstellt.
3. Die Zahl der notwendigen Symptome für Jugendliche ab dem Alter von 17 Jahren und für Erwachsene wird für beide Symptombereiche von sechs auf fünf Symptome herabgesetzt.
4. Das Alterskriterium für den Beginn der Symptomatik wird auf 12 Jahre heraufgesetzt.

5. Das Vorliegen einer Autismusspektrumstörung als Ausschlusskriterium entfällt.
6. Es wird stärker betont, dass mehrere Informanten bei der Diagnosestellung berücksichtigt werden sollten.
7. Der Begriff der Subtypen wird durch Erscheinungsformen (presentations) ersetzt.«
(ebd., 271 f)

Banaschewski & Döpfner (2014, 272 ff) unterziehen die verschiedenen Modifikationen einer kritischen Bewertung. An dieser Stelle werden zwei Veränderungen herausgegriffen und genauer betrachtet, da sie womöglich Auswirkungen auf die Diagnosehäufigkeit von AD(H)S haben könnten (ebd., 274):

Erstens ist hier die Absenkung der Zahl notwendiger Symptome ab dem Erreichen des 17. Lebensalters zu nennen (APA 2013, 59). Einerseits wird Forschungsstudien Rechnung getragen, die darauf hinweisen, dass sich mit zunehmendem Lebensalter zwar die Symptome, jedoch nicht die funktionellen Beeinträchtigungen für die betroffenen Personen verringern (Faraone et al. 2006). Andererseits könnte sich durch die Herabsetzung der Anzahl von notwendigen Symptomen eine deutliche Erhöhung der Diagnosehäufigkeit ab dem Alter von 17 Jahren ergeben. Banaschewski & Döpfner (2014, 274) gehen angesichts der Ergebnisse der BELLA-Studie (Döpfner et al. 2008) sogar von einer Verdoppelung der Prävalenzrate von AD(H)S für 17-Jährige aus.

Zweitens darf auch durch die Erhöhung des Erstmanifestationsalters von sieben auf das Alter von zwölf Jahren möglicherweise mit einem Anstieg der Diagnose AD(H)S gerechnet werden. Grundlage der Heraufsetzung auf das zwölfte Lebensjahr sind Beobachtungen verschiedener Forschungsstudien, dass die AD(H)S-Symptomatik und die daraus entstehenden Beeinträchtigungen in mindestens zwei Lebensbereichen nicht bei jedem Individuum bereits vor dem siebten Lebensjahr in Erscheinung treten (Kieling et al. 2010). Im Hinblick auf Schweregrad, Komorbidität und neuropsychologische Befundlage der AD(H)S ergaben sich zwischen Kindern, welche erst zwischen dem siebten und zwölften Lebensjahr erstmals die typischen

AD(H)S-Symptome zeigen, und jenen Kindern, bei denen diese Auffälligkeiten bereits vor dem siebten Lebensjahr auftreten, keine signifikanten Unterschiede (u. a. Faraone et al. 2006). Trotz des in Untersuchungen nachgewiesenen verspäteten Eintretens von Unaufmerksamkeits- sowie Hyperaktivitäts-/Impulsivitätsproblematiken bei einigen Kindern und Jugendlichen dürfen in Anlehnung an Banaschewski & Döpfner (2014, 273) (Einzel-)Fälle durchaus kritisch betrachtet werden, in denen diese Verhaltensauffälligkeiten erst relativ spät vor dem zwölften Lebensjahr in Erscheinung treten und nun als AD(H)S diagnostiziert würden. Folgt man einer neueren Langzeitstudie von Wolke & Schmid (2014) mit mehr als 1100 Kindern, dann sind bereits im Säuglingsalter Risikofaktoren erkennbar (frühe Regulationsstörungen, wie z. B. exzessives Schreien, Fütterungs- und Schlafstörungen), die im Alter von achteinhalb Jahren vermehrt die Diagnose AD(H)S zur Folge haben. Die auch im DSM-5 formulierte Auffassung »ADHD begins in childhood« (APA 2013, 61) und die damit in Verbindung stehenden genetischen und (neuro-)biologischen Ursachenerklärungen von AD(H)S könnten (im Einzelfall) durch eine AD(H)S-Diagnose knapp vor dem zwölften Lebensjahr ad absurdum geführt werden. Auch die Bundespsychotherapeutenkammer (BPtK) äußert die Befürchtung, dass sich durch das Heraufsetzen des Diagnosealters von AD(H)S die Anzahl der Kinder, Jugendlichen und Erwachsenen, die eine AD(H)S-Diagnose erhalten, erheblich steigern könne (Pressemitteilung BPtK 2013, 1). BPtK-Präsident Richter zufolge besteht dadurch die erhöhte Schwierigkeit, solche Kinder und Jugendlichen, die primär spezifische schulische oder berufliche Probleme haben, eindeutig von jenen mit AD(H)S abzugrenzen (ebd.).

Analog zu diesen Bedenken sind die Ausführungen von Frances (2013) zu verstehen, der zwanzig Jahre an den aktualisierten Ausgaben des DSM (DSM-III, DSM-III-R, DSM-IV) beteiligt war und den Vorsitz der Redaktion des DSM-IV innehatte. Frances (2013) warnt im Hinblick auf die Veränderungen von DSM-IV zu DSM-5 nicht nur im Hinblick auf das Störungsbild AD(H)S vor einer Absenkung der diagnostischen Kriterien und einer damit einhergehenden »Inflation psychiatrischer Diagnosen« und pharmakologischer Behandlungszahlen:

> »Früher war ich ein normaler, wenn auch gelegentlich lächerlicher Mensch. Heute ist das anders. ADHS greift um sich wie ein Waldbrand. Früher beschränkte es sich auf einen kleinen Kreis von Kindern mit klar definierten Symptomen, die in sehr jungem Alter anfingen und die Betroffenen in vielen Situationen in charakteristische Schwierigkeiten brachten. Dann wurde jede Form des Störens im Unterricht pathologisiert, und die Diagnose ADHS wurde so wahllos ausgestreut, dass jetzt erstaunliche 10 Prozent als ADHS-Kinder gelten. Heute sitzen in jedem Klassenzimmer mindestens zwei Kinder, die regelmäßig Medikamente nehmen. Und ADHS wird immer öfter zur alles erklärenden Diagnose für Leistungsschwierigkeiten auch bei Erwachsenen.« (Frances 2013, 206 f)

Was die Diagnostik gemäß neuem DSM-5 anbelangt, ist abschließend kritisch auf das Aufgeben einer multiaxialen Diagnostik in dieser Neuauflage hinzuweisen. Sieht man Verhaltensauffälligkeiten wie AD(H)S interaktionistisch, so geht es keineswegs nur um Diagnostik auf Seiten der Person (der möglicherweise ›betroffenen‹ Kinder), sondern auch der situativen Bedingungen und ihrer wechselseitigen Verschränktheit mit der Person. Hier wird Diagnostik nun stark eingeschränkt auf eine Diagnose der Kinder und Jugendlichen, nicht aber ihrer aktuellen Lebensumstände und Einflüsse sowie der Wechselwirkungen. Wenn dies damit begründet wird, eine solche multiaxiale und interaktionistische Diagnostik sei in Forschung und Praxis ohnedies nicht genutzt worden (vgl. Ehret & Berking 2013, 259), stimmt das sehr bedenklich hinsichtlich der Qualität des psychiatrischen Umganges mit Phänomenen wie (nur beispielsweise) AD(H)S.

2.6.2 Kritische Betrachtung der Symptomkriterien nach ICD-10 und DSM-5

Obwohl die Bundesärztekammer (2005) offensichtlich Zweifel hat, dass durch die Erfassung der Verhaltensebene eindeutig zwischen den beiden Kategorien ›Störung des Sozialverhaltens‹ und ›AD(H)S‹

differenziert werden kann, werden in der Diagnostik nach DSM-5 und ICD-10 vor allem das Verhalten oder genauer gesagt die Symptome in Form von Checklisten hinsichtlich ihres Auftretens erfasst. Die Bundesärztekammer (2005, 15) weist hinsichtlich der differentialdiagnostischen Abgrenzung auf den hohen Überschneidungsgrad zwischen oppositionellen Verhaltensstörungen und AD(H)S hin. Demnach können Kinder und Jugendliche mit einer oppositionellen Störung des Sozialverhaltens ebenfalls Probleme bei Pflichten und schulischen Aufgaben aufweisen, die Anstrengung und Konzentration erfordern. Per Definition treten diese Schwierigkeiten bei dieser Gruppe nicht wegen der drei Hauptsymptome Unaufmerksamkeit, Hyperaktivität und Impulsivität, sondern vielmehr aufgrund mangelnder Bereitschaft auf. Die voluntative Komponente wird allerdings bei der Formulierung der Symptomkriterien nach DSM-5 und ICD-10 nicht explizit berücksichtigt. Brandau (2004, 14) merkt kritisch an, dass Bewertung und Interpretation der Diagnosekriterien nach ICD-10 und DSM-5 höchst subjektiv sind und einige Items wie »scheint nicht richtig zuzuhören, wenn andere ihn/sie anreden« auf eine Vielzahl an ›unauffälligen‹ Jungen und Mädchen zutreffen. Hinzu kommt die Problematik, dass es keine wirklich klare Trennlinie gibt, mit welchem Alter oder Entwicklungsstand ein bestimmtes Verhalten noch ›normal‹ ist oder bereits von der Norm abweicht. So stellt sich beispielsweise im Hinblick auf die motorische Aktivität bei Kindern im Grundschulalter die folgende Frage: Handelt es sich um ein gesundes, lebhaftes und explorationsfreudiges Kind, oder ist es auffällig im Sinne von DSM-5 und müsste dem Kriterium »häufig auf Achse oder handelt oftmals, als wäre er/sie getrieben« zugeordnet werden? In vielen Fällen wird es womöglich nicht leichtfallen, eine eindeutige Antwort auf diese Frage finden zu können. Außerdem sind, was bisher unerwähnt blieb, die Formulierungen der Verhaltensbeschreibungen in den Diagnosekriterien nahezu immer mit dem Zusatz ›oft‹ oder ›häufig‹ versehen. Aber was genau bedeutet ›oft‹ bzw. ›häufig‹?

Gawrilow (2012) weist in diesem Zusammenhang auf eine wesentliche Schwierigkeit bei der Diagnostik von AD(H)S hin, die in der

Literatur häufig umgangen wird: Um eine Entscheidung treffen zu können, ob die AD(H)S-typischen Verhaltensweisen in einem altersuntypischen Ausmaß auftreten, müsste »nicht nur das Verhalten an sich, sondern auch der Kontext dieser Verhaltensweisen erfasst und beobachtet werden« (ebd., 42). Gerade dieses Ziel scheint allerdings mit dem neuen DSM-5 aufgegeben zu werden. In Ergänzung zu Gawrilow (2012) stellt sich zudem die aktuell nicht ausreichend beantwortete Frage, wie eine altersgerechte Norm für das Zutagetreten von unaufmerksamen, hyperaktiven und impulsiven Verhaltensweisen überhaupt definiert wird. Unabhängig von dieser Kritik sollte ein interindividueller Vergleich des Auftretens von AD(H)S-typischen Verhaltensweisen mit Gleichaltrigen durchgeführt werden.

Im Hinblick auf das empfohlene multiaxiale diagnostische Vorgehen anhand verschiedener Leitlinien (► Kap. 2.1) muss kritisch festgestellt werden, dass bei der Erfassung der Diagnosekriterien in ICD-10 und DSM-5 zwar das beobachtbare Verhalten beurteilt, jedoch nicht nach familiären, sozialen und psychologischen Ursachen gefragt wird. Insofern wird bei der Diagnostik von AD(H)S, »obwohl das Störungsbild nicht auf eine einzige Ursache zurückzuführen ist« (Bundesärztekammer 2005, 21), nicht nach Ursachen für das auftretende AD(H)S-typische Verhalten gesucht, die außerhalb des betroffenen Kindes liegen.

Auf Basis internationaler Studienergebnisse sehen führende Forscher genetische Ursachen als den »größten Einzelfaktor in der Entstehung von AD(H)S« (Döpfner 2011, 28). Die von vielen Experten postulierte genetische Grundlage von AD(H)S wird im Rahmen der AD(H)S-Diagnostik allerdings nur in Ansätzen berücksichtigt. Spezielle genetische Untersuchungen sind zwar Bestandteil der wissenschaftlichen Forschung, werden jedoch nicht in der klinischen Diagnostik von AD(H)S praktiziert. In den diagnostischen Leitlinien ist, wie bereits beschrieben, lediglich eine Familienanamnese vorgesehen, bei der psychische und andere Entwicklungs- und Lernstörungen bei Verwandten ersten Grades abgefragt werden. Zudem gilt: Wer nur nach genetischen Faktoren sucht, wird allenfalls nur diese finden.

Des Weiteren ist, obwohl in den Diagnosebezeichnungen der DSM in der Benennungsweise ein Wechsel von der Hyperaktivität zur Unaufmerksamkeit stattgefunden und aktuell Bestand hat, in der wissenschaftlichen Diskussion eine gänzlich andere Schwerpunktsetzung beim Phänomen AD(H)S feststellbar. Führende Autoren wie Barkley (2011) und Gawrilow (2009) definieren AD(H)S als »Störung der Impulskontrolle« und stellen die Impulsivität als Primärsymptom des Phänomens AD(H)S dar. Bemerkenswert und etwas verwunderlich scheint vor diesem Hintergrund, dass von jenen Autoren, die der Impulsivität eine derart hohe Bedeutung beimessen, keinerlei Kritik an den Diagnosekriterien der ICD-10 und DSM-5 geübt wird – und das, obwohl in beiden Manualen für Impulsivität die wenigsten Kriterien formuliert sind als auch erfüllt sein müssen.

Insgesamt betrachtet steht die Diagnostik bei AD(H)S insbesondere vor drei besonders großen Herausforderungen: Zum einen existiert kein wirklich objektives Verfahren, mit dem das Störungsbild AD(H)S eindeutig zu bestimmen ist. Zum anderen gibt es bei den Symptomkriterien von AD(H)S »einen fließenden Übergang zu Normvarianten« (Döpfner et al. 2012, 2). Und schließlich müsste angesichts der Komplexität des Themas Multiaxialität vorangetrieben werden, anstatt sie zu reduzieren.

2.6.3 Ausblick

Im Rahmen dieses Kapitels wurden die diagnostischen Leitlinien und Kriterien von AD(H)S nach ICD-10 und DSM-5 dargestellt und kritisch bewertet. Zu bedenken sei an dieser Stelle, dass für die diagnostische Praxis in Deutschland nicht das DSM-5, sondern die ICD-10 grundlegend ist. Insofern ergeben sich durch die Veränderungen von DSM-IV zu DSM-5 keine direkten Auswirkungen für die Diagnostik von AD(H)S in Deutschland. Nichtsdestotrotz gehen zahlreiche Experten davon aus, dass die aktuell anstehende Überarbeitung des ICD-10 von den Veränderungen des DSM-5 beeinflusst wird (Küchenhoff 2013; Pressemitteilung Bundespsychotherapeutenkammer 2013, 1). Dazu äußert sich beispielsweise Rief, Universität Marburg und teilweise mitverantwortlich für das DSM-5, wie folgt: »Im ICD-11 der WHO muss nicht alles übernommen werden, aber die Marken sind gesetzt« (n-tv 2012). Die Bundespsychotherapeutenkammer fordert von den Entwicklern des ICD-11 im Hinblick auf das Störungsbild AD(H)S, »nicht den US-Psychiatern« des DSM-5 zu folgen und die bereits bestehende »deutliche Überdiagnostizierung und pharmakologische Übertherapie bei AD(H)S« (Pressemitteilung BPtK 2013, 1) im Blick zu haben. Insofern könnte Hoffnung bestehen, dass nicht nur das DSM-5 selbst, sondern auch die Kritik daran auf die Entwicklung einer ICD-11 Einfluss haben.

3

Bedingungsfaktoren und Theorien zur Entstehung von AD(H)S

Die wohl größte fachliche Kontroverse um AD(H)S spielt sich, wie bereits im Rahmen der beiden vorherigen Kapitel deutlich wurde, in Form der Diskussion bzw. des Streits um die Ursachen von und dementsprechenden Theorien zu AD(H)S ab. Auf der einer Seite stehen Vertreter, die »kein[en] Zweifel« (Döpfner 2011, 28) daran haben, dass AD(H)S primär genetisch bedingt ist und dadurch eine Veranlagung für eine Hirnfunktionsstörung besteht (Warnke & Satzger-Harsch 2004, 18; Streif 2011; Skrodzki 2005). Diese biomedizinischen Erklärungsansätze von AD(H)S gehen von einer genetisch bedingten neurobiologischen Verursachung von AD(H)S aus und messen psychosozialen Faktoren keine entscheidende Bedeutung bei (Döpfner & Steinhausen 2010, 134 f). Auf der anderen Seite befinden sich Autoren, die eine solche Erklärungsperspektive als »unzulässig« (Schmidt 2010, 11) bezeichnen und ablehnen. Sie richten ihren Fokus auf ungelöste Erziehungs- und/oder Bindungserfahrungen und auf die durch den gesellschaftlichen Wandel veränderten Lebensbedingungen (Heinemann & Hopf 2006; Ahrbeck 2007; Stiehler 2007; de Grandpre 2002; Jacobs 2006; Schmidt 2010). In der Mehrzahl der Literaturbeiträge ist man sich jedoch weitestgehend einig, dass bis zum heutigen Tag die Ursachenzusammenhänge für AD(H)S noch nicht vollständig geklärt sind und somit die Störung nicht durch eine alleinige Ursache geklärt werden kann. In Frage stehen dann allerdings komplexere Modelle der möglichen Zusammenhänge und Wirkungen. Im Folgenden werden zunächst die unterschiedlichen Positionen und Theorien zur Erklärung näher skizziert. Im weiteren Verlauf wird das Phänomen dann aus einer interaktionistischen Perspektive betrachtet, welche es zum einen ermöglicht, verschiedene relevante Faktoren, Ursachen und ihre Dynamiken in einem Gesamtzusammenhang und in ihrer komplexen Dynamik zu sehen – und zum anderen daraus pädagogisch relevante Perspektiven abzuleiten (▶ Kap. 6).

3.1 Genetische sowie prä- und perinatale Bedingungsfaktoren von AD(H)S

Ein Gen kann definiert werden als ein »Teil des Erbgutes (DNS), welches paarweise angelegt (eines vom Vater eines von der Mutter) und an den Chromosomen angeordnet ist« (Brandau & Kaschnitz 2008, 36). Vertreter des genetischen Ansatzes von AD(H)S verweisen in ihrer Argumentation zunächst darauf, dass menschliches Verhalten eine genetische Grundlage hat (Graw & Hennig 2010, 690; Streif 2011, 22). Als Beweis dafür werden Vergleiche zwischen menschlichem und tierischem Verhalten angeführt (Streif 2011, 23). Und tatsächlich spiegeln die erhobenen Daten von formalgenetischen Studien einen solchen Einfluss auf das Zustandekommen von AD(H)S wider. Schätzungen gehen davon aus, dass der genetische Anteil bei AD(H)S zwischen 70 und 95 % liege (Quaschner & Theisen 2008, 158). Diese Zahlen beruhen auf den Ergebnissen von Zwillings-, Adoptions- und Familienuntersuchungen.

So wiesen in Zwillingsstudien monozygote Zwillingspaare mit 81 % höhere Konkordanzraten auf als zweieiige Zwillingspaare mit 29 % (Lehmkuhl et al. 2007, 680). Von ähnlichen, wenn auch nicht ganz so eindeutigen Ergebnissen berichtet Gawrilow (2009, 20), die Konkordanzraten von 50–80 % bei eineiigen Zwillingen sowie ca. 35 % bei zweieiigen Zwillingen angibt. Ebenso stützen sich Vertreter des genetischen Erklärungsansatzes auf die Ergebnisse von Adoptionsstudien, anhand derer sie die entscheidende Bedeutung der Anlagebedingungen im Vergleich zu Umwelteinflüssen deutlich machen. Steinhausen (2010, 146) weist darauf hin, dass bei leiblichen Eltern von betroffenen Kindern höhere Prävalenzraten von AD(H)S bestünden als bei Adoptiveltern. Laut Banaschewski (2008, 2) sind biologische Eltern demnach selbst mit 18 % von AD(H)S betroffen, während dies bei Adoptiveltern nur zu 3 % auftritt. Der zweitrangige Einfluss der Umweltbedingungen wird außerdem darauf zurückgeführt, dass leibliche, aber getrennt lebende Geschwister eine höhere Konkordanz aufweisen als Halbgeschwister, die in einer gemeinsamen Familie aufwachsen (Steinhausen 2010, 146).

Ein wesentliches Indiz für einen genetischen Anteil bei AD(H)S soll zudem der überproportionale Anteil des männlichen Geschlechts sein, der sich in mehreren interkulturellen Studien aufzeigen ließ und bereits von Still (1902) herausgearbeitet wurde (Brandau & Kaschnitz 2008, 43). Als Erklärungen für das seltenere Auftreten von hyperaktivem und impulsivem Verhalten beim weiblichen Geschlecht werden aus molekulargenetischen Studien einerseits die erhöhten Testosteronwerte und andererseits das androgyne Rezeptorgen am X-Chromosom (Xq11-12) angeführt (ebd., 44). Im Gegensatz zu Jungen haben Mädchen »die Möglichkeit, eine genetische Veränderung auf einem X-Chromosom durch die zweite, nicht veränderte

Genkopie auf dem anderen X-Chromosom zu kompensieren« (Holinsiki-Feder 2002, 38). Es wird insofern angenommen, dass die Hauptsymptome der Impulsivität und Hyperaktivität wohl deutlicher genetisch bestimmt sind als die Unaufmerksamkeit (Brandau & Kaschnitz 2008, 45). Die eindeutigsten Belege für die Entstehung von AD(H)S lassen sich für die Dopamin-Rezeptor-Gene DRD-4 und DRD-5 sowie für das Dopamin-Transporter-Gen finden (Bundesärztekammer 2005, 21). Auch wenn laut Brandau & Kaschnitz (2008, 46) die Verbindung zwischen Genen innerhalb des Dopamin-Systems und AD(H)S als »heiße Spur« erscheint, kann aufgrund widersprüchlicher Studienresultate keine definitive Aussage über Genabweichungen im dopaminergen System bei Kindern und Jugendlichen mit AD(H)S getroffen werden (Brandau & Kaschnitz 2008, 46; Bundesärztekammer 2005, 21). Mehrere der in verschiedenen molekulargenetischen Studien gefundenen Normabweichungen bei Probanden mit AD(H)S sind teilweise auch bei anderen Störungsbildern zu finden und damit nicht unbedingt spezifisch für AD(H)S (Becker 2014, 21).

Müller et al. (2011, 82) stellen kritisch und zusammenfassend fest, dass es bisher nicht gelang, eindeutig die dominanten Risikogene für AD(H)S zu bestimmen – und das, obwohl in den letzten Jahren die entsprechenden Forschungsbemühungen zu genetischen Faktoren äußerst intensiv waren (Schmid 2012, 8). Auch Streif (2011, 27) kommt zum Ergebnis: »Niemand kann bislang die Genetik von AD(H)S umfassend darstellen«. Er betont, dass in der Genanalyse noch Jahrzehnte lang statistische Daten erfasst werden müssten, um die Vielzahl an Genen zu untersuchen und definitive Aussagen zu einzelnen Risikogenen von AD(H)S treffen zu können.

Doch auch wenn dies gelingen sollte, ist der Erklärungswert kritisch zu betrachten, da »Gene keine Autisten sind« (Bauer 2004, 50), ihrerseits mit Umweltbedingungen interagieren und sich möglicherweise in ihrer Aktivität adaptiv verändern (Bauer 2002, 11). »Gene steuern nicht nur, sie werden auch gesteuert. Die Vorstellung, dass Gene auf eine starr festgelegte Weise funktionieren und danach das gesamte Leben programmieren, ist nicht zutreffend« (Bauer 2002, 9). Bauer zufolge (ebd., 13) dürften genetische und neurobiologische

Prozesse nicht losgelöst von den alltäglichen Erfahrungen aus zwischenmenschlichen Beziehungen betrachtet und bewertet werden. Die strikte Trennung zwischen Genen und Umweltbedingungen bezeichnet Bauer (ebd.) infolgedessen als ›unsinnig‹. Vor diesem Hintergrund wären trotz vorhandener genetischer Nachweise für die Entstehung und Aufrechterhaltung des Störungsbildes AD(H)S Umweltbedingungen nicht zwangsläufig minder bedeutsam.

Neben der Erforschung der genetischen Komponente werden im Hinblick auf das Entstehen von AD(H)S insbesondere prä- und perinatale Risikofaktoren untersucht. Als pränatale Risikofaktoren für die Ausbildung einer ADHS gilt (starker) Nikotin- und/oder Alkoholkonsum der Mutter während der Schwangerschaft (Laucht & Schmidt 2004; Thapar et al. 2003). Außerdem weisen Studien einen recht eindeutigen Zusammenhang zwischen Frühgeburt sowie einem geringen Geburtsgewicht und dem späteren Entstehen von AD(H)S auf (Esser et al. 2007; Lindström 2011).

3.2 Neurobiologische Bedingungsfaktoren von AD(H)S

> »Die ernst zu nehmende Forschung zu den Ursachen der AD(H)S stellt heute Störungen im Gehirn in den Vordergrund.« (Barkley 2011, 111)

Bevor mögliche neurobiologische Besonderheiten von Personen mit AD(H)S diskutiert werden, ist es unverzichtbar, einige wichtige Grundlagen und Abläufe zur Informationsverarbeitung im Gehirn kurz und vereinfachend darzustellen.

Das menschliche Nervensystem reagiert mittels der Sinnesorgane auf Reize bzw. Informationen aus der Umwelt, welche anschließend über Nervenbahnen an das Gehirn weitergeleitet und dort in entsprechenden Hirnregionen verarbeitet werden, worauf dann die Auslösung einer Reaktion bzw. Handlung erfolgt (Brandau & Kaschnitz

2008, 35). Da es den Menschen überfordert, aus der gesamten Vielfalt an einströmenden Reizen Informationen entnehmen zu können, ist eine Selektion der Reize erforderlich. Erst durch diese Vorgehensweise ist es möglich, die Aufmerksamkeit auf relevante Reize zu richten und zielgerichtet zu handeln (Aust-Claus & Hammer 2000, 104). Dazu muss das Gehirn auf ein gut funktionierendes neuronales Netzwerk zurückgreifen können. Für eine gelingende Interaktion der Neuronen (Nervenzellen) sind die Neurotransmitter verantwortlich: Damit die Nervenzellen Signale und Informationen zu einer anderen Nervenzelle transportieren können, muss der sogenannte synaptische Spalt überbrückt werden, welcher sich zwischen den Nervenzellen befindet. Neurotransmitter (auch Hirnbotenstoffe genannt) wie z. B. Dopamin werden im synaptischen Spalt freigesetzt und ermöglichen dadurch einen reibungslosen Informationsaustausch (Warnke & Satzger-Harsch 2004, 18; Brandau & Kaschnitz 2008, 37).

Ein ›Mainstream‹ der aktuellen psychiatrischen und biopsychologischen Literatur geht davon aus, dass sich bereits bei der Reizaufnahme für Menschen mit AD(H)S Probleme ergeben: Die Selektion der Reize laufe nicht reibungslos ab, und der Arbeitsspeicher im Gehirn werde mit einer Reizüberflutung konfrontiert. Die relevanten Informationen könnten nicht entnommen werden. Insofern wird in diesem Zusammenhang häufig in der Literatur von einer »Reizoffenheit bei Reizfilterschwäche« (Neuhaus 2001, 40) bzw. einer »Filterschwäche des Gehirns« (Warnke & Satzger-Harsch 2004, 19) bei Menschen mit AD(H)S gesprochen. Neuhaus (2009) beschreibt dies wie folgt:

> »Eine Person mit AD(H)S hat infolge von Fehlregulationen im Gehirn große Schwierigkeiten, ihre Aufmerksamkeit ohne Anstrengung ausreichend lange aufrechtzuerhalten, ohne sich von ablenkenden Reizen oder inneren Impulsen stören zu lassen. Daraus entstehen die typischen Probleme bei allen Tätigkeiten, die ausdauernde geistige Anstrengung erfordern.« (ebd., 42)

Analog dazu stellen unter anderem Drüe (2007, 50), Ettrich & Ettrich (2006, 85), Simchen (2007, 13) sowie Warnke & Satzger-Harsch

(2004, 18) fest, dass es sich bei AD(H)S um eine Funktionsstörung insbesondere der vorderen Hirnregion (Stirnhirn) und einiger mit dem Stirnhirn in Verbindung stehender Nervenzentren handle. Sie sei auf ein Ungleichgewicht bzw. auf fehlende Aktivität (Unterfunktion) der Neurotransmitter Dopamin, Serotonin und Noradrenalin zurückzuführen. Diese Annahme zur Verursachung von AD(H)S stützt sich insbesondere auf wissenschaftliche Studien der Neuroanatomie, Neurochemie und Neuropsychologie, die nun der Reihe nach in kurzer Form vorgestellt werden sollen.

3.2.1 Neuroanatomische und neurophysiologische Faktoren

Zusammenfassend betrachtet wird aus neuroanatomischer Perspektive auf Basis computergestützter und bildgebender Untersuchungsverfahren die These aufgestellt, dass Volumenunterschiede in Teilen der präfrontalen Hirnrinde (Stirnlappen) mit Schwerpunkt in der rechten Hirnhälfte zwischen Kindern mit und ohne AD(H)S bestünden (D'Amelio et al. 2009, 9; Döpfner et al. 2008, 263). Dieser vordere Bereich des Gehirns ist diejenige Hirnregion, von der angenommen wird, dass sie für Verhaltenshemmung, Konzentration, Selbstbeherrschung und Zukunftsplanung zuständig ist (Barkley 2011, 112). Die meisten neuroanatomischen Befunde gäben demzufolge Hinweise darauf, dass Kinder mit AD(H)S ein signifikant kleineres totales Hirnvolumen – insbesondere innerhalb der verschiedenen Hirnareale im präfrontalen Kortex – aufwiesen als Gleichaltrige ohne AD(H)S (Casey et al. 1997; Hynd et al. 1991; Castellanos et al. 2002; Swanson et al. 1998; Valera et al. 2007). Untersuchen zur Messung der Gehirntätigkeit mittels funktioneller Magnetresonanztomographie deuteten darauf hin, dass diejenigen Hirnstrukturen, welche insbesondere für die Reaktions- und Impulshemmung sowie die Aufmerksamkeitsleistung bedeutsam sind, weniger aktiv seien als bei anderen Menschen (Krain & Castellanos 2006).

Jedoch kann trotz der in verschiedenen Studien nachgewiesenen neuroanatomischen Normabweichungen bei Probanden mit AD(H)S festgestellt werden, dass die Befundlage zahlreicher Untersuchungen nicht konsistent ist (Konrad 2010, 43). Genauere Analysen zeigen, dass sich das in verschiedenen Studien erfasste verminderte cerebrale Gesamtvolumen bei Kindern mit AD(H)S nicht eindeutig bestätigen lässt, beispielsweise wenn »Gruppenunterschiede hinsichtlich des IQs bei der statistischen Analyse berücksichtigt wurden« (ebd.). Eine ähnlich inkonsistente Befundlage ist hinsichtlich der genauen Volumenunterschiede einzelner Hirnregionen festzustellen. So konnte der Befund von Filipek et al. (1997) bezüglich eines geringerem Volumens des *Nucleus caudatus* in zwei anderen Untersuchungen von Castellanos et al. (1996) und Aylward et al. (1996) nicht bestätigt werden (Konrad 2010, 44). Der womöglich bedeutendste Kritikpunkt im Hinblick auf die Aussagekraft der meisten hirnstrukturellen Befunde aus neuroanatomischen Studien ist darin zu sehen, »dass die Ergebnisse nicht auf behandlungsnaiven Stichproben basierten, sondern dass die Frage offen bleibt, inwieweit es sich bei den beschriebenen morphometrischen Abweichungen um krankheits- oder behandlungsbedingte Veränderungen handelt« (ebd., 45). Folgt man der Interpretation von Konrad (2010), dann bestünden zwar Hinweise auf bestimmte strukturelle Abweichungen im Gehirn von Kindern und Jugendlichen mit AD(H)S; jedoch kann auf der Grundlage der meisten Studien nicht genau bestimmt werden, ob hierfür allein das Vorliegen des Störungsbildes AD(H)S verantwortlich ist, womit ein eindeutiger Ursachen-Folge-Zusammenhang nicht letztlich geklärt werden kann.

3.2.2 Neurochemische Faktoren

Aus der Neuro- bzw. Hirnchemie stammt die weitverbreitete These, bei Personen mit AD(H)S sei das Zusammenspiel der Neurotransmitter gestört. Vielfach ist in der Literatur von der sogenannten Dopamin-Mangel-Hypothese als zentraler Erklärung für das Entstehen von AD(H)S und als maßgebliche Begründung für die Notwendigkeit einer medikamentösen Behandlung zu lesen (Trott 2000, 112;

Heinemann & Hopf 2006, 14). Es wird angenommen, dass bei Personen mit AD(H)S eine erhöhte Anzahl und Dichte an Dopamin-Transportern bestehe, was zu einer verfrühten Aufnahme durch die Dopaminpumpen und damit zu einem zu raschen Zerfall des Botenstoffs Dopamin im synaptischen Spalt führe (Ellinger 2007, 133; Heinemann & Hopf 2006, 14). Der daraus resultierende Mangel an Dopamin reiche nicht aus, um eine angemessene Informationsweitergabe an die nächste Nervenzelle zu gewährleisten. Diese ›Dopamin-Mangel-Hypothese‹ bietet die Grundlage für die medikamentöse Verordnung des Wirkstoffs Methylphenidat. Mit Hilfe der Einnahme des Wirkstoffs Methylphenidat soll die Dopaminpumpe ›verstopft‹ werden, um das Dopamin über eine längere Zeit im synaptischen Spalt zu halten (Ellinger 2007, 133).

Neben den Annahmen zu Dopamin gibt es auch solche für den Neurotransmitter Noradrenalin, bei Personen mit AD(H)S bestimmte Auffälligkeiten hervorzurufen (Ettrich & Ettrich 2006, 84; Müller et al. 2011, 86). Der Botenstoff Noradrenalin ist für die Steuerung der Wachheit verantwortlich (Neuhaus 2009, 41; Müller et al. 2011, 86). Bis heute haben sich aber noch keine klaren Zusammenhänge zwischen Noradrenalin und AD(H)S feststellen lassen (Müller et al. 2011, 86). Als sogenannter Noradrenalin-Wiederaufnahmehemmer ist in Deutschland seit einigen Jahren das Medikament Strattera® mit der Substanz Atomoxetin zugelassen (Ellinger 2007, 134 f).

Auf weitere neurochemische Hypothesen, wie z. B. den Zusammenhängen zwischen AD(H)S und Serotonin oder AD(H)S und Monoaminooxidase, wird an dieser Stelle nicht weiter eingegangen, sondern nur verwiesen, da sie im Vergleich zur Diskussion um den Neurotransmitter Dopamin nur eine Nebenrolle einnehmen (Müller et al. 2011, 86 f; Tretter 2000, 112; Ettrich & Ettrich 2006, 84; Brandau 2004, 36 ff).

Auch bezüglich der verschiedenen neurochemischen Befunde bei Kindern und Jugendlichen mit AD(H)S ist eine definitive Aussage bisher kaum möglich: »Die Darstellung der Neurochemie birgt die Gefahr der Redundanz in sich. Denn eine direkte und umfassende Untersuchung der neurochemischen Prozesse im menschlichen

Gehirn ist bis heute nicht möglich« (Roessner & Rothenberger 2010, 76).

3.2.3 Neuropsychologische Faktoren

Aus der Neuropsychologie stammt die These, dass bei Kindern und Jugendlichen mit AD(H)S ein inhibitorisches Defizit bzw. eine »Disinhibition« (Barkley 2011, 85) vorliege, d. h. es mangle ihnen in erster Linie an der Fähigkeit, Impulse zu unterdrücken und ihr eigenes Verhalten zu hemmen (Ettrich & Etrrich 2006, 85; Barkley 2011, 85). Für Barkley (ebd., 85 ff) stellt dieser kognitiv bedingte Mangel an Selbstbeherrschung bzw. Verhaltenshemmung das Grundproblem von Personen mit AD(H)S dar: »Die Betroffenen sind zu ungehemmt, d. h. ihr Verhalten unterliegt in Situationen, in denen sich andere normalerweise bremsen würden, keiner Hemmung« (ebd., 85). Barkley hebt dabei die Impulsivität als Primärsymptom von AD(H)S hervor. Kinder und Jugendliche mit AD(H)S seien kaum in der Lage, über ein Ereignis nachzudenken bzw. es zu analysieren, die eigene Reaktion hinauszuzögern, mit sich selbst zu sprechen und dadurch das eigene Verhalten zu steuern sowie es mit früheren Ereignissen zu vergleichen (ebd., 90). Die fehlende Hemmung von Verhaltensimpulsen verursache Störungen der sogenannten Exekutivfunktionen (Schröder 2006, 52; Linderkamp et al. 2011, 27). Die exekutiven Funktionen sind im präfrontalen Kortex verortet und können verstanden werden als »metakognitive Prozesse, die Handlungen unmittelbar vorausgehen oder sie begleiten, damit ein angestrebtes Ziel erreicht werden kann« (Linderkamp et al. 2011, 27). Unter exekutiven Funktionen versteht man insofern Fertigkeiten, die zu einer zielgerichteten Handlungsausführung und einer erfolgreichen Problemlösung beitragen (Lauth & Schlottke 2009, 52 f). Beispielsweise fallen hierunter »an sich selbst gerichtete Fragen« (ebd., 52), das »Planen von Handlungen« (ebd., 53) oder das »Abschätzen von Risiken« (ebd.). Den Befunden von Barkley et al. (2008, 181) zufolge wiesen Kinder und Jugendliche mit AD(H)S gerade innerhalb dieser Fertigkeitsbereiche erhebliche Defizite auf. Demnach hätten solche Kinder und Jugendlichen erhebliche Schwierigkeiten, ihr eigenes Verhalten selbst bzw. innerlich zu steuern und zu reflektieren. Vielmehr tendierten Kinder und Jugendliche mit AD(H)S voreilig und unangepasst dazu, auf Handlungsimpulse zu reagieren (Lauth & Schlottke 2009, 54).

Wenngleich verschiedene neuropsychologische Studien auf Leistungsunterschiede in den exekutiven Funktionen zwischen Kindern mit und ohne AD(H)S hindeuten, weisen Meta-Analysen gleichzeitig darauf hin, dass sich diese Beeinträchtigungen nur bei einem Teil der Kinder mit AD(H)S finden lassen (Drechsler 2010, 106 f).

3.3 Kulturtheoretische Erklärungen

Kulturtheoretische Erklärungen zu AD(H)S richten sich gegen die steigenden Prävalenzraten hinsichtlich des psychopharmakologischen Behandlungsbedarfs sowie gegen eine monokausale neurobiologische Erklärungsperspektive. Stattdessen wird die Position vertreten, dass das Phänomen AD(H)S und dessen zunehmende Verbreitung im Zusammenhang mit dem kulturellen Wandel der letzten zwei Jahrzehnte betrachtet werden sollte.

Ahrbeck (2007a, 15) vertritt die Position, dass trotz einiger voreiliger Diagnosestellungen AD(H)S-typische Verhaltensweisen in den heutigen gesellschaftlichen Strukturen vermehrt aufzufinden und dementsprechend zu einem Leitthema der Kindheit geworden sind. Angesichts der aktuellen und allgemeinen Wahrnehmung eines gehäuften Auftretens von AD(H)S bei Kindern und Jugendlichen stellt sich die Frage nach den Ursachen, die dieser Entwicklung zugrunde liegen. Die weitverbreitete hirnorganische Erklärung ist aus dieser Sicht ungeeignet, um einen solchen Wandel tatsächlich erklären zu können, da in den letzten Jahren eine derartige Veränderung der Hirnstrukturen wohl kaum »ernsthaft« (ebd., 15) stattgefunden haben kann. Aus diesem Grund rückt Ahrbeck (2007a) stattdessen die veränderten gesellschaftlichen Verhältnisse innerhalb der letzten zwei Jahrzehnte sowie die Konsequenzen, die sich daraus für das Individuum ergeben haben, in das Zentrum seiner Argumentation. Wesentliche Neuerungen der jüngeren Zeit seien die Beschleunigung der Lebensverhältnisse und der damit einhergehende Verlust von wichtigen Konstanten und sicherem Halt.

Die Beschleunigung der Lebensverhältnisse spiegelt sich wider in Zeitverknappung und Reizüberflutung, die heutzutage das menschliche Alltagsleben der westlichen Gesellschaft bestimmen (Ahrbeck 2007a, 7). Nahezu permanent strömten auf eine Person neue, ständig wechselnde Reize ein, sodass das Erleben sowie die Wahrnehmung auf einer nur oberflächlichen Ebene verharrten. Dies habe zur Folge, dass nur wenige Erfahrungen gemacht würden, die eine innere Repräsentanz bildeten. Somit blieben viele Erfahrungen für den Einzelnen ohne eine echte und individuelle Bedeutung. Auf solch hektische Zeitumstände reagierten manche Kinder und Jugendlichen sensibler als andere, sodass bei ihnen innere Unruhe und Unkonzentriertheit entstünden (ebd.).

Der schnelllebige Kommunikationsfluss sei in den letzten Jahren insbesondere durch die technischen Neuerungen wie Mobiltelefon, Computer sowie Internet hervorgerufen worden. Hopf (2006, 12) bezeichnet Medien angesichts ihrer ständigen Verfügbarkeit als ›heimliche Miterzieher‹. Die JIM-Studie 2010 verweist darauf, dass das Medienangebot immer breitgefächerter und unübersichtlicher geworden ist. Das Angebot an technischer Ausstattung hat sich in den letzten Jahren stetig erweitert. 97 % der Jugendlichen zwischen 12 und 19 Jahren sind im Besitz eines eigenen Handys, 79 % verfügen über einen eigenen Laptop bzw. Computer, und 58 % besitzen einen eigenen Fernseher (JIM-Studie 2010, 7).

Die von Ahrbeck (2007a, 16) kritisch fokussierte Reizüberflutung wird durch die deutschen Ergebnisse der MTV-Studie zum Mediennutzungsverhalten von Kindern und Jugendlichen zwischen 8 und 24 Jahren gestützt (MTV-Studie 2007, 10). In dieser Studie konnte festgestellt werden, dass Kinder und Jugendliche die elektronischen

Medien nicht nur permanent, sondern auch parallel nutzen. Während Jugendliche Fernsehen schauen, wird in 63 % der Fälle gleichzeitig etwas gegessen, 46 % surfen dazu im Internet, 32 % rufen Freunde an und 32 % verschicken nebenbei eine SMS (ebd.). Die andauernde Beschäftigung mit der Flut an Bildern und Informationen aus Internet und Handy sowie das gängige Zappen durch die unterschiedlichen Fernsehkanäle könnten im Sinne von Ahrbeck (2007b, 40) als »symptomatische Beispiele für eine Suche nach erregenden Reizen« gesehen werden, die zur eigenen Stimulation eingesetzt werden. Die mediale Hervorhebung von Sensationen und Erregung zeigt sich darüber hinaus in den Angeboten der Printmedien, des Films, Hörfunks und Fernsehens. Die Informationsmitteilung bzw. die Werbung ist darauf ausgerichtet, möglichst viele »sensationelle Botschaften« (Ahrbeck 2007a, 17) zu verbreiten, dabei aber nur wenig bedeutsame Fakten zu präsentieren.

Bezogen auf das Phänomen AD(H)S wären Kinder und Jugendliche, die sich motorisch unruhig, unaufmerksam und ungesteuert verhalten, demnach ein Spiegelbild einer medial geprägten Kultur, die durch ihre Anforderungen und Hektik auffällige Verhaltensweisen hervorrufen (Ahrbeck 2007b, 43). Kinder und Jugendliche mit AD(H)S sind jene Individuen, die besonders sensibel auf den gesellschaftlichen Wandel reagieren (ebd., 40). Hopf (2006, 12) erwähnt in diesem Zusammenhang eine US-amerikanische Studie von Christakis et al. (2004) mit 2263 Kindern, bei der eine Verbindung zwischen Aufmerksamkeitsstörungen und Fernsehkonsum festgestellt wurde: Mit erhöhtem Fernsehkonsum gingen bei Grundschulkindern mangelnde Aufmerksamkeitsleistungen einher.

Nach Ansicht von Ahrbeck (2007a, 26 f) bedarf es der psychoanalytischen Forschung, um die Wirkung kultureller Entwicklungen auf das Individuum untersuchen zu können, da die psychoanalytische Perspektive an den aufgezeigten Grundgedanken der Kulturtheorie ansetzt sowie darüber hinaus geht, indem sie sich mit der psychischen Lebensbewältigung auseinandersetzt, die sich für das Individuum aus den kulturellen und anthropologischen Gegebenheiten ergeben.

3.4 Psychoanalytische Erklärungsperspektive

Das Störungsbild AD(H)S wurde in der psychoanalytischen Diskussion erstmals in den Anfängen der 1990er Jahre explizit aufgegriffen (Staufenberg 2011, 77). Seit dem Jahr 2000 ist eine Vielzahl an Publikationen aus dem psychoanalytischen Feld erschienen, in denen das genetische und neurobiologische Symptomverständnis, die deskriptive Diagnostik von AD(H)S in ICD-10 und DSM-5 sowie die damit in Verbindung stehende medikamentöse Behandlung überwiegend kritisch betrachtet werden (u. a. Ahrbeck 2007a; Stauffenberg 2011, 78 f; Warrlich & Reinke 2007; Leuzinger-Bohleber et al. 2006).

3.4.1 Grundlagen einer psychoanalytischen Erklärung von AD(H)S

Die verschiedenen psychoanalytischen Betrachtungsweisen zu AD(H)S weisen trotz je spezifischer Akzentuierungen verschiedene Gemeinsamkeiten auf (Ahrbeck 2007a, 20 ff): Erstens besteht weitestgehend Einigkeit, dass die Symptome von AD(H)S primär auf eine frühkindliche Beeinträchtigung der psychischen Entwicklung zurückzuführen seien (Ahrbeck 2007a, 24; 2007b, 42 f). Die frühkindlichen Erfahrungen eines Kindes werden aus Sicht der Psychoanalyse wesentlich von den primären Erziehungspersonen Mutter und Vater geprägt (Ahrbeck 2007a, 27). ›AD(H)S-typische‹ Verhaltensweisen seien der Ausdruck von Gefühlen der Angst und kaum zu ertragenden inneren Spannungen, welche in den ersten Lebensmonaten aufgrund unsicherer Bindungsmuster und einer unzureichenden ›Container-Funktion‹ ausgelöst und nicht überwunden werden könnten (Ahrbeck 2007a, 24; 2007b, 42). Dabei bezeichnet ›Container-Funktion‹ eine bedeutende Facette der Mutter-Kind-Interaktion: Die Mutter (Container) habe die Aufgabe, negative, schwer zu ertragende Gefühle des Kindes, welche auf sie projiziert würden, aufzunehmen (to be contained), zu verarbeiten und in abgeschwächter Form an das Kind zurückzugeben, um es emotional davon zu erleichtern (Giernalzcyk & Albrecht 2011, 125). Kindern mit AD(H)S-typischen Verhaltensweisen fehle der notwendige äußere Halt seitens ihrer primären Erziehungspersonen, wodurch der Zugang zum eigenen Innenleben verhindert werde (Ahrbeck 2007a, 24; 2007b, 42). Leuzinger-Bohleber (2006, 28) stellt Erkenntnisse dahingehend dar, dass Kinder mit AD(H)S nachgewiesenermaßen häufiger in ihren frühen Mutter-Kind-Interaktionen Unter- oder Überstimulation sowie intrusives und vernachlässigendes Verhalten erfahren hätten. Eng verwoben mit diesen Überlegungen sind Befunde aus der Bindungsforschung, welche ersten Studien zufolge darauf hinweisen, dass sicher gebundene Kinder seltener AD(H)S-Züge aufwiesen als unsicher gebundene Kinder (ebd., 33). Auch Heinemann & Hopf (2006, 103) betrachten Bindungsstörungen aus psychoanalytischer Perspektive als »wesentliche Ursache für Unaufmerksamkeit und Überaktivität« und legitimieren diese Aussage mit einer eigenen Untersuchung, die allerdings auf einer sehr kleinen Stichprobe basiert und einige empirische Schwächen aufweist.

Erschwert werde die Mutter-Kind-Beziehung nach Ansicht von Heinemann & Hopf (2006, 115) zusätzlich dadurch, dass viele Kinder ohne Vater aufwachsen und somit ein ausgeglichenes Moment fehlt, welches die ›Mutter-Kind-Symbiose‹ relativiere. Insbesondere Jungen, die ja nachweislich vermehrt AD(H)S-typische Verhaltensweisen aufweisen, seien auf den Vater als Identifikationsobjekt angewiesen, um mit ihm um die Mutter zu konkurrieren, bevor sie sich mit ihm identifizieren könnten (ebd., 115 f). Abelin (1971) untersuchte die Rolle des Vaters im Loslösungs- und Individualisationsprozess des Kindes und prägte hierfür das Konzept der ›frühen Triangulierung‹, also das Konzept der gleichzeitigen Beziehungsaufnahme zu zwei Personen (Rotmann 1978, 1105, zit. n. Amft et al. 2004, 204 f). Dammasch (2006, 206) vertritt auf Basis eigener Forschungen die Position, »die Triangulierung als zentralen Meilenstein sowohl im Symbolbildungsprozess als auch im Prozess der Identitätsentwicklung« bezeichnen zu können. Er versteht darunter den Einbezug des Vaters als notwendiges drittes Objekt, welcher dazu beiträgt, dass dem Kind die Separation von dem primären Identifikationsobjekt –

der Mutter – gelingen könne. Amft et al. (2004, 203) entwickeln diesen Gedanken weiter, indem sie Nachweise dafür bieten, dass erst durch den Kontrast des Vaters zur Mutter ein zusätzliches Objekt zur Mutter verinnerlicht werde, was sowohl die Loslösung von der Mutter als auch den Aufbau eines eigenen Selbstbildes ermögliche. Voraussetzungen dafür, dass der Vater diese Funktion ausfüllen kann, seien neben seiner physischen und psychischen Anwesenheit auch die Bereitschaft der Mutter, aus der Dualbeziehung ein triadisches Beziehungsmuster entstehen zu lassen (ebd.). Folgt man diesen Ausführungen, dann wäre gerade für Jungen die Zunahme des Anteils alleinerziehender Mütter und die häufigere reale bzw. emotionale Abwesenheit des Vaters ein maßgeblicher Auslöser für ihr AD(H)S-symptomatisches Verhalten. Die Folge einer »zunehmend entödipalisierten Gesellschaft« (ebd., 20), die durch das Fehlen einer verlässlichen Vaterfigur und den Verlust der klassischen Familientriade ›Mutter – Kind – Vater‹ gekennzeichnet ist, sei eine nachvollziehbare Erklärung für Überrepräsentation von Jungen in der Häufigkeitsverteilung von AD(H)S (Dammasch 2009, 66). Damit bieten die Autoren im Hinblick auf die genetische Erklärungsposition von AD(H)S eine alternative Interpretation für das nachweislich sehr unausgewogene Geschlechterverhältnis.

Zudem wird aus der der psychoanalytischen Betrachtungsweise heraus die Sichtweise vertreten, dass das Phänomen AD(H)S anhand des Triebmodells von Freud (1970) erklärt werden könne (Amft et al. 2004, 199 ff; Heinemann & Hopf 2006, 139 ff). Im Hinblick auf die gesellschaftlichen Entwicklungen und Veränderungen sehen Heinemann & Hopf (2006, 139) die Gesellschaft seit den 1970er Jahren primär an der Instanz des Es, also dem Ausleben von Triebwünschen, orientiert. Folgt man dieser Annahme, ließe sich schlussfolgern, dass aufgrund der aktuellen gesellschaftlichen Bedingungen eine Kontrolle der Ansprüche aus dem Es erschwert wird. Daraus resultierte die Annahme der Wirkung solcher Prozesse auf die Kinder – dahingehend, dass bei Kindern und Jugendlichen mit AD(H)S das Über-Ich häufig zu schwach ausgeprägt sei. Aus dieser Perspektive wäre das Ich damit überfordert, die unterschiedlichen Anforderungen von Es, Über-Ich und der Realität in Einklang zu bringen. Dammasch (2006, 197 ff) führt anhand eines Fallbeispiels auf, inwiefern ein zu schwach ausgeprägtes Über-Ich zu AD(H)S-typischen Verhaltensweisen beitragen kann. Der Verfasser richtet sich in seiner Argumentation gegen die medikamentöse Behandlung bei AD(H)S, da dadurch das Kind von der Umwelt als krank definiert werde, was eine »medizinisch legitimierte Laissez-Faire-Haltung der Eltern« (Dammasch 2006, 213) begünstige. Eine solche erzieherische Haltung habe zur Folge, dass dem Es des Kindes von außen nicht ausreichend Grenzen gesetzt und dem Über-Ich die notwendigen moralischen Vorstellungen und Maßstäbe nicht vermittelt würden (ebd.).

Ahrbeck (2007a, 24 f; 2007b, 42) stellt heraus, dass psychoanalytische Erkenntnisse zwar der monokausalen »alten« (Hüther 2006, 222) neurobiologischen Erklärungsweise einer Hirnfunktionsstörung widersprechen, jedoch im Einklang mit Ergebnissen der neueren Hirnforschung stehen, die etwa von Hüther (2006, 222 ff) vertreten werden. Hüther (2006, 228 f) führt die Abweichungen im Frontalhirn nicht primär auf eine stabile genetische Grundlage zurück. Stattdessen ist seiner Theorie zufolge die Entwicklung des präfrontalen Kortex als ein lebenslanger Prozess zu sehen, welcher maßgeblich durch die eigenen Erfahrungen bestimmt werde. Die Überlegungen von Hüther (2006) weisen dabei auf die Plastizität des Gehirns hin, welches sich je nach Nutzung und Erfahrung aus- und umformt. Vor allem der Entwicklungsphase der ersten sechs Lebensjahre misst Hüther (2006, 229) hierbei eine entscheidende Bedeutung bei. Mit dem Alter von etwa sechs Jahren sei bei Menschen »das Maximum synaptischer Angebote und die höchste Synapsendichte im präfrontalen Kortex« (ebd.) festzustellen. Dementsprechend gälte es, Kindern innerhalb dieser Lebensspanne möglichst viele und wiederholte Angebote zu unterbreiten, damit sich in ihrem Gehirn entsprechende synaptische Aktivierungsmuster herausbilden können. Diese sollen in solcher Form verfestigt und verinnerlicht werden, dass das Kind dadurch seine Verhaltensreaktionen steuern kann. Damit sich die neuronalen Verschaltungen und synaptischen Verbindungen überhaupt in dem Maße stabilisieren können, dass sie zur Organisation und Planung von Verhalten verinnerlicht und genutzt werden können, bedürfte es demnach einer Umwelt, die ›Sicherheit‹ und ›Orientierung‹ (ebd., 230) bietet.

3.4.2 Kritische Betrachtung der psychoanalytischen Erklärungsperspektive von AD(H)S

Nachdem aus der Darstellung der psychoanalytischen Erklärungsperspektive von AD(H)S heraus in vielerlei Hinsicht Kritik an der neurobiologischen Ursachenerklärung zum Ausdruck kam, soll auch diese Position eine kritische Beleuchtung erfahren. So positioniert sich Drüe (2007) klar gegen eine solche Sichtweise und bezeichnet sie »als hinderlich für eine erfolgreiche Arbeit«, da AD(H)S primär ein »neurologisch zu erfassendes Problem« sei (ebd., 105). Psychoanalytische Erklärungsversuche zu AD(H)S, die der Medizin eine mangelhafte Befundlage hinsichtlich dieses Störungsbildes attestieren, beruhen nach Drüe (2007, 112) ihrerseits auf vagen Vermutungen. Man suche nach bestimmten Ereignissen in der Vergangenheit, welche die Persönlichkeit geprägt hätten, womit Probleme im Kontext AD(H)S erklärt würden. Dabei bleibe »der Fantasie genügend Raum, denn sie ist durch niemanden zu überprüfen« (ebd.). Weiterhin widerspricht Drüe (2007, 105 f) Autoren wie Dammasch (2006, 213), die ein zu schwach ausgeprägtes Über-Ich bei AD(H)S vermuten. Die moralische Instanz des Über-Ichs sei weniger dafür verantwortlich, dass Kinder und Jugendliche mit AD(H)S Probleme hätten, sich an vorgegebene Regeln zu halten. Vielmehr führe der Mangel an Impulskontrolle dazu, dass Gebote missachtet würden. Die fehlende Impulskontrolle verhindere, dass sich der Betroffene mit AD(H)S die in der Situation gültigen Regeln vergegenwärtigen könne. Mangelnde Impulskontrolle dürfe daher nach Ansicht von Drüe (2007, 105 f) nicht mit der Instanz des Über-Ichs gleichgesetzt oder damit identifiziert werden. Ihr zufolge wird Kindern und Jugendlichen mit AD(H)S im Nachhinein häufig durchaus bewusst, dass sie sich normabweichend verhalten haben.

Im Rahmen der Darstellung der psychoanalytischen Position wurde vor allem die bedeutende Rolle der Mutter ausführlich diskutiert. Drüe (2007, 144) wendet sich entschieden gegen die aus ihrer Sicht damit verbundenen unverhältnismäßigen Schuldzuweisungen an einzelne Mütter durch Autoren psychoanalytischer Provenienz. Sie identifiziert hier eine förmliche »Jagd auf Mütter«, ein »Motherhunting« (ebd.). Dem Argument von Amft (2002, 66; 2004, 76), dass das Fehlen eines Erziehungsverantwortlichen bei alleinerziehenden Familienkonstellationen das Auftreten von AD(H)S-typischen Verhaltensweisen begünstige, begegnet Drüe (2007, 150) mit einer Verteidigung der Mütter: Ihrer Meinung nach führe nicht die dyadische Beziehungskonstellation zu AD(H)S; vielmehr seien die meisten Väter, welche die Mütter dem »häuslichen Dauer-Power-Klima« (ebd.) alleine aussetzten, ihrerseits selbst von AD(H)S betroffen und gäben diese genetische Grundlage an ihre Kinder weiter. Drüe (2007, 151 ff) kommt auch hinsichtlich weiterer Aspekte psychoanalytisch orientierter Positionen zu dem Schluss, dass eine Mutter bei ihrem kleinen Kind »gar nicht so schlecht und falsch erziehen kann« (ebd., 151), um solch ausgeprägte Verhaltenssymptome verursachen zu können. Die Vorbehalte bzw. die fehlende Anerkennung der aus ihrer Sicht eindeutigen Ergebnisse der Zwillingsforschung und des genetischen Erklärungsmodells bei AD(H)S in psychoanalytisch orientierten Schriften führt Drüe (2007, 159) auf die »besondere deutsche Vergangenheit« zurück. Aufgrund der verwerflichen und skrupellosen Experimente im Zuge des Zweiten Weltkriegs bestünde bis zum heutigen Tag eine voreingenommene Haltung gegenüber genetischen Erklärungsansätzen, sodass entgegen der handfesten Befundlage stattdessen tiefenpsychologisch nach anderen primären Ursachen gesucht werde (ebd., 159 ff).

Im Gesamtbild stehen sich hier zwei recht einseitig und auch immer wieder mit – aus einer Außenperspektive – problematischer Vehemenz argumentierende Positionen gegenüber, die aktuell ›unversöhnlich‹ wirken. Es wäre an der Zeit, wertvolle Erkenntnisse beider Sichtweisen aufzugreifen, um die Arbeit an dem Phänomen AD(H)S, der Ursachenbetrachtung und daraus resultierenden Handlungsmodellen wirklich voranzubringen. Es besteht eine sehr erhebliche Dominanz empirischer Forschung zu genetisch-neurobiologischen Aspekten; das Defizit psychologischer und psychoanalytischer Forschung wäre dringend aufzuarbeiten.

3.5 Weitere Bedingungsfaktoren

Die Ergebnisse des Kinder- und Jugendlichen-Gesundheitssurveys (KIGGS) des Robert Koch-Instituts (▶ Kap. 1.1.2) weisen darauf hin, dass der sozioökonomische Status offenkundig einen Risikofaktor für AD(H)S darstellt (Schlack et al. 2007, 833), da sowohl bei den mit AD(H)S diagnostizierten Kindern und Jugendlichen als auch den Verdachtsfällen aus Familien mit niedrigen sozioökonomischem Status die Prävalenzraten jeweils mindestens doppelt so häufig waren wie bei Kindern und Jugendlichen aus Familien mit hohem sozialen Status. Schlack et al. (2007, 833) stellen zwei verschiedene Hypothesen zur Erklärung auf: Einerseits könnte gemäß der »Hypothese der sozialen Selektion« (Schlack et al. 2007, 833) die Vermutung angestellt werden, dass Personen mit AD(H)S aufgrund ihres Störungsbildes vermehrt geringere schulische und berufliche Leistungen erbringen können und dies zu einem niedrigen sozioökonomischen Status führt. Andererseits könnte man der »Hypothese zur Kausalität« (Schlack et al. 2007, 833) folgend davon ausgehen, dass ein niedriger sozialer Status wegen seiner negativen Auswirkungen auf soziale und ökonomische Ressourcen Störungen wie AD(H)S vermehrt hervorruft (Schlack et al. 2007, 833). Dies könnte auch konkreter so zu verstehen sein, dass ein niedriger sozialer Status als multiples Bedingungsfeld von Stress negative Effekte auf die familiäre Interaktion und das Erziehungsverhalten hat und dies wiederum auf das Verhalten der Kinder wirkt.

Schließlich machen die Ergebnisse des KIGGS darauf aufmerksam, dass Kinder und Jugendliche aus Familien mit Migrationshintergrund seltener eine offizielle klinisch anerkannte Diagnose AD(H)S erhalten und zugleich häufiger ein Verdacht auf AD(H)S vorliegt als bei Gleichaltrigen ohne Migrationshintergrund (ebd.). Schlack et al. (2007, 833 f) führen als potenzielle Begründungen zum einen eine »Unterdiagnostizierung« und zum anderen »eine kulturell bedingte unterschiedliche Symptomtoleranz« an. Diese Frage des Zusammenhanges soziokultureller Benachteiligung mit der Diagnose von AD(H)S müsste kritisch weiter verfolgt werden (siehe dazu auch Ellinger 2013).

3.6 Eine interaktionistische Betrachtungsweise von Aufmerksamkeits- und Hyperaktivitätsproblemen

Aus den Darstellungen in Kapitel 3 ergibt sich, dass die Ursachendiskussion zu AD(H)S stark von der Medizin und der Kinder- und Jugendpsychiatrie geprägt ist – und dass im Gesamtbild eine starke Fokussierung auf verfestigte Aspekte der Person der Kinder und Jugendlichen erfolgt. Auf der anderen Seite zeigt sich, dass Aufmerksamkeits- und Hyperaktivitätsprobleme häufig in spezifischen Situationen (etwa der Leistungsanforderungen, in der Schule) auftreten. Wie alle Auffälligkeiten des Verhaltens und Erlebens ist auch das Phänomen AD(H)S komplexer, als es zunächst scheint. Daher soll es in der Folge als Störung im Person-Umwelt-Bezug betrachtet werden, bei der zum einen verschiedene Beiträge und Aspekte zusammenkommen und zum anderen eine erhebliche Entwicklungsdynamik zu berücksichtigen wäre, indem AD(H)S, auch wenn es zunächst so scheinen mag, kein ›statisches‹ Erscheinungsbild (etwa einer simplen biochemischen Störung mit linearen Folgen) darstellt. Daher wird dem Buch und den weiteren Kapiteln zu Therapie, Förderprogrammen und pädagogischer Arbeit eine interaktionistische Betrachtung von Verhaltensstörungen – hier AD(H)S – zugrunde gelegt (Stein 2015).

3.6.1 Auf dem Weg zu einer interaktionistischen Perspektive: komplexere Modelle von AD(H)S

Modelle jüngeren Datums sehen AD(H)S als multifaktoriell bedingt und versuchen seine Genese in ihren komplexeren Zusammenhängen zu betrachten und abzubilden. Allerdings werden dabei verbreitet neurobiologische Störungen als Basis gesehen. Ein Beispiel ist das von Döpfner et al. (2000) entwickelte Modell. Breitenbach (2005) sowie Ellinger (2007) fassen die derzeit in der Fachszene dominanten Modellvorstellungen zusammen; exemplarisch kann dafür Abbildung 2 stehen.

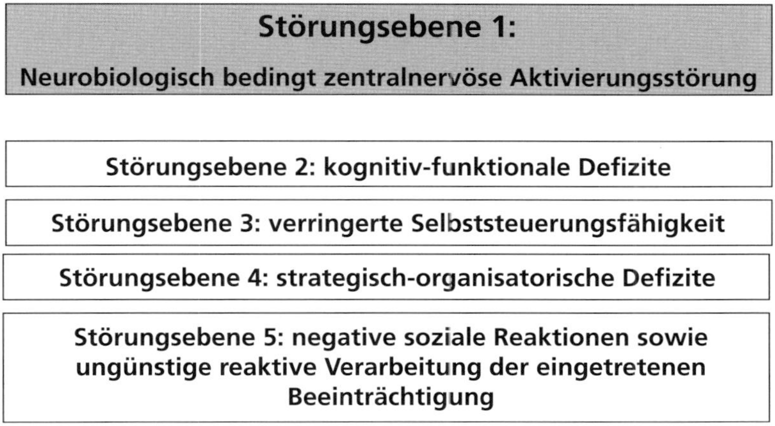

Störungsebene 1:
Neurobiologisch bedingt zentralnervöse Aktivierungsstörung

Störungsebene 2: kognitiv-funktionale Defizite

Störungsebene 3: verringerte Selbststeuerungsfähigkeit

Störungsebene 4: strategisch-organisatorische Defizite

Störungsebene 5: negative soziale Reaktionen sowie ungünstige reaktive Verarbeitung der eingetretenen Beeinträchtigung

Abb. 2: Multifaktorielles Bedingungsmodell von AD(H)S (aus Breitenbach 2005, 115)

Auf den fünf Störungsebenen werden die folgenden Probleme verortet:

1. Neurologisch bedingte zentralnervöse Aktivierungsstörungen, d. h. Unterstimulierung und Wahrnehmungsprobleme, werden als Basis der sich entwickelnden Problematiken gesehen.
2. Darauf lagern sich kognitiv-funktionale Defizite auf: mangelnde Aufmerksamkeitsleistungen, Fehler in der Wahrnehmungsselektion, spontane Impulsreaktionen, unwillkürliche Suche nach Selbststimulierung.
3. Es kommt unter Umständen zu einer verringerten Selbststeuerungsfähigkeit: motorische Unruhe, Impulsivität, unbewusstes Reden, Übersprungshandlungen, Fehlen von Motivationsstrategien, fehlendes Durchhaltevermögen, mangelhafte Leistungsfähigkeit, fehlende Strukturen.
4. Daraus resultieren gegebenenfalls wiederum komplexere strategisch-organisatorische Defizite: fehlende Problemlösefähigkeiten, mangelhafte metakognitive Kompetenzen, defizitäre Begriffs-, Ordnungs- und Wissensbestände, Formalqualifikationen, Sozialprestige.
5. Auf einer letzten Ebene wird die Verarbeitung der negativen sozialen Reaktionen verortet: geringe Frustrationstoleranz, negatives Selbstbild, soziale Auffälligkeiten, unpassende soziale Rolle.

Im Rahmen der letztgenannten Ebene werden zwei Aspekte zusammengefasst, die zu trennen wohl günstiger wäre: zum einen soziale Reaktionen des Umfeldes (soziale Rolle, aber auch schon das Sozialprestige auf Ebene 4) und zum anderen die je individuelle Verarbeitung auf Seiten der betroffenen Person (Selbstbild, Rollenbild, Frustrationen).

Grundsätzlich ist jedoch im Hinblick auf das in den bisherigen Kapiteln 1 bis 3 Erarbeitete festzustellen, dass Modelle wie dieses zwar eine gewisse Komplexität der Genese von AD(H)S berücksichtigen und aufzunehmen versuchen, jedoch zwei Probleme in sich bergen:

- Zum einen gehen diese Modelle in jedem Fall von neurobiologisch bedingten Problemen als einer Basis aus, was im Hinblick auf die Breite des hier betrachteten Problemfeldes von Aufmerksamkeits- und Hyperaktivitätsproblemen eine mögliche Einschränkung darstellt.

- Zum anderen betrachten solche Modelle die Genese der Probleme linear, indem sich Probleme aufeinanderlagern, noch dazu in einer bestimmten Reihung. Dies wird der komplexen, auch prozesshaften Dynamik, wie und wann Aufmerksamkeits- und Hyperaktivitätsprobleme entstehen und sich weiterentwickeln können, nur eingeschränkt gerecht.

Die nachfolgenden Überlegungen aus interaktionistischer Sicht sollen diese Kritikpunkte aufnehmen.

3.6.2 Grundlagen einer interaktionistischen Sicht von Aufmerksamkeits- und Hyperaktivitätsproblemen

Verhaltensauffälligkeiten sind aus interaktionistischer Perspektive stets Signale für eine dahinterstehende Störung im Person-Umwelt-Bezug (Stein 2015). Irgendetwas im Verhältnis einer Person und ihrer Umwelt, also den Situationen, in denen sie sich bewegt, ist ›gestört‹. Damit werden sowohl Aspekte der Person als auch der jeweiligen Situationen, der Umwelt und des Umfeldes als bedeutsam in Betracht gezogen. In den Vordergrund rückt die ›Aktualgenese‹, also alle Aspekte, die aktuell zur Erklärung einer Störung bzw. eines auftretenden Problems wie etwa Aufmerksamkeitsschwierigkeiten oder Hyperaktivität einen Beitrag leisten könnten. Was die Person selbst betrifft, sind zugleich möglicherweise Aspekte der ›Ontogenese‹, der persönlichen Entwicklungsgeschichte eines Individuums zu bedenken, die sich unter Umständen in Aspekten einer überdauernd ›auffälligen‹ oder ›schwierigen‹ Persönlichkeit verfestigt haben. Dies ist eine Möglichkeit; parallel sind allerdings auch immer Aspekte des aktuellen Geschehens im Hinblick auf eine Störung bedeutsam und sollten berücksichtigt werden. Abbildung 3 verdeutlicht dieses interaktionistische Modell.

Dabei ergibt sich im Rahmen der Aktualgenese ein komplexes Geschehen; ein ›Dreh- und Angelpunkt‹ ist das Erleben der ›betroffenen‹ Person, denn hier kommen Eigenschaften der Person und der

3 Bedingungsfaktoren und Theorien zur Entstehung von AD(H)S

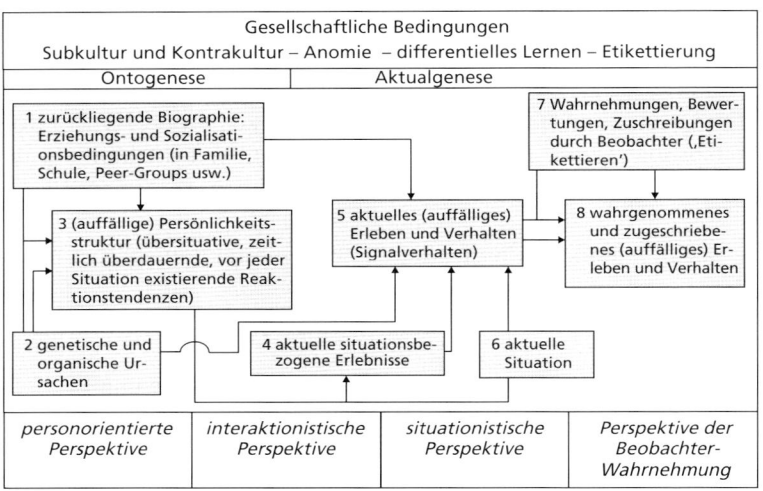

Abb. 3: Interaktionistische Sicht von Verhaltensstörungen (Stein 2015, 64; vgl. Seitz 1992)

(erlebten) Situationen zusammen. Grundsätzlich müssen aus einer solchen interaktionistischen Sicht auf Aufmerksamkeits- und Hyperaktivitätsprobleme heraus (Stein 2015; Seitz 1992; 2006) im Hinblick auf die Erklärung für Verhaltensstörungen, also auch das Phänomen AD(H)S, vier verschiedene Erklärungsperspektiven unterschieden und gleichermaßen berücksichtigt werden. Diese sind neben der personorientierten Sichtweise die situationistische und interaktionistische Perspektive sowie die Perspektive der Beobachterwahrnehmung. Wie in Abbildung 3 deutlich wird, sind über diese Perspektiven als solche hinaus für die Erklärung des Problemfeldes von AD(H)S auch verschiedene, teilweise komplexe Interaktionen zwischen diesen Aspekten zu berücksichtigen. Hinzu kommen gesellschaftliche Rahmenbedingungen, wie sie in Abbildung 3 auf Basis von vier grundlegenden soziologischen Theorien bedacht sind (Stein 2015, 100 ff); darunter lassen sich wichtige, für AD(H)S diskutierte Prozesse der Etikettierung und Stigmatisierung, aber auch der kulturellen Einflüsse (▶ Kap. 3.3) subsummieren.

3.6 Eine interaktionistische Betrachtungsweise

Im Folgenden wird das Phänomen AD(H)S aus diesen vier Perspektiven heraus betrachtet. Zugleich können die bisher beschriebenen Positionierungen zu AD(H)S in einen Rahmen gesetzt werden. Des Weiteren sollen auf Grundlage dieser differenzierten Darstellung die im weiteren Verlauf des Buches aufgeführten therapeutischen sowie pädagogisch-didaktischen Maßnahmen im Hinblick auf ihre Ansatzpunkte umfassender systematisiert und eingeordnet werden.

3.6.3 Personorientierte Sichtweise von Verhaltensstörungen in Bezug auf AD(H)S

Zunächst soll diejenige Erklärungsperspektive von Verhaltensstörungen in den Vordergrund gerückt werden, welche den Aspekt der Person selbst für das Zustandekommen des auffälligen Verhaltens und Erlebens ins Zentrum rückt.

Blickt man spezifisch auf das Phänomen AD(H)S, so finden sich in der Diskussion verschiedene personorientierte Erklärungsmuster, denen in der Mehrzahl der Publikationen eine hohe Akzeptanz entgegengebracht wird. Hierzu zählen primär genetische und neurobiologische Positionen (u. a. Barkley 2011; Müller et al. 2011; Neuhaus 2009; Warnke & Satzger-Harsch 2004; vgl. a. Kap. 3.1, 3.2). Hier finden sich (auch an Eltern und Pädagogen gerichtete) Beschreibungen, die das Kind bzw. den Jugendlichen als alleinigen ›Auslöser‹ von AD(H)S-typischen Verhaltensweisen kennzeichnen: »Am besten führen Sie sich immer wieder vor Augen, dass das Kind krank ist« (Warnke & Satzger-Harsch 2004, 68). Aber auch Autoren psychoanalytisch orientierter Publikationen (▶ Kap. 3.3), welche sich in den letzten Jahren vermehrt in die Diskussion einbringen (Ahrbeck 2007; Leuzinger-Bohleber 2009; Staufenberg 2011; Warrlich & Reinke 2007) und die Kritik an einer neurobiologischen und genetischen Erklärungstheorie von AD(H)S üben, vertreten zumeist eine personorientierte Perspektive im Hinblick auf die Entstehungsbedingungen von AD(H)S. Hier werden zwar, im Unterschied und in Abgrenzung zu hirnorganischen Ursachentheorien, Umweltbedingungen bei der

Entstehung von AD(H)S fokussiert; die Psychoanalyse richtet dabei allerdings ihren Fokus vor allem auf Erfahrungen in der frühen Kindheit und berücksichtigt insofern lediglich die Ontogenese, die zurückliegende Entwicklungsgeschichte eines Menschen, welche erklären soll und evtl. kann, warum sich eine bestimmte (überdauernde) Persönlichkeitsstruktur entwickelt hat. Im Zentrum der Betrachtung stehen hier vor allem die Qualität der Eltern-Kind-Interaktionen im Säuglings- und Kleinkindalter, also Aspekte der Erziehung und Sozialisation. Der Beitrag von aktuellen bzw. situativen Gegebenheiten für das Zutagetreten von AD(H)S-typischen Verhaltensweisen wird hingegen auch hier allenfalls ansatzweise thematisiert.

Inwieweit die konkreten Gegebenheiten einer bestimmten Situation zu auffälligem Verhalten im Allgemeinen und zu AD(H)S-typischen Verhaltensweisen im Besonderen führen können, soll nun erörtert werden.

3.6.4 Situationsorientierte Sichtweise von Verhaltensstörungen und AD(H)S

Im Gegensatz zum personorientierten Blick, bei dem die Ursache für eine Verhaltensstörung in den individuellen Merkmalen der Person gesucht wird, berücksichtigt die situationsorientierte Sicht insbesondere die Besonderheiten der aktuellen Situation, in der das auffällige Verhalten in Erscheinung tritt (Mischel 1976, 498; Stein 2015, 65 ff). Mischel (1976, 514) zufolge gibt es sogenannte »powerful situations« bzw. »starke Situationen« (Stein 2015, 67), welche einen solch erheblichen Einfluss auf das Verhalten und Erleben des Individuums nehmen, dass hier potenziell jede Person auffällige Verhaltensweisen zeigen kann.

›Starke Situationen‹ können in provozierende und belastende Situationen unterteilt werden. Provozierende Situationen sind dadurch gekennzeichnet, dass sie eindeutig vorstrukturiert sind, der Person kaum Handlungsspielraum gewähren und dadurch ein bestimmtes vorhersagbares, auffälliges Verhalten verursachen (Stein 2015, 67; Stein & Stein 2014, 39). Das bedeutet, dass die Person in

3.6 Eine interaktionistische Betrachtungsweise

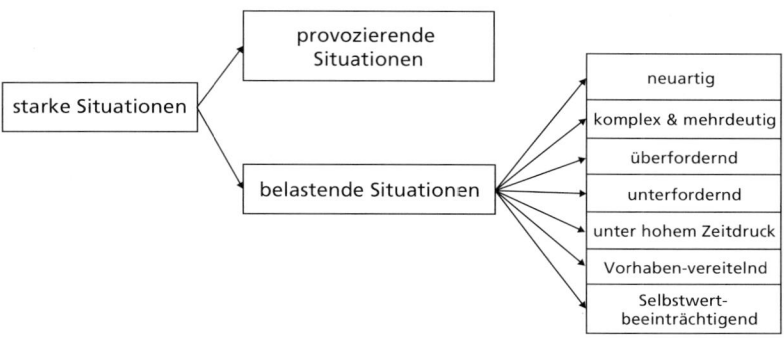

Abb. 4: Starke Situationen (in Anlehnung an Stein 2015 sowie Seitz & Stein 2010; auch: Mischel 1976)

dieser bestimmten Situation in der Regel kaum anders handeln *kann*, als ein bestimmtes Verhalten zu zeigen. In Bezug auf das hier im Fokus stehende Phänomen AD(H)S sind provozierende Situationen solche, die unmittelbar zu AD(H)S-typischen Verhaltensweisen führen. Insbesondere Situationen, bei denen dem Kind bzw. Jugendlichen »selbstgesteuerte, länger andauernde Handlungen abverlangt werden« (Lauth & Naumann 2009, 30), wie beispielsweise längere Phasen der Stillarbeit ohne Rhythmisierung und Bewegungsangebote, wird ein hoher provokativer Charakter für AD(H)S-typische Verhaltensweisen bei prinzipiell jedem Schüler im Sinne von Mischel (1976) zugeschrieben – gerade jüngere Kinder könnten mit solchen Situationen Schwierigkeiten haben.

Im Rahmen des Unterrichts ist es durchaus denkbar, dass störende AD(H)S-typische Verhaltensweisen durch verschiedene unterrichtliche Faktoren prinzipiell bei vielen oder allen Schülern hervorgerufen werden können. Hierzu könnten beispielsweise ein fehlender Unterrichtsfluss, d. h. nicht ausreichend vorbereitete Übergänge bei den einzelnen Unterrichtsphasen, oder auch lange Wartezeiten für die Lernenden führen (Kounin 1976; Nolting 2001).

Provozierende können von belastenden Situationen abgegrenzt werden – dahingehend, dass letztgenannte zwar auch ein auffälliges

Verhalten einer Person hervorrufen, jedoch nicht vorhersagbar ist, welche normabweichenden Verhaltensweisen auftreten (Stein 2015, 67 f; Stein & Stein 2014, 39). Zu den belastenden Situationen zählen erstens neuartige Situationen, bei denen keine klaren Strukturen vorgegeben sind und die Person nicht auf vorhandene Verhaltensstrategien zurückgreifen kann (Stein 2015, 67). Aufgrund fehlender Sicherheit und eines nicht verfügbaren adäquaten Verhaltensrepertoires sind Personen nicht in der Lage, mit Situationen, die sie das erste Mal erleben, umzugehen, worauf sie mit auffälligem Verhalten reagieren (z. B. der erste Schultag oder allgemein die Situation in einer neuen Klasse oder der völlig unvertraute Schwimmunterricht). Ähnlich wie bei neuartigen Situationen können auch zweitens komplexe und mehrdeutige Situationen durch ihren herausfordernden Charakter zu auffälligen Verhaltensweisen beim Betroffenen führen (z. B. komplexe, undurchsichtige Konflikte innerhalb der Klasse) (ebd., 67 f).

Drittens und viertens sind überfordernde und unterfordernde Situationen zu nennen (ebd., 68). Aufgaben, die nicht an das Leistungsniveau eines Kindes bzw. Jugendlichen angepasst sind und dementsprechend über- oder unterfordernd wirken, können mögliche Auslöser für Verhaltensauffälligkeiten und eventuelle Ursachen auch von AD(H)S-typischen Verhaltensweisen sein.

Fünftens wirken Situationen mit hohem Zeitdruck häufig belastend und können sowohl zu einer überstürzten, auch ›kopflosen‹, als auch zu einer ablehnenden oder verweigernden Arbeitshaltung führen (ebd.). So ist durchaus denkbar, dass ein Schüler in Prüfungssituationen, in denen von Lehrerseite nicht ausreichend Bearbeitungszeit gewährt wird, Verhaltenssymptome einer AD(H)S zeigen mag.

Sechstens sind Situationen zu nennen, in denen ein Vorhaben vereitelt wird. Sowohl Schule als auch häusliches Umfeld konfrontieren Kinder und Jugendliche mit bestimmten Regeln und Vorgaben. Infolgedessen finden in bestimmten Situationen die individuellen Wünsche und Vorhaben einzelner Schüler eine Begrenzung, die unter Umständen zu Ärger und Frustration führen kann. Zu denken wäre beispielsweise an das Vorhaben eines Schülers, in der Pause mit anderen Klassenkameraden auf den Schulhof zu gehen, welches durch die Anweisung der Lehrkraft, dass er zuvor die Aufgaben fertiggestellt und seinen Arbeitsplatz aufgeräumt haben soll, vereitelt werden könnte und insofern Frustrationen hervorruft, die zu impulsiven Reaktionen führen.

Schließlich sind siebtens Situationen zu berücksichtigen, bei denen der Selbstwert beeinträchtigt wird. Gerade von Schülern mit AD(H)S wird berichtet, dass sie eine Reihe von Misserfolgserlebnissen und negativen Zuschreibungen im Rahmen des schulischen Lernens erfahren (Brandau & Kaschnitz 2008, 72; Linderkamp et al. 2011, 133). Unaufmerksames, hyperaktives und impulsives Verhalten sind in diesem Sinne mögliche Folgeerscheinungen bei Schülern, die in Situationen kommen, in denen sie sich als emotional zurückgewiesen erleben (Stein 2015, 68).

Obwohl das situationsunabhängige Verhalten als wichtiges Diagnosekriterium von AD(H)S benannt wird, wird hier der These von Lauth & Naumann (2009, 30) gefolgt, dass das Auftreten von AD(H)S-typischen Verhaltensweisen bei Kindern und Jugendlichen in hohem Maße von den Merkmalen bzw. von der Gestaltung der situativen Bedingungen mitbestimmt wird. Insbesondere im schulischen Kontext können bestimmte Gegebenheiten einer Situation Unaufmerksamkeit, Hyperaktivität und Impulsivität hervorrufen. Vor allem wenn es um das Problembild von AD(H)S geht, scheint eine reflektierte Analyse der Situationsbedingungen hilfreich, da in Theorie und Praxis vielfach der Vorwurf erhoben wird, vorschnell ›auffällige‹ Schüler mit dem Phänomen AD(H)S in Verbindung zu bringen.

3.6.5 Interaktionistische Sichtweise von Verhaltensstörungen und AD(H)S

Was die Erklärung von Verhaltensstörungen und spezifisch AD(H)S angeht, kann sich sowohl eine personorientierte als auch eine situationistische Betrachtungsweise als zu einseitig erweisen. In Unterscheidung hierzu fokussiert die interaktionistische Erklärungsperspektive das komplexere wechselseitige Verhältnis zwischen den Bedingungen einer Situation einerseits und den Eigenarten einer Person andererseits.

Ein wesentlicher Aspekt, diese Interaktion zu erfassen, ist das Erleben der betroffenen Person in der Situation. Im Hinblick auf das Phänomen AD(H)S sind hier differenzierte, bisweilen auch fatale Aufschaukelungsprozesse zu bedenken, indem etwa eine mangelnde Selbstregulationsfähigkeit bei einem Kind zusammenkommt mit solchen situativen Bedingungen, die eine derartige Regulation stark erfordern und/oder auch erschweren, beispielsweise unklaren Situationen mit mangelnden Orientierungs- und Hinweisreizen, großem Zeitdruck oder wenig Strukturierungshilfen. Das Kind erlebt sich als überfordert. Solche Aufschaukelungsprozesse betrachtet ein interaktionistisches Verständnis von Verhaltensstörungen (vgl. Stein 2015), indem hier Bedingungen der Person – ein Kind mit Problemen der Selbstregulation – mit Bedingungen der Situation – dieses Kind gerät in solche Situationen, die Selbstregulation besonders schwer machen – zusammenkommen. Das Kind erlebt diese Situationen und versucht, mit ihnen zurechtzukommen und sie zu regulieren. Diese Interaktion repräsentiert den Brennpunkt der Probleme; wenn das Handeln des Kindes misslingt, müssen beide Seiten, Person wie Situation, in den Blick genommen werden, woraus sich auch in beiderlei Hinsicht Fördervorschläge ergeben können (▶ Kap. 6).

Gerade jüngere Kinder könnten in bestimmten Situationen besondere Probleme mit der Selbststeuerung haben; aber insbesondere auch bei Kindern, die entsprechende Selbstregulationen unzureichend entwickelt haben, könnten bei der »Bewältigung alltäglicher Anforderungen, wie Anziehen, Essen oder Erledigung der Hausaufgaben« (BZgA 2006, 9), solche Probleme aktuell hervorgerufen werden – so beschreibt es teilweise auch die einschlägige Literatur zu AD(H)S. Außerdem können AD(H)S-typische Verhaltensweisen, insbesondere impulsive Handlungen, in unmittelbarem Zusammenhang mit empfundenem Ärger, Frust oder durch Provokationen seitens anderer Kinder in Erscheinung treten (Gawrilow 2012, 73).

3.6.6 Etikettierungsansatz/Perspektive der Beobachterwahrnehmung von Verhaltensstörungen und AD(H)S

Die Etikettierungstheorie vertritt die Annahme, dass erst durch Beurteilungen von Außenstehenden Verhalten als ›auffällig‹ oder ›gestört‹ bestimmt wird (Stein 2015, 71, 110 ff). Die Beurteilungen sind auf normative Maßstäbe zurückzuführen, auf deren Basis der Beobachter zu seiner Bewertung kommt (Seitz 1992, 117). Hinsichtlich der Etikettierungsprozesse können zwei Formen unterschieden werden. Auf der einen Seite steht das *gemäßigte* Etikettieren, bei welchem ein real auftretendes Verhalten zur Zuschreibung als ›auffällig‹ oder ›AD(H)S‹ aus einer Beobachterperspektive führt. Auf der anderen Seite erfolgen beim *radikalen* Etikettieren die Beurteilungen ›Verhaltensstörung‹ oder ›AD(H)S‹ unabhängig davon, ob ein von der Norm abweichendes Verhalten tatsächlich zutage getreten ist. Personen, von denen radikale Etikettierungsprozesse ausgehen, stützen sich in ihrer Zuschreibung eines Kindes und Jugendlichen zum Störungsbild AD(H)S nicht auf objektiv zu beobachtende Vorgänge bzw. Verhaltensweisen des Betroffenen. Sie heften das Etikett AD(H)S aus Gründen an, die in keinem direkten Zusammenhang damit stehen, wie beispielsweise Geschlechtszugehörigkeit, soziokulturelles Milieu oder auch Erfahrungen mit dem Verhalten anderer Familienmitglieder, etwa Geschwister (Stein 2015, 71, 110 f).

Die Berücksichtigung dieser Perspektive hat erhebliche Tragweite für pädagogische und diagnostische Vorgehensweisen, welche mit beiden Formen des Etikettierens einhergehen können. In Anknüpfung daran werden im Folgenden mögliche negative Verlaufsprozesse und Auswirkungen skizziert, die mit der Etikettierung AD(H)S durch Lehrer entstehen können: Durch eine vorschnelle Verleihung des Etiketts AD(H)S können sich Änderungen im gemeinsamen Umgang zwischen Lehrer und Schüler ergeben. Eine Lehrerin oder ein Lehrer könnte zur Einstellung gelangen, dass die problematischen Verhaltensweisen allein im Schüler zu suchen sind, da er AD(H)S ›hat‹ und somit *krank* ist. Einhergehend könnte eine Haltung des Lehrers entstehen, dass bei diesem von Natur aus auffälligen Schüler kaum bzw. keinerlei Verbesserungen im Verhalten und Lernen mit Hilfe von pädagogischen und didaktischen Mitteln erzielt werden können und einzig eine medikamentöse Behandlung zu wünschenswerten Veränderungen im Verhalten des Schülers führt. Eine derartige Einstellung des Lehrers kann zum einen das Aufgeben oder die Reduzierung erzieherischer Bemühungen nach sich ziehen; zum anderen kann sie sich sowohl auf die Ebene der emotionalen Befindlichkeit als auch auf das Verhalten des Schülers auswirken. Gemäß einer ›self-fulfilling-prophecy‹ könnte es dazu kommen, dass der betroffene Schüler das Label ›AD(H)S‹ selbst übernimmt, zum einen als Verhalten, zum anderen in sein Selbstbild – weil die Einstellungen der Lehrer auf ihn wirken sowie möglicherweise auch, um den Erwartungen des Umfelds zu entsprechen. Mit fortschreitender Zeit zeigt er oder sie mehr und mehr AD(H)S-typische Verhaltensweisen, die schließlich stabilisiert werden. Eine Übernahme eines solchen Etiketts kann im Umkehrschluss beim Schüler selbst eine personorientierte Erklärung der eigenen AD(H)S hervorrufen.

Zweierlei Auswirkungen sind hier denkbar: Entweder der betroffene Schüler gelangt selbst zur Überzeugung, ›krank‹ zu sein und ohne die häufig damit in Verbindung stehende medikamentöse Hilfe nichts leisten zu können – oder er setzt das Etikett AD(H)S zur Selbstentlastung ein sowie als Ausrede gegenüber dem Lehrer und sich selbst für jegliche abweichende Verhaltensweisen und die festzustellenden schulischen Misserfolge. Das Etikett AD(H)S kann dadurch in der Folge zu einem wesentlichen Persönlichkeitsmerkmal für den Schüler selbst werden und sein Selbstkonzept und Handeln maßgeblich beeinflussen.

3.6.7 Interaktionen zwischen Aspekten

Bereits eingangs in Kapitel 3.6 wurde darauf hingewiesen, dass eine interaktionistische Sicht nicht nur personbezogene Faktoren im Rahmen einer umfassenderen Perspektive relativiert und nicht – wie

3.6 Eine interaktionistische Betrachtungsweise

›klassische‹, in Kapitel 3.6.1 angesprochene Modelle suggerieren – immer von neurobiologischen Aspekten als ›erster‹ Störungsebene und Ursprung aller weiteren Entwicklungen ausgehen muss, sondern dass eine solche Perspektive auch der komplexen Dynamik besser gerecht wird, indem sich Störungen nicht ›linear‹ ergeben (etwa in Form der in Kapitel 3.6.1 angesprochenen fünf Störungsebenen), sondern in unterschiedlichen Interaktionen zwischen Faktoren entstehen und sich weiterzuentwickeln vermögen. Das soll nun an einigen Beispielen deutlich gemacht werden. Am ersten Beispiel wird es auch graphisch veranschaulicht, um hier exemplarisch die aus einer interaktionistischen Perspektive zu bedenkenden wechselseitigen Prozesse transparenter aufzuzeigen (▶ Abb. 5).

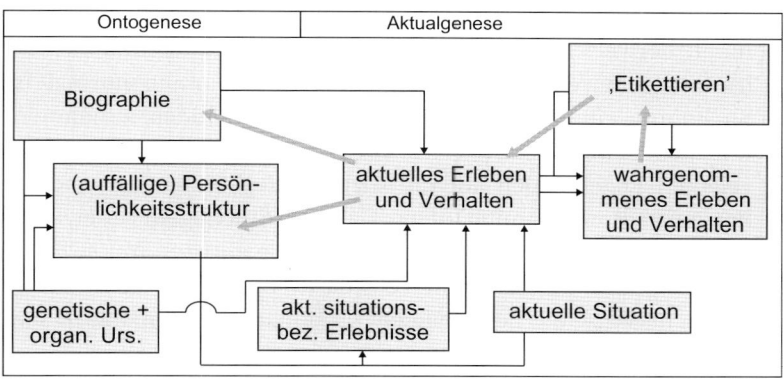

Abb. 5: Mögliche prozesshafte Interaktionen im Rahmen einer interaktionistischen Sicht von AD(H)S (▶ Abb. 3)

Analog wäre dies für die in den anderen Beispielen angesprochenen Aspekte, Wirkbedingungen und Wechselwirkungsprozesse vorstellbar. Drei Beispiele sollen diese Komplexität verdeutlichen:

- So könnte eine Lehrerin ein Kind auf Basis von Vorinformationen (etwa Berichten der Eltern oder Erfahrungen mit dem älteren Bruder) als aufmerksamkeitsgestört wahrnehmen und dies dem

Kind zurückspiegeln. Das Kind wiederum erlebt diese Wahrnehmung der Lehrerin (»du kannst dich aber schlecht konzentrieren«) und reagiert darauf (»das kann ich wohl nicht gut«; »das kann ich gar nicht«) in aktuellen Anforderungssituationen, aber möglicherweise auch mit einer Veränderung seines Selbstbildes (»das kann ich nie«).

- So könnte ein Kind erleben, dass es in der Schule angesichts der speziellen Anforderungen an ruhiges Sitzen und Konzentration auf Aufgaben erstmals Schwierigkeiten und negative Rückmeldungen bekommt, während dies in seinem Elternhaus nicht gefordert war und auch aktuell nicht wird (indem beispielsweise die Familie sehr viel fernsieht und das Kind außer dem Wohnzimmertisch keinen Arbeitsplatz verfügbar hat). Es könnte in der Folge negativ auf solche Anforderungen reagieren und ihnen aus dem Wege gehen – möglicherweise erlebt es die Situationen auch als unzumutbar oder irrelevant im Vergleich zu dem, was in seiner Familie ›normal‹ ist.
- So könnte ein Kind bei seinen Klassenkameraden zunehmend unbeliebt sein, indem es sich bei Spielen weder auf die zugrunde gelegten Regeln noch auf die sozialen Reaktionen der anderen konzentriert und damit häufig soziale und Spielregeln verletzt. Das Kind reagiert auf die Ablehnung durch die anderen mit sozialem Rückzug, was die Situation verschärft. Es könnte in der Folge möglicherweise das Selbstbild entwickeln, einfach jemand zu sein, der nicht gemocht wird.

Dies sind nur Beispiele aus einer großen Komplexität möglicher wechselseitiger Zusammenhänge zwischen verschiedenen Aspekten, wie sie das interaktionistische Modell unterscheidet und beschreibt. Insofern wäre es für die diagnostische Beurteilung von Aufmerksamkeits- und Hyperaktivitätsproblemen, aber auch für informelle Einschätzungen im pädagogischen Alltag, hilfreich, die relevanten Aspekte bei Durcharbeiten des Modells zu untersuchen und in ihren jeweiligen Interaktionsqualitäten zu analysieren. Daraus ergeben sich wiederum auch zusätzliche Ansatzpunkte und Hinweise für hilfreiches pädagogisches Handeln.

3.6.8 Fazit: Erklärungsperspektiven von AD(H)S und ihre Bedeutung für die pädagogische und didaktische Praxis

Bei einer Analyse der vorliegenden Fachliteratur zum Themengebiet AD(H)S kann eindeutig festgestellt werden, dass eine personorientierte Erklärungsperspektive auf diese Verhaltensauffälligkeit tonangebend ist. Dies ist nicht zuletzt darauf zurückzuführen, dass, wie im vorherigen Kapitel dargestellt wurde, die diagnostischen Klassifikationssysteme ICD-10 und DSM-5 trotz ihrer (im DSM-5 ohnehin zurückgenommenen) Multiaxialität eine stark personorientierte Ausrichtung bei der Diagnosefindung nahelegen bzw. Diagnostik so realisiert wird. Die Theorien der beim Störungsbild AD(H)S dominierenden personorientierten Erklärungsperspektive folgen dementsprechend der Auffassung, dass das Auftreten von AD(H)S situationsübergreifender Natur ist und die abweichenden Verhaltensweisen der Betroffenen größtenteils unabhängig von aktuellen, situativen Bedingungen zutage treten. Folge dieser eindeutigen Ursachenzuschreibung ist eine weitestgehende Ausklammerung von anderen auslösenden Bedingungen, die in der Situation oder im Verhalten des Umfelds, z. B. der Mitschüler, des Verhaltens der Lehrkräfte oder den Lernbedingungen und -settings, liegen können.

Berufen sich pädagogische Autoritätspersonen sowie Kinder und Jugendliche, wie in der situationistischen Erklärungsperspektive beschrieben, beim Auftreten von problematischen Verhaltensweisen allein auf die Gegebenheiten der Situation und blenden die eigenen, individuellen Merkmale weitestgehend aus, besteht beiderseits die Gefahr, sich ›aus der Verantwortung zu stehlen‹. In einem solchen Fall wäre beispielsweise für einen Schüler mit AD(H)S zwar nicht mehr seine ›Störung‹ oder eine medikamentöse Nicht-Einnahme als mögliche Ursachenerklärung verfügbar, aber dafür die mangelnde Anpassung der Situation bzw. Umwelt an seine Person. In diesem Gedanken werden die Radikalität des Ansatzes und damit auch dessen Schwäche deutlich: Denn so einflussreich situative Faktoren auch sein mögen – ob ein auffälliges Verhalten zutage tritt, hängt immer auch maßgeblich mit den individuellen Voraussetzungen der entsprechenden Person zusammen. Nicht alle Schüler in einer Klasse erleben eine bestimmte neuartige Situation identisch als belastend, und nicht jeder Lernende reagiert darüber hinaus auch auffällig auf bestimmte komplexe, überfordernde oder unterfordernde Situationsbedingungen.

Bezogen auf das hier im Fokus stehende Phänomen AD(H)S hat daher eine interaktionistische Erklärungsperspektive eine richtungsweisende Bedeutung – sie ist in multiaxialen Klassifikationssystemen angelegt, wird in der Diskussion um AD(H)S allerdings bisher kaum ernsthaft in Betracht gezogen: Aus dieser Sicht würde sich das Phänomen AD(H)S aus Beiträgen der individuellen Eigenschaften der Kinder und Jugendlichen ebenso speisen wie aus Spezifika der Situationen und situativen Anforderungen, etwa in der Schule. Zudem trügen potenziell beide Interaktionspartner, Lernende wie Pädagogen oder – konkreter – Lehrpersonen, mit ihren unterschiedlichen Facetten des eigenen Erlebens und Verhaltens zu AD(H)S-typischen Verhaltensweisen in Erziehung bzw. im Unterricht bei.

Ein großer Gewinn einer interaktionistischen Betrachtung von auffälligen Verhalten und Erleben, hier konkret AD(H)S, läge womöglich in der damit einhergehenden *Haltungsveränderung* von Erziehungspersonen. Durch eine Veränderung der Ursachenzuschreibung vom Kind allein hin zur Interaktion ergäben sich für beide Seiten erweiterte Möglichkeiten einer gemeinsamen Beziehungsgestaltung. Sofern es dem Pädagogen bzw. der Lehrkraft gelingt, das auffällige Verhalten eines Kindes bzw. Jugendlichen nicht primär auf dessen normabweichende Besonderheiten zurückzuführen, sondern stattdessen die gesamten Rahmenbedingungen und Merkmale der gemeinsamen (Erziehungs-/Unterrichts-)Situation in den Vordergrund des eigenen Reflektierens und Handelns zu rücken, kann die Chance eines differenzierten Umganges und einer wirklichen Zusammenarbeit erhöht werden. In Anbetracht dessen, dass in vielen Publikationen auf die ›Sündenbockrolle‹ und ein vermindertes Selbstwertgefühl von Heranwachsenden mit AD(H)S hingewiesen wird, gewinnt allerdings auch eine situationsorientierte Betrachtung von AD(H)S zusätzlich an tragender Bedeutung.

Die Tatsache, dass sich Schüler mit AD(H)S im Rahmen des unterrichtlichen Lernens in Abhängigkeit von den situativen Bedingungen auffällig verhalten, wird auch von Lauth & Naumann (2009, 30) betont: »Ihr Verhalten ist nicht immer gleich problematisch. Sie sind nicht immer und auch nicht ständig unruhig, unkonzentriert und unaufmerksam«. Eine falsche und unrealistische abgeleitete Schlussfolgerung wäre allerdings, alle auftretenden belastenden Situationsmomente aus Erziehung und Unterricht verbannen zu wollen. So sind beispielsweise Situationen mit hohem Zeitdruck, wie z. B. Klassenarbeiten, regelmäßig vorkommende und notwendige Gegebenheiten, die auf außerschulische Anforderungen vorbereiten und für deren Bewältigung sehr hilfreich sein können. Für pädagogisches Handeln hilfreich wird eine interaktionistische Herangehensweise dann, wenn sie dem Pädagogen dabei helfen würde, die belastenden Faktoren verschiedener (Unterrichts-)Situationen im Vorfeld und in der Nachbereitung herauszufiltern und Überlegungen anzustellen, wo (auch bei sich selbst) angesetzt und was getan werden müsste, um die Situation in ihrer Belastungsstärke zu mildern, welche Anpassungsprobleme von allen oder bestimmten Schülern zu erwarten sind und wie auf diese prä- und interventiv eingegangen werden kann.

4

Therapeutische Förderung bei AD(H)S

Im Jahr 2007 wurden von der deutschen Gesellschaft für Kinder- und Jugendpsychiatrie und Psychotherapie Leitlinien zur Therapie von Aufmerksamkeits- und Hyperaktivitätsstörungen verabschiedet. Innerhalb dieser Leitlinien sowie auch in der Praxis finden vor allem zwei größere Therapieformen besondere Berücksichtigung: zum einen Pharmakotherapie und zum anderen verhaltenstherapeutische Interventionen. Zu beiden Interventionsarten lassen sich evidenzbasierte Aussagen zur Wirksamkeit der Therapie bei AD(H)S treffen. Aufgrund ihrer empirischen Aussagekraft genießen beide Ansätze in der wissenschaftlichen Forschung einen sehr hohen Stellenwert, was sich an einer Vielzahl an Forschungsuntersuchungen zeigt (u. a. Faraone et al. 2004; Hässler et al. 2009; Pelz et al. 2008; Chronis et al. 2006; Traut 2007).

Im Rahmen dieses Kapitels werden die beiden zentralen Therapiemöglichkeiten bei AD(H)S zunächst genauer dargestellt. Im Anschluss daran erfolgt eine kurze Auseinandersetzung mit der Methode des Neurofeedbacks bei AD(H)S, welche erst in den letzten Jahren verstärkt in den Fokus der Therapie bei AD(H)S gerückt ist. Zum Abschluss dieses Kapitels wird eine kritische Diskussion im Hinblick auf evidenzbasierte und effektivitätsorientierte Ausrichtung und Bewertung der therapeutischen Maßnahmen bei AD(H)S geführt.

4.1 Medikamentöse Therapie

Vertreter einer neurobiologischen Erklärungsperspektive von AD(H)S sind häufig gleichzeitig Befürworter einer medikamentösen Behandlung als maßgeblicher Interventionsmaßnahme, da sie – aus dieser Sicht – »an den Wurzeln des Problems« (Schäfer & Gerber 2007, 96) ansetze. Eine medikamentöse Therapie wird als notwendig erachtet, »wenn erhebliche Probleme im psychosozialen Bereich und in der Verhaltenssteuerung auftreten, Eltern und Kind unter einem großen Leidensdruck stehen und Gefahr für die weitere Entwicklung des Kindes zu erkennen ist« (Skrodzki 2009, 168) – weil neurobiologische Aspekte als Ursache »dahinter« gesehen werden. Die Entscheidung, ob eine medikamentöse Behandlung im Einzelfall erforderlich ist, wird vom zuständigen Arzt getroffen. Medikamente sollten nur dann verabreicht werden, wenn die Diagnose AD(H)S abgesichert wurde (BZgA 2006, 28).

4.1.1 Wirksamkeit der Pharmakotherapie bei AD(H)S

Durch die Einnahme von Stimulanzien, die beim Störungsbild AD(H)S eingesetzt werden, sollen bestimmte Hirnstrukturen, für die eine Unteraktivierung angenommen wird, stimuliert werden – beispielsweise und vor allem der präfrontale Kortex (Schäfer & Gerber 2007, 96). Der am häufigsten in Verwendung befindliche Wirkstoff Methylphenidat »hemmt die Wiederaufnahme von Dopamin durch Blockade des Dopamin-Transporters« (Skrodzki 2009, 168) und erhöhe dadurch »die Verfügbarkeit der Neurotransmitter im synaptischen Spalt« (ebd.). Die Folge sei eine gelingende Aktivierung und Steuerung der vorderen Hirnzentren (ebd.). Auch wenn man davon ausgeht, dass Studien zur medikamentösen Behandlung bei AD(H)S eindeutige Belege für die Wirksamkeit im Hinblick auf eine Verringerung der Kernsymptome liefern, sind die genauen Wirkmechanismen nicht vollständig geklärt (Banaschewski & Rothenberger 2010, 294).

Grundlegendes Ziel der medikamentösen Therapie bei AD(H)S ist es, eine Verhaltensänderung beim Patienten zu erreichen. Im Hinblick auf das Kernsymptom Hyperaktivität sei sowohl mit einer »Abnahme der motorischen Unruhe« als auch mit »einer Verbesserung der Feinmotorik« (Schäfer & Gerber 2007, 96) zu rechnen, was sich wiederum etwa positiv auf das individuelle Schriftbild auswirke. Außerdem führe die Medikamenteneinnahme zu einer Steigerung der Aufmerksamkeit und geringeren Ablenkbarkeit des Schülers (ebd.). Die erhöhte Aufmerksamkeitsleistung ermögliche es den Kindern und Jugendlichen, »ihre eigentlichen Fähigkeiten und Begabungen nutzen zu können« (ebd.) und schulische Erfolgserlebnisse zu sammeln. Skrodzki (2009, 169) geht von einer verbesserten Rechtschreibung und Reduktion von Flüchtigkeitsfehlern aus. Schäfer & Gerber (2007, 96) zufolge erzielt eine Behandlung mit Stimulanzien bei AD(H)S auch hinsichtlich der Impulsivität eine Verbesserung der kognitiven und emotionalen Selbststeuerung. Stimmungsschwankungen und impulsive Wutausbrüche träten seltener auf, wodurch soziale Kontakte erfolgreicher gestaltet und dadurch negative psychosoziale Folgen besser vermieden werden könnten (ebd., 96 f). Fürsprecher einer medikamentösen Behandlung bei AD(H)S raten aufgrund der festgestellten positiven Effekte dazu, den Therapiebeginn so früh wie möglich anzusetzen, da die dargestellten Verbesserungen bei ca. 70–80 % der Patienten zutage träten (Schäfer & Gerber 2007, 98; Faraone et al. 2004). So könne die Wirksamkeit von Psychostimulanzien in verschiedenen placebokontrollierten Studien nachgewiesen werden (Banaschewski et al. 2006; Faraone et al. 2006). Bei etwa der Hälfte der behandelten Kinder und Jugendlichen sei eine ›Normalisierung‹ des Verhaltens festzustellen.

Als Medikamente erster Wahl werden in Deutschland Methylphenidat-Präparate verschrieben, welche für Kinder ab dem sechsten Lebensjahr zugelassen sind (Frölich et al. 2014, 74). Bei der Verordnung von Methylphenidat gilt es zu beachten, dass es als verschreibungspflichtiges Betäubungsmittel dem Betäubungsmittelgesetz (BtMG) unterliegt. Für den Wirkstoff Methylphenidat stehen sowohl eine nicht retardierte (z. B. Ritalin®, Medikinet®) als auch eine retardierte Form (u. a. Ritalin LA®, Equasym retard®, Medikinet retard®, Concerta®) zur Verfügung (Colla 2012, 1115 f). Bei Medikamenten mit unretardiertem Methylphenidat wird mit einer Wirkungsdauer von 2,5–4 Stunden gerechnet, welche nach etwa 30–45 Minuten eintrete (Schäfer & Gerber 2007, 98). Aufgrund der relativ geringen Wirkungsdauer werden diese Medikamente in der Regel zweimal täglich – morgens und mittags – eingenommen. Bei retardierten Methylphenidat-Präparaten wird der Wirkstoff hingegen nach etwa ein bis zwei Stunden schrittweise freigesetzt, weshalb die Wirkungsdauer bei diesen Medikamenten bei etwa acht bis zwölf Stunden liegt (Alm & Sobanski 2005, 148 f; Skrodzki 2009, 169). In den letzten Jahren ist wohl im Hinblick auf die seltenere Einnahme und die längere Wirkungsdauer ein Anstieg der Nutzung retardierter Methylphenidat-Präparate festzustellen (Colla 2012, 1116).

Bei einigen Patienten treten gerade zu Beginn einer medikamentösen Behandlung Schwierigkeiten bezüglich der Dosierung auf. Als Tagesdosis sollten etwa zwischen 15 bis maximal 60 mg Methylphenidat verordnet werden (Schäfer & Gerber 2007, 98). »Als Faustregel gilt, dass die Dosierung von 10 mg Methylphenidat auf 10 Kilogramm Körpergewicht nicht überschritten werden sollte, wobei ca. 0,3–1 mg üblich sind« (Hoberg 2013, 90). Einmal jährlich sollte vom zuständigen Arzt überprüft werden, »ob die Dosis angemessen ist bzw. ob die Fortsetzung der Medikamentengabe erforderlich ist« (BZgA 2006, 28).

Wie im folgenden Kapitel 4.1.2 noch genauer thematisiert wird, haben sich die Verschreibungsraten von Medikamenten zur Behandlung von AD(H)S in den vergangenen Jahren und Jahrzehnten erhöht. In diesem Zusammenhang wird häufig die Frage nach den kurz- und langfristigen Nebenwirkungen dieser Psychopharmaka aufgeworfen.

Die Mehrheit der Autoren stuft die unerwünschten Nebenwirkungen von Methylphenidat als eher gering und reversibel ein (u. a. Frölich et al. 2014, 77; Neuhaus 2012, 169; Schulz et al. 2011, 457). »Zwar ist der Beipackzettel recht lang, die tatsächlich auftretenden Nebenwirkungen aber gering« (Neuhaus 2012, 169). Die am häufigsten berichteten Nebenwirkungen sind Appetitminderungen oder -verlust, Schlafstörungen, Puls- und Blutdrucksteigerungen sowie gerade zu Beginn der Behandlung vorübergehend auftretende Kopf- und Magenschmerzen (Döpfner et al. 2013, 33; Frölich et al. 2014, 77; Neuhaus 2012, 169; Schulz et al. 2011, 457). Gleichzeitig wird betont, dass diese Nebenwirkungen dosisabhängig seien und durch Veränderungen bei der Medikamentenverabreichung reguliert werden könnten (ebd.). Seltene Nebenwirkungen seien Gereiztheit, dysphorische Verstimmungen, Tics, Gewichtsverlust sowie Hautausschlag und Haarausfall (Döpfner et al. 2013, 33; Neuhaus 2012, 170). In der weltweit bisher größten multimodalen Behandlungsstudie (der MTA-Studie) kam man zum Ergebnis, dass die Einnahme von Methylphenidat negative Auswirkungen auf Körpergröße und Körpergewicht von Kindern und Jugendlichen hat (MTA 2004). So konnte eine Wachstumsminderung von ca. 1,3 cm pro Jahr sowie eine Gewichtsverzögerung von 1,3 kg pro Jahr für das Vorschulalter und 2,5 kg pro Jahr für das Schulalter festgestellt werden (Gilsbach et al. 2011, 122). Zudem berichten Eltern und Lehrkräfte oftmals von sogenannten ›Rebound-Effekten‹ bei medikamentös behandelten Kindern und Jugendlichen, indem »bei nachlassender Wirkung des Medikaments die ADHS-Symptome verstärkt auftreten« (Gawrilow 2012, 137).

Obwohl Methylphenidat bereits seit den 1960er Jahren zugelassen ist, liegen bis zum heutigen Tag nur wenige Forschungsstudien vor, die mögliche langfristige Folgen einer medikamentösen Therapie mit den dazugehörigen Stimulanzien untersucht haben (Gilsbach et al. 2011, 122). Letztgenannte führen den Mangel an empirischen Untersuchungsergebnissen auf die Tatsache zurück, »dass vor 50 Jahren die Standards für die Zulassung neuer Medikamente noch nicht der heutigen strengen Reglementierung bezüglich des Vorliegens einer ausreichenden Menge empirischer Studien entsprach« (ebd.). Dieser Mangel an empirischen Forschungsergebnissen ist aus zweierlei Gründen beklagenswert. Einerseits ist angesichts weniger und widersprüchlicher Forschungsbefunde über die Langzeiteffekte von Methylphenidat unklar, welchen überdauernden gesundheitlichen Risiken Patienten ausgesetzt werden. Andererseits birgt die uneinheitliche und nicht ausreichende empirische Datenlage die Gefahr von teilweise wissenschaftlich kaum haltbaren, sehr pauschalen Vorwürfen aus der Öffentlichkeit, wie z. B. Erhöhung der Suchtgefahr durch die Einnahme von Methylphenidat. In diesen Zusammenhang kann es zu einer Verunsicherung bzw. einer kategorischen Ablehnung von Eltern, Kindern und Jugendlichen im Hinblick auf eine gezielte medikamentöse Behandlung kommen und dadurch eine möglicherweise sinnvolle und effektive Therapie nicht erfolgen (ebd.).

Neben Methylphenidat ist seit dem Jahr 2005 alternativ auch der Wirkstoff Atomoxetin für die Behandlung von Kindern und Jugendlichen ab dem sechsten Lebensjahr im Einsatz. Seit 2013 dürfen auch Erwachsenen mit diesem selektiven Noradrenalin-Wiederaufnahmehemmer behandelt werden. Atomoxetin blockiert dementsprechend die Wiederaufnahme von Noradrenalin aus dem synaptischen Spalt (Müller et al. 2011, 22). Im Gegensatz zu Methylphenidat wird das entsprechende Medikament Strattera® nicht unter den Stimulanzien geführt und unterliegt nicht dem Betäubungsmittelgesetz (Warnke & Wewetzer 2008, 42). Die ersten Symptomverbesserungen seien häufig erst zwischen vier bis acht Wochen erkennbar (Döpfner et al. 2013, 31). Die Halbwertzeit wird zwischen fünf bis sieben Stunden angegeben (ebd.). Verglichen mit dem Wirkstoff Methylphenidat seien die Effekte von Atomoxetin bei Patienten mit AD(H)S etwas geringer und führten gegenüber Placebo bei 58–64 % der behandelten Kinder zu deutlichen Verbesserungen der Kernsymptomatik (Faraone et al. 2006). Obwohl von geringeren Nebenwirkungen als bei Methylphenidat berichtet wird (Hoberg 2013, 98), muss festgehalten werden, dass eine Herstellerfirma im Jahr 2005 davor warnte, dass bei ca. 1300 Kindern zwischen sieben und zwölf Jahren mit AD(H)S, die mit Strattera® behandelt wurden, eine signifikant höhere Selbstmordrate auftrat als bei 850 Kindern, die Placebo erhielten (Müller et al. 2011, 22).

Gerspach (2014, 186) beurteilt die allgemeine Diskussion über die Nebenwirkungen der medikamentösen Behandlungen bei AD(H)S als unzureichend. Die durch Psychopharmaka herbeigeführte erhöhte Leistungsfähigkeit bei behandelten Kindern und Jugendlichen führe zu einem Absinken der Vorbehalte hinsichtlich der damit verbundenen Nebenwirkungen (ebd.). Nicht vergessen werden sollte hinsichtlich der empirisch nachgewiesenen Wirksamkeit der medikamentösen Therapie bei AD(H)S in jedem Fall, dass die Medikamente lediglich das normabweichende Verhalten unterdrücken und insofern nicht die ›wahre‹ bzw. die ›gesunde‹ Persönlichkeit eines Kindes oder Jugendlichen zutage trete (vgl. Gerspach 2014, 183).

4.1.2 Entwicklung der Verordnungen von Methylphenidat-Präparaten in Deutschland

Anhand der statistischen Ergebnisse des Arzneiverordnungsreports des Arzneimittelforschungsinstituts der Gesetzlichen Krankenkassen vergleicht Amft (2004, 96 f) die Verordnungen von Methylphenidat zwischen den Jahren 1990 und 2001 und kommt zur Schlussfolgerung, dass die verordneten Medikamente Ritalin® und Medikinet® gemessen in durchschnittlichen Tagesdosen binnen elf Jahren von 0,3 Mio. auf 18,3 Mio., sprich um den Faktor 61 gestiegen sind. Schmidt (2007, 25) hält eine solche Zunahme allerdings für gerechtfertigt, da in Deutschland eine Unterversorgung vorgelegen habe und damit eine Anpassung an den internationalen Trend stattfand. Interessant sind diesbezüglich aktuellere Zahlen der medikamentösen Behandlungsprävalenz: Die Anzahl von mittlerweile 55,3 Mio. Tagesdosen für das Jahr 2009 gemäß Arzneiverordnungsreport 2010 (Lohse & Müller-Oehlinghausen 2010, 830) widerspricht der damaligen Erwartung von Schmidt (2007), dass mit dem Anstieg bis in das Jahr 2001 die Unterversorgung ausgeglichen sei. Im Vergleich zum Jahr 2008 erhöhte sich im Folgejahr die verbrauchte Menge von Methylphenidat in Deutschland von 1617 kg auf 1735 kg. Verglichen mit einer Verbrauchsmenge von 34 kg Methylphenidat im Jahr 1993 fällt der heutige Absatz noch drastischer aus (www.fr-online.de 2015). Die DAK (Deutsche Krankenkasse für Angestellte) kommt in Bezug auf ihre Patienten zu einer Steigerung von weiteren 10 % allein zwischen 2007 und 2009. Ebenso berichtet die Techniker Krankenkasse für die Jahre von 2006 bis 2009 von einem Anstieg der Medikamentenvergabe bei AD(H)S von mehr als einem Drittel bei Kindern und Jugendlichen zwischen 6 und 18 Jahren (www.zeit.de 2015).

Diese inflationäre Verschreibung bezeichnen mittlerweile auch immer mehr Ärzte wie Franz-Joseph Freisleder, Direktor des Heckscher-Klinikums in München, als »sehr problematische Entwicklung« und warnen diesbezüglich vor einer voreiligen Diagnosestellung (www.fr-online.de 2015).

Einerseits verwundern die weiteren Zunahmen zum Ende des letzten Jahrzehnts, da das Bundesinstitut für Arzneimittel am 01.09.2009 die Entscheidung traf, Methylphenidat-Präparate nur noch dann zu verordnen, falls andere lern- und/oder verhaltenstherapeutische Maßnahmen ohne entsprechende Wirkung bleiben. Dadurch sollte die »Fehl- und Überversorgung« (www.fr-online.de 2015) von Methylphenidat eingedämmt werden. Andererseits könnte man diskutieren, weshalb es dennoch zu einem weiteren Anstieg gekommen ist: Eine mögliche Ursache könnte sein, dass Mediziner bei der Vergabe lediglich der Selbstverpflichtung unterliegen und somit keine kontrollierende Instanz vorhanden ist, welche die Einhaltung an den Beschluss vom 01.09.2009 überwacht (www.fr-online.de 2015). Des Weiteren kann angenommen werden, dass angesichts der gestiegenen Zahl von Publikationen zum Thema AD(H)S im Erwachsenenalter für diese Altersspanne ein verstärktes Krankheitsbewusstsein geschaffen wurde. Mit dem Blick in die Zukunft ist für das Erwachsenenalter mit weiteren Zuwachsraten für den Wirkstoff Methylphenidat zu rechnen. Diese Vermutung basiert auf dem Beschluss des Bundesinstituts für Arzneimittel und Medizinprodukte (BfArM) vom 14.04.2011, erstmals eine Indikationserweiterung von Methylphenidat auf das Erwachsenenalter vorzunehmen (www.bfarm.de 2015). Damit folgt das BfArM in Deutschland dem Vorbild der USA, wo einer Indikationsausweitung für Methylphenidat für das Erwachsenenalter bereits 2008 stattgegeben wurde (www.aerzteblatt.de 2015). Damit kann eine medikamentöse Therapie vom Kindes- und Jugendalter bis ins Erwachsenenalter fortgesetzt werden. Zusätzlich wird es möglich, Erwachsenen, die im Kindes- und Jugendalter noch nicht mit dem Wirkstoff Methylphenidat behandelt wurden, erstmalig das Medikament zu verschreiben (www.bfarm.de 2015; www.aerzteblatt.¬ de 2015).

Sofern das BfArM auch zukünftig amerikanischen Trends folgen sollte, sei an dieser Stelle angemerkt, dass in den USA die Vereinigung der Kinderärzte (American Academy of Pediatrics; AAP) seit Mitte Oktober 2011 ihre Leitlinien zur Diagnose und medikamentösen Behandlung von AD(H)S geändert hat (www.pediatrics.aappublica¬ tions.org 2015; www.aap.org, 2015). Seit diesem Zeitpunkt wurde das Mindestalter für die Medikamentierung von sechs auf vier Jahre herabgesetzt. Nach Ansicht der AAP sind bei Kindern bereits im Vorschulalter mit vier Jahren eindeutig Symptome einer AD(H)S festzustellen. Laut einer Pressemitteilung des Deutschen Ärzteblattes ist in den USA davon auszugehen, dass bei der Behandlung der vierjährigen Kinder an »erster Stelle [...] die medikamentöse Therapie mit Methylphenidat« (www.aerzteblatt.de 2015) stehen wird. Dies sei darauf zurückzuführen, dass die bevorzugt geforderten verhaltenstherapeutischen Maßnahmen in den Leitlinien der AAP erst am Schluss aufgeführt werden und in der Praxis von US-amerikanischen Pädiatern keinen Zuspruch erfahren (www.aerzteblatt.de 2015). Der AAP zufolge wird die Prävalenz von AD(H)S außerdem auf 8 % geschätzt (http://www.aap.org/pressroom/adhd.pdf). Es bleibt abzuwarten, ob in den kommenden Jahren auch in Deutschland ähnliche Entwicklungen hinsichtlich einer medikamentösen Behandlung bereits ab dem vierten Lebensjahr und/oder steigende Prävalenzraten für AD(H)S nach dem US-amerikanischen Vorbild zu beobachten sein werden. Eine eindeutige AD(H)S-Diagnose ab dem vierten Lebensjahr verbunden mit einer frühzeitigen medikamentösen Behandlung muss sehr kritisch betrachtet werden.

Weitere wichtige Gründe für die »Ritalin-Welle« (Amft 2004, 96) – oder genauer gesagt ›Psychostimulanzien-Welle‹ – bei AD(H)S seien beispielsweise die Vermarktungsstrategien der entsprechenden Pharmaunternehmen, welche u. a. im Internet durch Informationsportale wie www.adhd.info.com oder www.info-AD(H)S.de für die Wirksamkeit ihrer Medikamente werben (Stiehler 2007, 22 f). Amft (2004, 80; 2007, 21) erachtet eine genetische und hirnorganische Erklärung für das Zustandekommen der Zuwachsraten bei der Medikamentenvergabe als nicht sinnvoll: »Kein wissenschaftliches Modell kann die Hypothese einer genetischen Bedingtheit von ADS bei einer Steigerung der Prävalenz um das 61-fache in nur einem Jahrzehnt plausibel machen«.

Autoren wie Barkley (2011, 393 ff) oder Drüe (2007, 177 ff), die in ihren Werken argumentativ zu vielen Kritikpunkten an der medizinischen Therapie Stellung nehmen und diese vehement verteidigen, gehen auf die enorme Ausweitung von verordneten Psychopharmaka nicht ein und führen diesbezüglich keine Erklärung an. Bei Rothenberger & Neumärker (2005, 2) findet sich eine knappe Auseinandersetzung mit dem Anstieg der Vergaben von Methylphenidat. Die Verfasser führen als Argumente neben einer »gestiegenen Wahrnehmung von AD(H)S« (ebd.) die »gute Wirksamkeit und Verträglichkeit« der Medikamenteneinnahme »über einen längeren Zeitraum« (ebd.) an. Dennoch wird auch von diesen Autoren kein Anlass gesehen, kritisch über die immense Zuwachsrate des Medikaments zu diskutieren. Auch Streif (2008, 69), stellvertretender Vorsitzender von ADHS Deutschland e. V., kann die öffentliche Aufregung über die Steigerung des Verbrauchs von Methylphenidat in Deutschland nicht nachvollziehen. Nach seiner Auffassung sei in den 1990er Jahren von

»einer minimalen Ausgangsbasis« (ebd.) des Verbrauchs von Methylphenidat zu sprechen gewesen. Zudem seien im europäischen Vergleich die Tagesdosen pro 1000 Einwohner von Methylphenidat in Staaten wie Schweden, Norwegen oder Island höher als hierzulande (International Narcotics Control Board 2007, 69, zit. n. Streif 2008, 69). Vielmehr seien die Ausgaben, Absatzmengen sowie die Werbung von Naturheilmitteln bzw. Naturprodukten in die Kritik zu nehmen, die im Gegensatz zur medikamentösen Therapie keine empirische Wirksamkeit aufwiesen (Streif 2008, 70 ff).

4.1.3 Einnahme von Methylphenidat – primär schulbezogen?

Die Steigerungsrate hinsichtlich der Verschreibung von Methylphenidat ruft bei Kritikern den Vorwurf des Missbrauchs dieses Medikaments hervor. Amft (2004, 80; 2007, 21) ist der Auffassung, dass »in großem Umfang Ritalin symptombezogen eingesetzt wird, um ein erwünschtes (Schul-)Verhalten auf psychopharmakologischen Wege herzustellen«.

Diese Vermutung wird durch Aussagen von medikamentös behandelten Jungen mit AD(H)S über das Umfeld Schule unterstützt, die von Augello (2010, 107 ff) zusammengetragen wurden. Die Vielzahl der befragten Kinder führt die Medikation nicht auf ihr auffälliges Verhalten, sondern primär auf eine »Schulschwäche« zurück. Schule wird von den interviewten Kindern vor allem als Ort der Leistung definiert. Die Tablette wird in den Aussagen der Schülerinnen und Schüler vor allem als Mittel zur Notenverbesserung betrachtet, mit dem sie der Forderung nach Leistung im Schulunterricht gerecht werden können (ebd., 115). Augello (2010, 117) gibt kritisch zu bedenken, dass die befragten Kinder zwar eine Verbesserung der Schulnoten mit dem Konsum von Methylphenidat in Verbindung bringen, jedoch seit der Einnahme des Medikaments keine Weiterentwicklung der eigenen kognitiven Fähigkeiten beobachten können. Insofern geht sie (ebd., 112, 117) davon aus, dass viele Schülerinnen und Schüler mit AD(H)S nur deshalb bessere Zensuren erhalten, weil sie sich durch die Medikation sozial angemessener verhalten und sich die Beziehungsebene zwischen Lehrkraft und Lernenden verbessert. Oder – anders ausgedrückt – die Medikation bewirkt, dass die Schülerinnen und Schüler ihr Verhalten an die von der Lehrperson gewünschte Form anpassen können, was wiederum zu einer positiven Rückmeldung der Lehrkraft führt.

Die Äußerungen der Schülerinnen und Schüler mit AD(H)S weisen insofern auf ein Problem hin, als dass sie offenbar der Ansicht sind, nur unter Hinzunahme von Medikamenten den Leistungsanforderungen der Schule standhalten zu können. Die Kinder sind der Überzeugung, schulische Erfolgserlebnisse nicht durch eigene Anstrengung erzielen zu können. Der Schulerfolg wird nicht auf die eigene Person, sondern auf die Einnahme des Medikaments zurückgeführt. Sofern solche positiven Erfahrungen der Wirkung des Medikaments zugeschrieben werden, ist nicht zu erwarten, dass das Selbstbild nachhaltig gestärkt wird. Es ist zudem zweifelhaft, ob sich die Kinder selbst bei Unterbrechung der Medikation auf innere Strukturen berufen könnten, die ihnen dazu verhelfen, ihr Verhalten eigenständig kontrollieren zu können.

4.2 Verhaltenstherapeutische Maßnahmen

Verhaltenstherapien verfolgen das Ziel, Klienten zu einer bewussten (Selbst-)Strukturierung ihrer alltäglichen Handlungsabläufe zu bringen (Müller et al. 2011, 23). Dabei werden gemeinsam mit dem Therapeuten die regelmäßig auftretenden Probleme des Kindes oder Jugendlichen analysiert und gleichzeitig alternative bzw. neue Verhaltensziele formuliert (ebd., 23 f). Mit Hilfe eines gezielten Einsatzes von Belohnungen sollen die neuen Handlungsabläufe schrittweise aufgebaut und gefestigt werden (ebd., 24). Allerdings müsste die Handlungssteuerung dann in einem letzten Schritt in die Kontrolle des Klienten übergehen.

Verhaltenstherapeutische Interventionsmöglichkeiten bei AD(H)S richten sich auf zwei große Zielbereiche (Frölich et al. 2014, 63): Neben patientenzentrierten Interventionen, die direkt am betroffenen Kind oder Jugendlichen ansetzen, kommen umfeldzentrierte Maßnahmen zum Einsatz, welche für Eltern und Familien bzw. Kindergärten und Schulen konzipiert sind (Döpfner et al. 2013, 24).

4.2.1 Patientenzentrierte Interventionen bei AD(H)S

Zu den patientenzentrierten Interventionen zählen in Anlehnung an Döpfner et al. (2013, 24 ff) Spieltrainings, kognitive Trainingsprogramme bzw. Selbstinstruktionstrainings sowie Selbstmanagement-Verfahren.

Spieltrainings werden primär im Vorschulalter eingesetzt und zielen auf eine Verbesserung der »Spiel- und Beschäftigungsintensität und Ausdauer« (Döpfner et al. 2013, 25) ab. Damit soll dem Kind zu einem möglichst konzentrierten und altersgerechten Spielverhalten verholfen werden. Über die Effektivität solcher Spieltrainings im Hinblick auf AD(H)S kann mangels wissenschaftlicher Untersuchungen kein aussagekräftiges Urteil gefällt werden (ebd.). Weitere pädagogisch-therapeutische Interventionsformen, die direkt auf das Kind bezogen sind, wurden für das Vorschulalter bisher noch nicht entwickelt (Döpfner et al. 2007, 40). Man geht davon aus, dass familien- und kindergartenzentrierte Interventionen aufgrund der altersbedingten Abhängigkeit des kindlichen Verhaltens vom individuellen Umfeld bedeutsamer zu sein scheinen (ebd.). Dies liegt nach Hoberg (2013, 78) nicht zuletzt daran, dass in dieser kindlichen Altersspanne das Problembewusstsein sowie der subjektive Leidensdruck bei den betroffenen Eltern größer sind als beim Kind selbst.

Erst ab dem Schuleintritt und angesichts der damit verbundenen erhöhten kognitiven Reife ist es möglich, Selbstinstruktionstrainings mit den Kindern durchzuführen (Frölich et al. 2014, 68). Die Selbstinstruktionstechnik sieht vor, die erwünschten, neu zu erlernenden Verhaltensweisen durch inneres Sprechen im Gedächtnis zu verankern (Müller et al. 2011, 24). Der Klient soll dazu befähigt werden, »sich bei Problemkonfrontationen verbal zu stoppen und reflektiert Handlungspläne zu entwickeln« (Döpfner et al. 2013, 25). Das Erlernen solcher Denk- und Handlungsmuster basiert auf der Beobachtung des Therapeuten, der als Modellperson für angemessene Problemlöseschritte dient (Hänig 2010, 123). Eine konkrete Reihenfolge für eine reflektierte Problemlösung könnte demnach lauten: »Problem erkennen – verschiedene Lösungen überlegen und abwägen – Erprobung einer Lösung – Ergebniskontrolle und Fehlerkorrektur« (ebd.). Bekannte Programme für den deutschen Sprachraum stammen u. a. von Lauth & Schlottke (2009), Jacobs et al. (2005) sowie Krowatschek et al. (2004). Im Hinblick auf die Wirksamkeit von Selbstinstruktionstechniken muss allerdings festgehalten werden, dass in einigen Fällen der Transfer der erlernten Handlungsstrategien von der Trainingssituation auf die Realität nicht gelingt (Döpfner et al. 2013, 25; Müller et al. 2011, 24). Dies ist gerade dann zu beobachten, wenn das Kind oder der Jugendliche »in seine Welt versinkt« (Müller et al. 2011, 24) und nicht in der Lage ist, eine Meta-Position einzunehmen. Im Hinblick auf die generelle Wirksamkeit von Selbstinstruktionstrainings konnten bisherige Evaluationsstudien keine eindeutigen Nachweise erbringen (Frölich et al. 2014, 69).

Bei Kindern und Jugendlichen mit AD(H)S scheinen Selbst-Management-Methoden effektiver zu sein. Dabei werden die Kinder und Jugendlichen nicht im Rahmen von Trainingssituationen, sondern innerhalb ihres natürlichen Umfelds (z. B. Schule und Familie) dazu angeleitet, sich an bestimmten Regeln zu orientieren und sich für eine erfolgreiche Bewältigung in einer für sie schwierigen Situation selbst zu belohnen (Döpfner et al. 2013, 27). Insofern sehen Selbstmanagement-Methoden im Gegensatz zu Selbstinstruktionen eine verstärkte Selbstbeobachtung und Selbstverstärkung vor. Im Rahmen des Therapieprogramms für Kinder mit hyperkinetischem und oppositionellem Problemverhalten (THOP; Döpfner et al. 2007) werden die Methoden des Selbstmanagements mit der Selbstinstruktionstechnik verknüpft. Die Wirksamkeit von Selbstmanagement bei Kindern und Jugendlichen mit AD(H)S wurde bisher kaum empirisch untersucht; einige wenige Ergebnisse weisen nach Döpfner et al. (2013, 27) jedoch auf eine »möglicherweise erfolgversprechende Interventionsform« hin.

Für den internationalen Raum wird diese Auffassung durch einen Forschungsüberblick von Hinshaw et al. (2007) gestützt, wonach in verschiedenen empirischen Untersuchungen Hinweise dazu erbracht werden konnten, dass Interventionen der Selbstregulation bei Kindern und Jugendlichen mit AD(H)S eine positive therapeutische Wirkung haben. Gleichzeitig werde die Aneignung und die Umsetzung von Selbstregulationsstrategien als »fehleranfälliger und in großem Umfang abhängig vom Therapeuten« (Gawrilow 2012, 127) eingeschätzt und erreiche dadurch nicht die Effektivität einer pharmakologischen Therapie mit Methylphenidat (ebd., Hinshaw et al. 2007). Während Hinshaw et al. (2007) die Wirksamkeit von Selbstinstruktionstrainings auf therapeutische Settings beschränken, können in Anlehnung an Gawrilow (2013) verschiedene Möglichkeiten der Förderung von Selbstregulation auch für den Unterricht oder die Hausaufgabenbetreuung mit Schülern mit AD(H)S in Frage kommen (wie z. B. die »Wenn-Dann-Pläne« ▶ Kap. 6.2.2).

4.2.2 Elternzentrierte Interventionen bei AD(H)S

Grundlegendes Ziel von Trainingsprogrammen für Eltern ist neben einer Verbesserung des elterlichen Umgangs mit dem Verhalten der Kinder das Anzielen eines positiven Familienklimas sowie einer tragfähigen Eltern-Kind-Beziehung, wobei Letztgenanntes als Fundament jeglicher Elterntrainings angesehen werden kann (Hänig 2010, 126). Gerade im Falle von AD(H)S allerdings können das Familienklima und die Eltern-Kind-Beziehung enorm leiden, weshalb auch die Wiederherstellung eines positiven Klimas von besonderer Bedeutung ist. Die Mehrzahl der Elterntrainingsprogramme basiert auf Überlegungen der klassischen Verhaltensmodifikation (▶ Kap. 6.2.2).

Im Rahmen der verschiedenen Therapieprogramme für Eltern (u. a. THOP-Programm von Döpfner et al. 2007 und Präventionsprogramm für Expansives Problemverhalten, PEP, nach Pflück et al. 2006) soll durch eine gemeinsam mit den Eltern erfolgende Entwicklung eines Störungskonzepts eine verbesserte Eltern-Kind-Beziehung erreicht werden (Hänig 2010, 126). Dabei sollen die Eltern ihren Kindern mittels der Durchsetzung eindeutiger Regeln und Anweisungen dazu verhelfen, ihr normabweichendes Verhalten abzubauen und neue, prosoziale Verhaltensweisen zu erlernen (ebd.). Eltern werden insbesondere im Hinblick auf ihre Reaktionen bzw. ihre Konsequenzen auf unerwünschtes sowie auch auf angemessenes Verhalten geschult. Ein wichtiges Augenmerk soll dabei darauf gelegt werden, dass die Reaktionen der Eltern nicht nur negativ ausfallen und dabei das normabweichende Verhalten betreffen, sondern auch in positiver Art und Weise auf erwünschtes Verhalten erfolgen. Des Weiteren sollen die Konsequenzen der Eltern möglichst kontingent erfolgen, also unmittelbar verhaltensbezogen und klar – sowie für das Kind logisch nachvollziehbar sein. Üblicherweise finden die Elterntrainings wöchentlich statt und beinhalten eine Dauer sechs bis zwölf Wochen (ebd.). Döpfner et al. (2007, 42) stellen einige internationale Studien zusammen, in denen die Wirksamkeit von Elterntrainings für Kinder mit normabweichenden, oppositionellen und/oder hyperkinetischen Verhaltensweisen belegt werden konnte (u. a. McMahon & Forehand 1984; McMahon & Wells 1989; Döpfner & Petermann 2004; Petermann et al. 2007). Sie kommen angesichts dieser empirischen Befunde zu folgendem Urteil: »Insgesamt haben sich Elterntrainings und Interventionen in der Familie sowohl bei Kindern mit oppositionellen Verhaltensstörungen als auch bei Kindern mit hyperkinetischen Auffälligkeiten bewährt« (Döpfner et al. 2007, 43).

4.2.3 Kindergarten- und schulzentrierte Interventionen bei AD(H)S

Die behavorialen Interventionen für die Arbeit mit Kindern und Jugendlichen mit AD(H)S innerhalb von pädagogischen Institutionen zielen insbesondere auf einen Aufbau erwünschter und einen Abbau unerwünschter Verhaltensweisen ab (Gawrilow 2012, 125; Döpfner et al. 2007, 44). Zumeist wird dabei der Einsatz von Token-Systemen empfohlen, wobei Verstärker-Entzugs-Systeme sich in Studien als wirkungsvoller erwiesen haben als eine ausschließlich positive Token-Verstärkung von angemessenem Verhalten (ebd.). Die Grundgedanken klassischer Verhaltensmodifikation und der Realisierung über Kontingenzprogramme sowie Möglichkeiten pädagogisch-didaktischer Umsetzung werden in Kapitel 6 vertieft erörtert.

4.3 Neurofeedback

Neurofeedback kann als Teilbereich des Biofeedbacks bezeichnet werden, mit dessen Hilfe z. B. über Ton und Bildschirm »unbewusste körpereigene Vorgänge akustisch oder visuell verdeutlicht werden« (Walther & Ellinger 2008, 177); dem behandelten Kind bzw. Jugendlichen werden »Informationen über seine Hirnaktivität zurückgemeldet« (Barkley 2011, 116).

Beim Neurofeedback wird in der Regel folgendes Setting realisiert: Auf der Kopfhaut des Probanden werden Mess-Elektroden aufgeklebt, mit denen die Gehirnströme berechnet werden (ebd.). Der Proband sitzt dabei vor einem Computerbildschirm und kann durch die eigene Hirnaktivität das Objekt auf dem Bildschirm bzw. das Computerprogramm steuern (Strehl 2007, 38). Auf einem separaten Bildschirm werden die dazugehörigen Gehirnstromkurven für den Therapeuten abgebildet (ebd., 37). Walther & Ellinger (2008, 177) sowie Strehl (2007, 39) weisen darauf hin, dass im Rahmen von Biofeedback verschiedene Feedback-Modalitäten unterschieden werden. Für die therapeutische Behandlung von AD(H)S hat sich vor allem das sogenannte EEG-Biofeedback bzw. Neurofeedback etablieren können. Ziel des Neurofeedback-Ansatzes ist es, der Untererregung der Hirnaktivität in bestimmten Arealen des Gehirns entgegenzuwirken (ebd., 35). Dabei sollen die behandelten Kinder und Jugendlichen lernen, ihre Gehirnaktivität zu steuern und ihre Aufmerksamkeitsfähigkeit zu steigern. Die Veränderung der eigenen Gehirnwellen führe beim Patienten zu einem Gefühl der Entspannung und des subjektiven Wohlbefindens (Simchen 2007, 139).

Die elektrische Aktivität im Gehirn setzt sich aus langsamen sowie schnellen Frequenzen zusammen (Kühle 2010, 3). Zu den langsameren Hirnfrequenzmustern zählen Delta-Wellen (0,5–4 Hz) sowie Theta-Wellen (4–8 Hz). Schnellere Wellenbereiche sind Alpha-Wellen (8–12 Hz), Beta-Wellen (12–35 Hz) und Gamma-Wellen (35–45 Hz) (ebd., 3 f). Je nach Verhaltenszustand verändert sich der Ausdruck in den EEG-Frequenzbändern. Bei 0,5–4 Hz befindet sich eine Person im ruhigen Tiefschlaf, während sie zwischen 15–21 Hz aktive Aufmerksamkeit zeigt (ebd.). Erhöhte Anteile von Beta-Wellen gehen dementsprechend mit einer verbesserten Konzentration einher, während ein hoher Anteil an Theta-Wellen zu Dösigkeit führt (Walther & Ellinger 2008, 177; Kühle 2010, 3 f). Ein nachgewiesener Mangel an Beta-Aktivität wird daher mit einer Störung der Aufmerksamkeit assoziiert.

Strehl (2007, 36) differenziert innerhalb der Neurofeedback-Therapie bei AD(H)S zwei unterschiedliche Ansätze. Das sogenannte Frequenztraining setzt an den Erkenntnissen aus den EEG-Frequenzbändern an und verfolgt dementsprechend das Ziel, den Anteil der schnellen Beta-Wellen zu erhöhen und gleichzeitig den Anteil an langsamen Theta-Wellen herabzusetzen (ebd.). Auf einem Bildschirm erhält der Proband in Form von grafischen Balken Rückmeldung, ob Theta- und Beta-Wellen in gewünschtem Maß reduziert bzw. produziert wurden. Sofern dies erreicht ist, bekommt das Kind bzw. der Jugendliche eine Belohnung. Beispielsweise setzt sich auf dem Bildschirm ein Rennwagen oder eine andere Figur in Bewegung, die vom Probanden über eine bestimmte Strecke oder durch ein Labyrinth geführt werden muss (http://www.ärztezeitung.de 2015). Neben dieser positiven Verstärkung durch das Computerprogramm sollten die Probanden zusätzlich im Anschluss an die jeweilige Trainingssitzung im Rahmen eines Token-Systems Belohnungen erhalten, die im Verhältnis zum Erfolg der einzelnen Sitzungen stehen (Strehl 2007, 38).

Eine zweite diskutierte Option besteht im Training der langsamen kortikalen Potenziale, auch als Bereitschaftspotenziale oder im Englischen als »slow cortical potential« (SCP) bezeichnet (Strehl 2007, 36; Kühle 2010, 4). Dabei handelt es sich um sehr langsame und tiefe Frequenzbereiche der Hirnrinde (< 0,1 Hz) (Müller et al. 2011, 26). Durch diese Potenziale wird das EEG in eine negative oder positive elektrische Richtung verschoben (Strehl et al. 2005, 119). Bei einer negativen Ladung des langsamen Potenzials sei eine Herabsetzung der Erregbarkeitsschwelle zu beobachten. Bei einem positiven langsamen Potenzial ergebe sich der entsprechende Gegeneffekt (ebd.). Der Hintergedanke dieses Ansatzes beruht auf der Annahme, dass »die Erregbarkeit der Hirnrinde mit diesen langsamen Wellen verknüpft ist« (Müller et al. 2011, 26). Diese langsamen kortikalen Potenziale werden wiederum als entscheidende Parameter angesehen, um die Erregbarkeitsschwelle herabzusetzen (Strehl 2007, 36). Die gezielte Beeinflussung der langsamen Kortikalen ermögliche den Kindern bzw. Jugendlichen das Umschalten ihrer Aufmerksamkeit auf die situativen Anforderungen. Bei diesem Trainingsansatz soll beispielsweise eine Kugel auf dem Bildschirm innerhalb eines bestimmten Zeitintervalls und je nach Anweisung durch Gehirnaktivität entweder nach oben oder nach unten gelenkt werden (www.ärztezeitung.de 2015). Beim Training der langsamen kortikalen Potenziale sollen die Betroffenen lernen, ihre langsamen Potenziale sowohl zu »negativieren, also ihre Erregbarkeitsschwelle herabzusetzen«, als auch zu »positivieren, was einer Erhöhung der Schwelle entspricht« (Strehl et al. 2005, 119).

Bezüglich der Wirksamkeit des Neurofeedbacktrainings weist Strehl (2007, 38) auf aktuell bestehende Vorbehalte und umstrittene Ansichten hin. Während Barkley (2011, 117) eine äußerst kritische Haltung gegenüber dem EEG-Biofeedback einnimmt und es im Gegensatz zur medikamentösen Therapie »nicht als wissenschaftlich abgesicherte Behandlungsmethode« bezeichnet, mehren sich allerdings aktuell die Stimmen und Studien, die auf positive und langfristige Effekte des Neurofeedbacks bei AD(H)S hinweisen. In der bisher größten Studie einer Göttinger Forschergruppe mit 102 Kindern mit AD(H)S zwischen acht und zwölf Jahren konnte bei 25–30 % der Betroffenen eine Reduktion der AD(H)S-Symptomatik festgestellt werden. Darüber hinaus zeigte eine Follow-up-Studie sechs Monate nach der Durchführung des Neurofeedbacktrainings, dass die positive Wirkung auch nach einem halben Jahr fortbestand (Gevensleben et al. 2010).

Strehl (2007, 34 ff) äußert sich zuversichtlich, dass durch die Kombination der Psychostimulanzien-Therapie und des Neurofeedbacks der medikamentöse Behandlungsansatz in seiner Wirksamkeit bei AD(H)S unterstützt werden, aber möglicherweise sogar teilweise ersetzt werden könnte. Im Gegensatz zur medikamentösen Therapie, die nach dem Absetzen des Medikaments unmittelbar ihre Wirkung verliert, habe das Neurofeedback bei AD(H)S den Nachweis erbracht, dass die »Effekte und auch die Fähigkeit zur Selbstregulation [...] über das Ende der Therapie erhalten« bleiben und sich deshalb gegenüber »der medikamentösen Behandlung als überlegen erwiesen« haben (ebd., 39). Strehl (2007, 34) führt die Überlegenheit des EEG-Biofeedbacks vor allem darauf zurück, dass im Gegensatz zur Behandlung mit Psychostimulanzien im Rahmen der Neurofeedback-Therapie keine auftretenden Nebenwirkungen bekannt sind. Simchen (2007, 139) berichtet davon, dass Neurofeedback bereits in US-amerikanischen Schulen zum Einsatz komme.

Barkley (2011, 117) weist allerdings kritisch auf den Faktor finanzielle Kosten hin: Seines Erachtens »könnte mit dem Geld, das eine sechsmonatige EEG-Biofeedback-Behandlung kostet, zwölf Jahre lang eine medikamentöse Behandlung finanziert werden« (ebd.). Während Kühle (2010) davon ausgeht, dass 25 Sitzungen ausreichen, sind nach Barkley (2011, 116) in der Regel 40–80 Sitzungen notwendig. Unabhängig von der genauen Anzahl der erforderlichen Sitzungen kann festgestellt werden, dass Neurofeedback bei AD(H)S hohe Therapiekosten verursacht, die in der Regel nicht von der Krankenkasse übernommen werden und somit derzeit für viele Familien mit Kindern und Jugendlichen mit AD(H)S finanziell nicht bewältigbar sind (Frenkel & Randerath 2015, 60).

Verwiesen sei auf die differenzierte Darstellung eines beispielhaften Ablaufs der unterschiedlichen Sitzungen eines Neurofeedbacktrainings bei Strehl (2007, 36 ff).

4.4 Fazit

Neben den hier näher dargestellten zentralen therapeutischen Verfahren kommen bei manchen Kindern und Jugendlichen mit AD(H)S auch andere Therapiemaßnahmen zum Einsatz. Zu nennen sind hier u. a. Entspannungsverfahren, kindgerechtes autogenes Training, Diät-Therapien, Nahrungsergänzung, Homöopathie, progressive Muskelrelaxation, ergotherapeutische und psychomotorische sowie weitere psychotherapeutische Methoden (Döpfner et al. 2013, 41 f; Hoberg 2013, 81 ff).

Wie bereits zu Beginn dieses Kapitels erwähnt, soll die therapeutische Behandlung von AD(H)S jedoch nach den Empfehlungen durch die Deutsche Gesellschaft für Kinder- und Jugendpsychiatrie aus dem Jahr 2007 auf zwei Ebenen gleichzeitig, also multimodal erfolgen. Die gängige therapeutische Praxis und Therapieforschung fokussiert dabei auf die Kombinationsbehandlung von Stimulanzientherapie mit verhaltenstherapeutischen Interventionen, basierend auf den Ergebnissen evidenzbasierter Forschung. Wie der Vorstand der Bundesärztekammer (2006, 43) mitteilt, liege beispielsweise für psychodynamische Therapien keine empirische Datenbasis vor, sodass sie nicht empfohlen werden könnten: »Für psychodynamische Interventionen […] liegen keine Wirksamkeitsstudien vor, sie sind in der Behandlung der Primärsymptome nicht indiziert« (ebd.). Demnach seien (nur) jene Therapieformen bedeutsam, welche sich erfolgreicher empirischer Bewährung unterzogen hätten.

Die Therapie bei AD(H)S wird dann als erfolgreich und zielführend bezeichnet, wenn die AD(H)S-typischen Symptome der Kinder und Jugendlichen reduziert und seltener von außen beobachtet werden können. Was bedeuten nun diese »Erfolgskriterien« für die Erziehung von Kindern und Jugendlichen mit AD(H)S? Ziel von Eltern und Pädagogen müsse es demnach offenbar, analog zur multimodalen Therapie, sein, das AD(H)S-typische Verhalten in seiner Auftretenshäufigkeit zu minimieren und sozial erwünschtes Verhalten aufzubauen. Es darf allerdings bezweifelt werden, dass eine solch eingeschränkte Zielsetzung der Grundgedanken und der Theorie von Erziehung entspricht. Erziehung bedeutet weitaus mehr als die Fokussierung auf die Änderung oder Löschung eines Verhaltens und damit auf das messbare und beobachtbare Ergebnis, fragt auch nach den Motiven und der subjektiven Sinnhaftigkeit von Verhalten. Innerhalb multimodaler Therapieangebote wird AD(H)S-typisches Verhalten auf körperliche Ursachen zurückgeführt und dementsprechend behandelt. Ob und inwieweit das AD(H)S-typische Verhalten für das betroffene Kind oder den betroffenen Jugendlichen eine bestimmte, wichtige *innere* Funktion erfüllt, z. B. um eigene Ansprüche durchzusetzen, den Selbstwert zu steigern, fehlende Aufmerksamkeit zu erlangen, entzieht sich dem Fokus medizinischer und verhaltenstherapeutischer Erklärungs- und Behandlungsmodelle und eben auch der aktuellen Wirksamkeitsforschung. Wichtige innere Vorgänge und Veränderungen wie z. B. Gefühle, Beziehungs- und Bindungserfahrungen, Einstellungen oder Motive sind nicht wie äußere Vorgänge und Veränderungen für den Beobachter sichtbar und damit nur schwer empirisch zu erfassen – doch sind sie deshalb auch wirklich minder bedeutsam für die Erklärung und Therapie bei Kindern und Jugendlichen mit AD(H)S? Wenn ein multimodales Vorgehen als Kombination von medikamentöser und Psychotherapie (fast immer Verhaltenstherapie) betrachtet wird, stellt dies aus pädagogischer Perspektive eine Reduzierung da, indem Fragen (sonder-)pädagogischer Förderung, als eine dritte Säule, in der Diskussion bisher kaum Beachtung finden. Sie würden neben der Ergänzung von Multimodalität zugleich die Brücke zum (erzieherischen) Alltag schlagen.

5

Förderkonzepte und Trainingsprogramme im Kontext von AD(H)S

5.1 Einführung

In den vergangenen Jahrzehnten sind im Hinblick auf verschiedene Auffälligkeiten des Verhaltens und Erlebens strukturierte Förderprogramme entstanden, die sich häufig auch als Trainings verstehen. Auch für AD(H)S existieren mehrere entsprechende spezifische Programme, von denen einige seit vielen Jahren auf dem Markt und erprobt sind. In jüngerer Zeit wird zunehmend die kritische Frage nach der Evaluation solcher Programme gestellt; diese wird eingefordert – auch unabhängig von den Autoren des Programms selbst.

Gefordert wird eine »Evidenzbasierung« (Nussbeck 2014; Hillenbrand 2015).

Es ist zu beobachten, dass stärker als für andere Verhaltensauffälligkeiten wie Aggressivität oder Ängste die Programme zu AD(H)S eine deutliche psychotherapeutische Tradition haben. Die meisten einschlägigen Programme sind nach wie vor insbesondere so ausgerichtet; erst nach und nach entstehen Programme oder auch Programmvarianten, die sich stärker auf pädagogische Handlungsfelder richten. Dies ist bei der Beurteilung zu bedenken – und macht es für das Phänomen AD(H)S besonders notwendig, noch einmal gesondert und spezifisch auf pädagogische Möglichkeiten der Prävention und Intervention einzugehen (► Kap. 6). Zudem werden Trainings, die dem Programm der »Evidenzbasierung« folgen, gerade aus erziehungswissenschaftlicher und pädagogischer Perspektive zunehmend auch kritisch betrachtet (Schad 2015; Križan & Vossen 2016; Stein 2015, 243 ff).

In diesem Kapitel werden nun wesentliche Programme mit Fokus AD(H)S vorgestellt und erörtert. Es schließen sich kritische Gedanken zu deren Einsatz an.

5.2 Therapieprogramm für Kinder mit hyperkinetischem und oppositionellem Trotzverhalten (THOP)

Dieses sehr bekannte Programm (Döpfner et al. 2007) setzt sich aus verschiedenen Bausteinen zusammen, die kind-, eltern- oder auch familienbezogen sind und sich auf das Kindergarten- sowie Schulalter hin orientieren (drei bis zwölf Jahre). Es ist multimodal aufgebaut und kann auch individuell auf Problemlagen abgestimmt werden; hierzu dient ein eigener Diagnostik- neben dem Therapieteil. Grundsätzlich wurde es als Einzeltraining entwickelt, jedoch auch schon erfolgreich mit Gruppen erprobt. Neben einem Eltern-Kind-Training beinhaltet es auch kindergarten- und schulbezogene Interventionen.

Das Programm sieht eine ergänzende pharmakologische Behandlung vor, falls sinnvoll und notwendig. Dieser ist ein eigenes Kapitel gewidmet.

Auf Basis eines ausführlichen Diagnostikteils soll die Problemlage beurteilt werden. Dies reicht deutlich über eine reine Diagnosestellung hinaus, und es werden Beurteilungen von unterschiedlichen Seiten (klinisch, einschließlich Testdiagnostik, Einschätzungen von Eltern, Erziehern, Lehrern sowie dem Kind selbst) mit einbezogen.

Kern von THOP ist das Eltern-Kind-Programm. Dieses sieht eine Reihe von Komponenten vor: eine gemeinsame Problemdefinition, die Förderung der Eltern-Kind-Beziehung und der stattfindenden Interaktionen, pädagogisch-therapeutische Interventionen einschließlich Verfahren auf Basis des operanten Konditionierens (Auszeit, Token- und Response-Cost-Konzepte) sowie auch Interventionen bei spezifischen Verhaltensproblemen. Neben einer Vorstellung des Programms findet sich eine detaillierte Durchführungsanleitung für die einzelnen Therapiebausteine, die in sieben Themenblöcke gegliedert ist. An verschiedenen Stellen werden Geschichten aus dem Band »Wackelpeter und Trotzkopf« (Döpfner et al. 2006) mit einbezogen.

Die kindergarten- und schulzentrierten Bausteine sollen in der Regel parallel zum Eltern-Kind-Programm eingesetzt werden. Sie sind am vorangehend skizzierten Eltern-Kind-Programm orientiert:

- Interventionen im Kindergarten beziehen sich auf organisatorische Aspekte (Gruppenzusammensetzung, Raumstruktur, Tagesablauf), die Förderung positiver Beziehungen zwischen Erziehern und Kindern, auch hier pädagogisch-therapeutische Interventionen einschließlich spezieller operanter Verfahren (Einsatz eines Punkteplans) sowie eine eventuelle Weiterführung des Spieltrainings aus dem Eltern-Kind-Programm.
- Für die Schule beziehen sich, wiederum analog strukturiert, organisatorische Aspekte auf Sitzplatz- und Materialkontrolle durch die

Lehrkraft, die Förderung positiver Lehrer-Kind-Beziehungen sowie stützende Maßnahmen für das Selbstmanagement. Besondere Aufmerksamkeit wird pädagogisch-therapeutischen Interventionen gewidmet: das wirkungsvolle Deutlichmachen von Aufforderungen und Grenzen, das Erkennen positiver Verhaltensansätze, deren Verstärkung durch Lob und Zuwendung, die Berücksichtigung negativer Konsequenzen bei Auftreten von Problemverhaltensweisen, die Einführung eines Selbstmanagementsystems mit Selbstbeobachtung und -beurteilung, die Rückmeldung über Tagesbeurteilungen, der gezielte Einsatz von Punkteplänen, ggf. unter Einbezug des Elternhauses, sowie ein spezifisches operantes Rückmeldesystem.

Besonders hervorzuheben ist im Hinblick auf dieses Programm die Arbeit mit verschiedenen Ansatzpunkten. Neben pharmakologischer Therapie stehen insbesondere die Arbeit an der Eltern-Kind-Beziehung sowie die therapeutische Arbeit am und über das Elternhaus im Vordergrund. Weitere Maßnahmen, die sich auf Kindergärten und Schulen beziehen, werden an verschiedenen Punkten recht eng mit dem Ansatzpunkt des Elternhauses verbunden. So entsteht ein – stark kognitiv-behavioral geprägtes – Gesamtprogramm.

Döpfner et al. (2007, 469 ff) stellen selbst verschiedene Wirkungsstudien zu ihrem Programm vor. Aus einer Außenperspektive fassen Walther & Ellinger (2008, 180 f) empirische Studien zur Wirksamkeit des THOP zusammen. Sie zeigen sowohl kurzfristige als auch längerfristige positive Effekte des Programms. In einer vergleichenden Evaluationsstudie (Dreisörner 2006; 2007) erzielte das THOP recht gute Effekte. Für pädagogische Kontexte sind mögliche Begrenzungen zu berücksichtigen:

»Für den Einsatz in der Schule weisen Döpfner et al. (2007) darauf hin, dass sich ein großer Teil von Lehrkräften nicht imstande sieht, konkrete verhaltenstherapeutische Interventionen zu integrieren. Aus Sicht der Autoren sind die Bausteile des THOP allerdings ausreichend konkret, um sich auch in den schulischen Kontext zu integrieren. Die Bereitschaft einer jeden Lehrkraft ist grundlegende Bedingung sämtlicher Interventionen.« (Walther & Ellinger 2008, 180 f)

5.3 Training mit aufmerksamkeitsgestörten Kindern (TmaK)

Das »Training mit aufmerksamkeitsgestörten Kindern« (Lauth & Schlottke 2009) ist ein langjährig eingesetztes und erprobtes, gleichfalls kognitiv-behaviorales Programm zur Förderung von Aufmerksamkeit und Reduktion hyperaktiver Verhaltensweisen. Es besteht aus vier Bausteinen: Basistraining, Strategietraining, Wissensvermittlung und Vermittlung sozialer Kompetenzen. Zielgruppe sind mit AD(H)S diagnostizierte Kinder mit normaler Intelligenz zwischen sechs und zwölf Jahren. Ein präventiver Einsatz, auch in Gruppen, ist möglich; das therapeutische Setting sieht allerdings Kleinstgruppen von maximal drei Kindern vor. Bei schweren Störungen wird ein Einzeltraining empfohlen. Die konkrete Therapieplanung erfolgt individuell.

Basis ist eine dezidierte Diagnostik. Sie umfasst eine erste Orientierung durch Gespräche mit Eltern, Lehrern und Erziehern, die Erfassung der zentralen Probleme und Symptome auf Verhaltensebene, die Ermittlung belastender Situationen im Umgang mit dem Kind, den Einsatz relevanter psychologischer Testverfahren, die Aufnahme der Problemsicht durch das Kind, Beobachtungen in verschiedenen Situationen – sowie eine daraus generierte Therapieplanung. Das Training selbst besteht aus fünf Therapiebausteinen:

- ein Basistraining mit Schwerpunkt »Einschränkung der Selbstregulationskompetenzen«;
- der Baustein Strategietraining mit Fokus auf die Einschränkung der Verhaltensorganisation;
- ein Baustein Elternanleitung zur Information über die Störung und zum konstruktiveren Umgang damit bei gezielter Förderung des Kindes;
- im Bereich Wissensvermittlung werden solche Wissensbestände aufgegriffen, die unzureichend beherrscht scheinen, zugleich jedoch für schulisches Fortkommen besonders wichtig sind;

5.3 Training mit aufmerksamkeitsgestörten Kindern (TmaK)

- ein Baustein zur Vermittlung sozialer Kompetenzen zielt darauf ab, soziale Schwierigkeiten zu reduzieren und zugleich prosoziales Verhalten aufzubauen.

Im kindbezogenen Training werden auch Informationen über die Störung vermittelt. Für verschiedene Phasen der Selbstinstruktion werden Bilder und Instruktionskarten eingesetzt.

Die Bausteine sollen individuell zusammengestellt werden. In dieser Hinsicht finden sich auch Hinweise zur eigenständigen Weiterentwicklung der Teile des Förderprogramms, um diese mit jüngeren Kindern (unter sechs), Kindern im späteren Schulalter sowie Jugendlichen (über zwölf) bearbeiten zu können. Die eingesetzten therapeutischen Verfahren sind insbesondere kognitiv und lernpsychologisch-behavioral orientiert: operante Verstärkung und »Verhaltenseinübung«, kognitives Modellieren und Selbstinstruktion. Zwei eigene Kapitel widmen sich der Zusammenarbeit mit Lehrkräften sowie Ärzten:

- Im Rahmen der Zusammenarbeit mit Lehrkräften soll zunächst deren häufig mit erheblichem Druck verbundene Situation mit dem Kind entspannt und eine Motivation zur Mitarbeit gewonnen werden. Es erfolgt eine Information zu Aufmerksamkeitsstörungen; Ziel ist es dann, dass die Lehrkraft die Therapie durch ausgewählte flankierende Maßnahmen unterstützt und prozessorientierte Hilfen zur Verfügung stellt. Sie soll, auch durch den Einsatz von Token-Programmen, dabei helfen, positives Verhalten beim Kind anzubahnen, auf genaue Anweisungen und deren Verstehen zu achten, das Unterrichtsverhalten des Kindes differenziert wahrnehmen und beurteilen zu lernen, dessen stärkere Unterrichtsbeteiligung gezielt zu fördern und gemeinsam mit ihm Lerngewinne anzustreben. Auch Maßnahmen auf schulorganisatorischer Ebene werden berücksichtigt.
- Die Zusammenarbeit mit Ärzten soll sich an generellen Leitlinien und Konsenspapieren orientieren, wie sie für Kinder- und Jugendpsychiatrie und -psychotherapie gelten. Kritische Hinweise gelten

der Behandlungspraxis, die analysiert wird und für die strengere Standards als aktuell verbreitet eingeklagt werden. Hinweise zur Medikation beziehen eine gute Zusammenarbeit des Arztes mit Eltern und Kind sowie auch Lehrkräften mit ein. Weitere Hinweise gelten der Wirksamkeit der Medikamente, auch längerfristig und bezogen auf mögliche Nebenwirkungen – sowie auf die Notwendigkeit einer Kombinationstherapie unter Einbezug psychotherapeutischer Maßnahmen. Ziele und Möglichkeit der Zusammenarbeit zwischen Therapeuten und Ärzten werden skizziert.

Das TmaK berücksichtigt auch die Medikamentierung der Kinder, sieht diese aber explizit kritisch, was die Praxis anbelangt: »Die aktuelle Behandlungspraxis entspricht kaum den Leitlinien und den wissenschaftlichen Erkenntnissen. Ganz überwiegend erschöpft sich die Behandlung in einer alleinigen Medikation, die oft genug auch diagnostisch nicht wirklich abgesichert ist« (ebd., 248).

Ein besonderer Baustein des Programms widmet sich kritischen Therapiesituationen sowie dem Umgang mit diesen.

Auch das TmaK geht – wie das THOP – von einer Einzelförderung aus, berücksichtigt jedoch verschiedene Zielgruppen und versucht deren Aktivitäten miteinander zu koordinieren: »Der Erfolg stellt sich erst durch das Zusammenwirken verschiedener Behandlungsmodule (Therapie mit dem Kind, Anleitung der Eltern, Anleitung des Lehrers) ein« (ebd., 285). Allerdings dominiert im systematischen Teil des Programms recht stark die Förderung mit Ansatz am Kind.

Die Wirksamkeit des TmaK ist vorwiegend durch die Autoren selbst evaluiert und in mehreren Studien belegt. Die Einzelbefunde flossen auch in eine Metaanalyse ein. In diesem Rahmen wurden positive Effekte bestätigt, auch für die Langzeitwirkung (Lauth & Schlottke 2009, 270 ff). In einer vergleichenden Evaluationsstudie (Dreisörner 2006; 2007) erzielte das TmaK nur verhaltene Effekte. Diese Studie wurde von den Testautoren selbst wiederum kritisiert (Lauth & Schlottke 2007). Aus einer externen Perspektive beurteilen Walther & Ellinger (2008) das Training bei Berücksichtigung verschiedener Evaluationsstudien grundsätzlich positiv:

5.3 Training mit aufmerksamkeitsgestörten Kindern (TmaK)

»Die Behandlungseffekte des Basis- und Strategietrainings auf die Aufmerksamkeit wurden sowohl aus Eltern- als auch aus Lehrersicht bestätigt. Insbesondere die Selbständigkeit der Kinder konnte sich aus Elternsicht signifikant verbessern. Das Unterrichtsverhalten konnte sich im Vergleich zur Kontrollgruppe merklich verbessern, in den Bereichen Problemlösefähigkeit, Intelligenz, Organisiertheit und Sorgfalt wie Bedachtheit waren die Werte signifikant besser. Die Langzeitwirkung des Trainings ist ebenso bestätigt.« (ebd., 182)

Zu bedenken ist, dass manche »Maße«, wie etwa die Sicht von Eltern oder Lehrer auf Verbesserungen, kritisch zu betrachten sind.

Auf Basis des TmaK ist mittlerweile mit »ADHS in der Schule« (Lauth & Naumann 2009) ein Übungsprogramm für Lehrkräfte entstanden. Dieses Programm besteht aus insgesamt sieben Bausteinen mit sieben wöchentlich stattfindenden Sitzungen und trägt den Kursnamen »Aufmerksamkeitsgestörte und hyperaktive Kinder unterrichten« (ebd., 59):

- Baustein 1: das Erscheinungsbild der Aufmerksamkeitsdefizit-/Hyperaktivitätsstörung (ADHS) in der Schule
- Baustein 2: kritische Situationen beim Lernen/Situationsabhängigkeit des Schülerverhaltens
- Baustein 3: strukturierende Maßnahmen bei ADHS in der Schule
- Baustein 4: das kindliche Verhalten durch Verstärkung lenken
- Baustein 5: Einsatz von Münzverstärkungssystemen
- Baustein 6: Unterstützung des Kindes beim Lernen
- Baustein 7: Zusammenarbeit mit den Eltern

Die Dauer dieses Programms beträgt 14 Stunden, wobei ungefähr sechs Wochen nach Abschluss des Übungsprogramms ein weiteres Treffen zur Nachbesprechung vorgesehen ist (Lauth & Naumann 2009, 55). Die Durchführung erfolgt in Gruppen mit einer Teilnehmerzahl von vier bis zwölf Personen; es richtet sich explizit an Lehrkräfte als Trainer.

Grundlegende Ziele sind neben der Vermittlung eines Grundverständnisses für die Störung (ebd., 54) die Erweiterung des Fähigkeits-

und Handlungsrepertoires von Lehrkräften, um Kinder mit AD(H)S in ihrem Arbeits- und Lernverhalten sowie ihrer Selbststeuerung besser fördern und anleiten zu können (ebd., 53 f). Darüber hinaus könnten durch das Übungsprogramm Informationen und Kompetenzen vermittelt werden, die für eine »ertragreiche Zusammenarbeit mit den Eltern« (ebd., 54) notwendig sind. Auch dieses lehrerzentrierte Programm basiert, wie den sieben Bausteinen zu entnehmen ist, auf verhaltens- und lerntheoretischen Grundlagen und setzt insbesondere auf Methoden der kognitiven Verhaltenstherapie sowie der Lenkung und Steuerung von erwünschten Verhaltensweisen durch operante Verstärkung (ebd., 55 f).

Ergänzend ist auf ein Kompetenztraining dieser Forschergruppe hinzuweisen, das sich an Eltern richtet, jedoch »störungsunspezifisch«, also nicht speziell auf AD(H)S hin orientiert ist (Lauth & Heubeck 2006).

5.4 Marburger Konzentrationstraining (MKT) und Marburger Verhaltenstraining (MVT)

Von einer Arbeitsgruppe der Universität Marburg um Krowatschek wurde eine Gruppe von Trainings entwickelt, die selektiv zum einen den Aspekt der Konzentration, zum anderen denjenigen der Hyperaktivität in den Blick nehmen. Diese Trainings zeichnen sich im Vergleich mit den bisher Beschriebenen durch einige Besonderheiten aus.

5.4.1 Das Marburger Konzentrationstraining (MKT)

Dieses in drei Versionen verfügbare Training (Krowatschek & Albrecht 2007) eignet sich für Kindergarten- und Vorschulkinder, Schulkinder sowie Jugendliche. Es handelt sich um ein Gruppentraining, aufgesplittet in verschiedene Einheiten, die über mehrere Wochen durchgeführt werden sollen. »Ergänzend zur Förderung der Selbststeuerung

5.4 Marburger Konzentrationstraining (MKT) und Marburger Verhaltenstraining (MVT)

und Aufmerksamkeit werden im MKT für Jugendliche […] das Textverständnis, der richtige Umgang mit Fehlern sowie Denk- und Gedächtnisstrategien eingeübt« (Walther & Ellinger 2008, 185).

Grundlegendes Ziel des MKT ist die »Förderung eines reflexiven Arbeitsstils« (Krowatschek 1995, 7). Unter einem reflexiven Arbeitsstil wird ein systematisches, ruhig überlegtes und präzises Bearbeiten von Aufgaben verstanden (ebd.). Damit verbunden sind nach Ansicht von Krowatschek (ebd.) drei wesentliche Faktoren:

1. »Erhöhung der Selbststeuerung, der Selbstständigkeit und der Selbstakzeptanz des Kindes;
2. Verbesserung der Motivation durch erfolgreiches Bearbeiten von Aufgaben und durch angemessenes Umgehen mit Fehlern;
3. Veränderung der Eltern-Kind- und Lehrer-Kind-Interaktion«.

Als erste Zielgruppe für das MKT nennt Krowatschek (1995, 7) infolgedessen Kinder mit einem impulsiven Arbeitsstil, welche durch eine vorschnelle, oberflächliche und unstrukturierte Aufgabenbearbeitung auffallen. Die zweite Zielgruppe sind Kinder, die in ihrem Arbeitsverhalten langsam und stark ablenkbar sind. Das MKT ist mit altersspezifischen Materialien für das erste bis dritte Schuljahr bzw. vierte bis sechste Schuljahr ausgestattet und kann sowohl mit einem einzelnen Kind als auch mit einer Gruppe von bis zu acht Kindern durchgeführt werden (ebd.).

Das Trainingsprogramm lässt sich in drei Bausteine aufteilen. Erster Baustein sind sechs bis acht Trainingsstunden für das Kind, welche zwischen 60 bis 75 Minuten andauern und nach Möglichkeit wöchentlich stattfinden sollten. Jede Trainingsstunde verläuft dabei nach einem festen Ablaufschema. Am Anfang jeder Stunde erfolgt eine Entspannungsübung, die das Kind beruhigen und seine Aufnahmebereitschaft für die folgenden Anweisungen erhöhen soll (ebd.). So werden mit dem Kind zwei bis vier Arbeitsphasen mit entsprechenden Trainingsmaterialien (Arbeitsblätter und Bildvorlagen) durchgeführt (ebd., 8). Am Ende jeder Trainingsstunde ist eine Spielphase von zehn Minuten oder mehr vorgesehen. Den zweiten

Baustein stellt ein häusliches Übungsprogramm dar, welches hinsichtlich Materialien und Abfolge den Trainingsstunden recht ähnlich ist und die Fähigkeit zur Selbstinstruktion vertiefen soll. Im Rahmen eines dritten Bausteins wird der Einbezug der Eltern in das Training bedacht (ebd.). Neben insgesamt fünf verpflichtenden Elternabenden ist eine 30-minütige Videoaufnahme der Hausaufgabensituation zwischen einem Elternteil und dem Kind vorgesehen, welche anschließend mit den Eltern besprochen werden soll.

Im Folgenden wird das methodische Vorgehen dieses Konzepts beispielhaft am Marburger Konzentrationstraining für Schulkinder skizziert (Krowatschek et al. 2011).

Wichtigste Trainingsmethode in allen Versionen des Marburger Konzentrationstrainings ist ein Selbstinstruktionsprogramm (ebd., 20). Durch gelungene Selbstinstruktionen sollen Kinder und Jugendliche dazu befähigt werden, die Aufmerksamkeit bei der Bearbeitung einer Aufgabe aufrecht zu erhalten (ebd., 23). Zudem könne durch diese Methode sichergestellt werden, dass die Aufgabe vom Kind richtig bzw. vollständig verstanden wurde. Durch verbale Selbstinstruktionen kann außerdem die eigene Aufgabenbearbeitung bzw. Leistung selbst überprüft und ggf. auch lobend bekräftigt werden (ebd.). Die Methode der verbalen Selbstinstruktion wird in fünf verschiedene Trainingsschritte strukturiert:

1. Modelllernen
2. Fremdsteuerung
3. Lautes Denken
4. Leise Selbstinstruktion
5. Inneres Sprechen oder Selbstinstruktion
    (Krowatschek et al. 2011, 20 f)

Zu Beginn des Programms fungiert der Trainer als Modellperson. So demonstriert er den Kindern das innere Sprechen, indem er eine bestimmte Aufgabe bearbeitet und bei einzelnen wichtigen Arbeitsschritten laut mit sich selbst spricht. In einem zweiten Schritt sollen die

5.4 Marburger Konzentrationstraining (MKT) und Marburger Verhaltenstraining (MVT)

Kinder die gleiche Aufgabe wie der Trainer bearbeiten, wobei sie von diesem während der Aufgabenbearbeitung mündlich instruiert werden. Anschließend wird die Aufgabe vom Trainer gemeinsam mit den Kindern durchgeführt, wobei der Trainer nochmals explizit auf die einzelnen Arbeitsschritte hinweist und diese von den Kindern schrittweise befolgt und ausgeführt werden sollen (ebd., 20). Im dritten Schritt erfolgt das »Laute Denken« (ebd., 21). Die Kinder sollen sich lediglich bei der Aufgabenbearbeitung selbst laut instruieren. Anfangs gibt der Trainer noch Hilfestellungen; im weiteren Trainingsverlauf werden die Anweisungen zu einzelnen Arbeitsschritten von einem Kind laut vorgetragen und von den anderen Kindern befolgt und bearbeitet. Der Trainer tritt dem laut denkenden Kind unterstützend zur Seite und lobt es bei jeder gelungenen aufgabenbezogenen Formulierung. Zum Abschluss des Lauten Denkens einer Aufgabe sollte das Kind sich zudem selbst loben. Im vierten und vorletzten Schritt erfolgt die leise Selbstinstruktion. Die Kinder sollen die Aufgabe durchführen und sich dabei die einzelnen Arbeitsschritte vorflüstern. Sofern eine Aufgabe vom Kind korrekt gelöst wurde, lobt sich dieses laut selbst, sodass der Trainer zugleich informiert wird, wer fertig ist. Im fünften und letzten Schritt wird die Aufgabe vom Kind selbstständig durchgeführt und die Instruktion nur noch gedacht. Diese abschließende Selbstinstruktion wird vom Trainer nicht mehr überprüft. Es wird davon ausgegangen, dass die Kinder nun in der Lage sind, die erworbenen Selbstinstruktionsfähigkeiten auf andere Aufgaben- und Leistungssituationen zu übertragen (ebd., 21).

Jede Aufgabe im Marburger Konzentrationstraining für Schulkinder soll nach einem bestimmten Schema in Selbstinstruktionen zerlegt und bearbeitet werden:

- »Was soll ich tun?
- Als erstes lese ich die Aufgabenstellung.
- Ich sage mit meinen Worten was ich tun soll.
- Ich gehe schrittweise vor.
- Wenn ich einen Fehler mache, ist es nicht schlimm. Ich kann ihn verbessern.

- Ich schaue, ob ich alles richtig gemacht habe.
- Ich sage zu mir: Das habe ich gut gemacht!«
(Krowatschek et al. 2011, 23)

Durch diese schrittweisen Selbstinstruktionen sollen Kinder zu einem reflexiven Arbeitsverhalten angeleitet und dahingehend gefördert werden. Zudem wird ein planvoller Umgang mit eigenen Fehlern gelernt. So bauen die Trainer des MKT in der ersten Phase des Modelllernens immer einen Fehler ein und zeigen, wie in sinnvoller Art und Weise mit diesen Problemen umgegangen werden kann. Sofern ein Kind bei sich selbst einen Fehler entdeckt, wird es gelobt und erhält genug Zeit, um diesen wieder korrigieren zu können – und es erhält die gleiche Punktzahl wie ein Kind, das die Aufgabe fehlerfrei durchgeführt hat (ebd.).

Um die Methode der (verbalen) Selbstinstruktion effektiv zu trainieren und das Arbeitsverhalten längerfristig verändern zu können, setzt der Trainer Methoden der klassischen und kognitiven Verhaltensmodifikation ein (ebd., 30).

Hahnefeld & Heuschen (2009) untersuchten die Effektivität des MKT bei 125 Grundschulkindern zwischen sechs und elf Jahren mit AD(H)S. Die Ausprägung der AD(H)S-Symptome wurde dabei zu drei verschiedenen Zeitpunkten erhoben: vor, direkt nach dem Trainingsprogramm sowie drei Monate nach Ende des Trainings. Die Evaluation zeigte, dass die Symptome auch drei Monate nach Ende des MKT reduziert auftraten und sich gleichzeitig die Selbstständigkeit der Kinder in der (Haus-)Aufgabenbearbeitung erhöhte. Auch andere Studien zur Wirksamkeit des MKT deuten darauf hin, dass sowohl die Eltern als auch die Kinder selbst eine Verbesserung im Hinblick auf ihre Probleme wahrnehmen (Krowatschek et al. 2011, 41).

5.4.2 Das Marburger Verhaltenstraining (MVT)

Während das MKT rein auf den Aspekt der Aufmerksamkeit und Konzentration fokussiert, liegen mit dem MVT Programme vor, die

5.4 Marburger Konzentrationstraining (MKT) und Marburger Verhaltenstraining (MVT)

Hyperaktivität in den Blick nehmen. Zunächst ist hier »Überaktive Kinder im Unterricht« (Krowatschek 2002) zu nennen. Dieses Trainingsprogramm basiert auf verhaltenstherapeutischen Konzepten und der rational-emotiven Therapie (RET), ergänzt durch Elemente aus anderen Therapieformen sowie Entspannungsmethoden. Vervollständigt wird dies durch eine Berücksichtigung der Elternarbeit. Entsprechend der Grundkonzeption »haben die hier gemachten Vorschläge und Experimente die Zielsetzung, das Verhalten der überaktiven Kinder im weitesten Sinne zu modifizieren und für LehrerInnen, Eltern und die Kinder selbst erträglich zu machen. Zur gezielten Behandlung von Aufmerksamkeitsdefiziten liegt [...] bereits das *Marburger Konzentrationstraining* vor« (ebd., 19).

Auch dieses Programm ist, wie das MKT/MVT, ganz explizit nur für Kinder vorgesehen, die aktuell nicht medikamentiert werden. Das MVT sieht einen recht breiten Fundus von 40 »Experimenten« mit dazugehörigen Materialien vor. Integriert ist auch ein Time-Out-System (Verlassen des Raumes auf ein Signal hin). Es liegen einzelne, allerdings nur eigene, positive Evaluationen vor (ebd., X f).

Im »Marburger Verhaltenstraining (MVT)« (Krowatschek & Wingert 2009) wird mit den Konzepten des Lobens und Belohnens, einem Time-Out-System sowie einem Gutscheinsystem gearbeitet. Dieses Training besteht aus Materialien zu folgenden Elementen: dynamisches Spiel, Entspannung, Interventionen, Kim-Spiele, Begrenzungen im Spiel, Mal-Experimente. Hinzu kommen Hinweise zu freiem Spiel. Als besondere Ereignisse im Training werden Weihnachtsfeier, Quizshow, Party und Ferientraining hervorgehoben und konzeptionell integriert. Zu zwei Bereichen werden Spiele angeboten: Mannschaftsspiele sowie ruhige Konzentrationsspiele. Auch Elternarbeit wird eingebunden. Besondere Hinweise gelten dem Einsatz in der Schule.

Das MVT geht grundsätzlich, wie das vorangehend skizzierte Training dieser Forschergruppe, von einer Nicht-Medikation der Kinder aus, auch in den vorgesehenen Ferientrainings auf Sylt. Die Medikamentierung wird aus pädagogischen Gründen abgelehnt.

Der Einsatz des MVT wird parallel zum Einsatz seitens der Programmentwickler an der Universität Marburg sukzessiv evaluiert (ebd., 282 ff). Die Akzeptanz der Kinder in den zum MVT durchgeführten Studien war gut; Selbstevaluationen verliefen positiv. Allerdings besteht hieran auch Kritik (Walther & Ellinger 2008, 185; ▸ Kap. 5.4.3).

5.4.3 Fazit zu MKT und MVT

Mit dieser Trainingsgruppe werden jeweils getrennt und recht spezifisch die unterschiedlichen Kernproblematiken ›mangelnde Aufmerksamkeit‹ einerseits sowie ›Hyperaktivität‹ andererseits angegangen. Die Programme sind zugleich durch ihre recht niedrigschwellige Orientierung auch frühpräventiv einsetzbar. Besonders hervorzuheben ist der dezidierte Verzicht auf Medikamentierung; hier hebt sich diese Trainingsgruppe vom üblichen Mainstream deutlich ab. Positiv hervorzuheben ist, dass sie sich damit auch sehr direkt der kritischen Evaluation stellt, ohne dass Trainings- mit Medikamentierungs-Effekten konfundiert werden. Es bedarf unbedingt weiterer, auch unabhängiger Evaluationsforschung, die durch den offeneren Charakter der Programme im Vergleich etwa zu THOP oder TmaK sicher erschwert wird.

5.5 Attentioner

Dieses Training für Kinder mit Aufmerksamkeitsstörungen wurde von Jacobs u. a. (2005) entwickelt. Ziel ist die Verbesserung der Aufmerksamkeitssteuerung, wobei – in Abgrenzung zu anderen Programmen – spezifische Komponenten dieser Steuerung besonders gefördert werden sollen. »Der ATTENTIONER fußt auf zwei grundlegenden Annahmen: zum einen auf lernpsychologischen

Erkenntnissen und zum anderen auf der neuropsychologischen Annahme, dass Aufmerksamkeitsstörungen primär als eine Inhibitionsstörung verstanden werden können« (Jacobs & Petermann 2008, 23). »Es handelt es sich um ein neuropsychologisches Gruppenprogramm insbesondere zur Verbesserung der selektiven Aufmerksamkeit und Impulsivität. Im Idealfall wird es von zwei Therapeuten in kleinen Gruppen von vier Kindern durchgeführt« (Walther & Ellinger 2008, 182). Zielgruppe sind Kinder von 7 bis 14 Jahren. Das Training, das von einer Rahmengeschichte ausgeht, besteht aus 13 Sitzungen mit insgesamt 57 Trainingsaufgaben. Es ist kindzentriert ausgerichtet und mit einem Response-Cost-System gekoppelt.

Die Theorie basiert sehr stark auf einem adaptierten SORCK-Modell, welches nicht nur den Hintergrund darstellt, sondern auch als psychoedukativer Anteil in das Elterntraining direkt mit einfließt. Elemente des Trainings sind:

- »Geheimaufträge«: je eine Aufgabe pro Sitzung im Sinne von »Knobelaufgaben, die verschiedene Problemlösefähigkeiten, Fähigkeiten zur Strukturierung und Handlungsplanung ansprechen« (Jacobs & Petermann 2008, 24). Da sie recht schwierig und auch von Eltern nicht einfach lösbar sind, sollen sie die Frustrationstoleranz erhöhen helfen.
- Ein Response-Cost-Token-System (R-C-T-System), hier »mehrschichtig« (ebd., 24): Über eine Gewinnpunktekarte sollen drei Ziele erreicht werden: Sozial- und Arbeitsverhalten innerhalb der Trainingsgruppe regulieren, Motivation zur Mitarbeit steigern sowie die Bereitschaft erhöhen, die Geheimaufträge zu lösen. Für den ersten Zweck werden zu Trainingsbeginn drei soziale Regeln eingeführt: »nicht dazwischen reden«, »nicht ärgern oder runtermachen« sowie »nicht aufstehen oder kippeln« (ebd., 25). Die erwähnte Gewinnpunktekarte basiert auf einem Response-Cost-System und startet mit einem Guthaben von Punkten, die verloren werden können. Positiv können zugleich »Fair-Play-Points« gewonnen werden. Für die beiden letztgenannten Zwecke wird mit anderen, parallelen Belohnungssystemen gearbeitet.

Zentrale Ziele der 57 Trainingsaufgaben sind:

- Verbesserung der selektiven Aufmerksamkeit
- Steigerung der Selbstregulation
- Aufbau sozial erwünschten Verhaltens
- Alltagstransfer

In das Training ist eine fiktive Spiel- bzw. Handlungsfigur integriert: »Taifun«. Das Gruppentraining, für Gruppen mit vier Kindern entwickelt, besteht aus 15 Sitzungen mit jeweils mehreren Aufgaben. Ein Elterngruppentraining umfasst fünf Sitzungen à 100 Minuten, die wöchentlich stattfinden sollen. Es sollte etwa ab der fünften Sitzung des Kindertrainings parallel starten. »Die Gruppengröße sollte auf sechs Elternpaare begrenzt werden« (ebd., 142). An der letzten Sitzung sollen auch die Kinder teilnehmen.

> »Das Elterntraining basiert auf der Annahme, dass Informationen zum Störungsbild, aber auch zur Situationsanalyse, Kommunikation, Familiendynamik und zum Einsatz von Verstärkern den Eltern helfen, ihr Verhalten, ihre Gefühle und ihre Gedanken im Umgang mit ihrem Kind zu überdenken [...]. Ebenso können die Eltern die psychische Situation ihres Kindes besser verstehen. Mit diesen Informationen können die Interventionsziele und die konkreten therapeutischen Vorgehensweisen erläutert werden.« (Jacobs & Petermann 2008, 142)

Dabei sollte der Therapeut versuchen, konkrete von den Eltern geschilderte Situationen aufzugreifen, auch zu analysieren – und eine Verhaltensveränderung der Eltern in der Familie anzustreben. Gearbeitet wird mit einer Begleitmappe, Arbeitsblättern, Übungen zu Hause, Merkblättern, Psychoedukation, Rollenspielen sowie weiteren Materialien auf einer DVD. Über Eingangs- und Abschlussuntersuchungen soll ein Prä-Post-Trainingserfolg dokumentiert werden.

Das Training wurde von den Autoren an 33 Gruppen à vier Kindern, mithin 132 Kindern selbst evaluiert, auch für Effekte nach sechs Wochen bis vier Monaten (ebd., 169 ff). Dabei ergaben sich auf Basis der durchgeführten Diagnostik bei den Kindern, je nach betrachteter Teilgruppe, leichte, mittlere, aber teilweise auch deutliche

Verbesserungen der Aufmerksamkeitsleistung. In einer parallelen Elternbefragung »bemerken die Eltern besonders, dass die Kinder weniger Flüchtigkeitsfehler machen, ihre Aufgaben und Aktivitäten besser organisieren können, in Alltagsdingen weniger vergesslich sind und sich allgemein aber auch in Gruppensituationen weniger ablenken lassen« (ebd., 173). Auch Walther & Ellinger (2008, 183 d f) beurteilen das Training, mangels externer Evaluationen, lediglich aus Perspektive der Studienergebnisse der Programmentwickler selbst.

5.6 Das Lerntraining LeJA

»ADHS im Jugendalter unterscheidet sich beträchtlich von jener des Kindesalters« (Linderkamp et al. 2011, 10). Während für Kinder mit AD(H)S einige evaluierte Trainingskonzepte vorliegen, konnte für Jugendliche (mit ADHS) lediglich die Wirkung störungsunspezifischer Trainingsprogramme empirisch belegt werden (ebd., 14). Das Lerntraining für Jugendliche mit Aufmerksamkeitsstörungen (LeJA) ist ein auf Basis empirischer Wirksamkeitsstudien entwickeltes Therapie- bzw. Interventionskonzept speziell für Jugendliche mit AD(H)S (ebd.).

Linderkamp et al. (ebd., 51) formulieren in diesem Lerntraining zwei übergeordnete Ziele: Zum einen soll die Organisation des Lernens und die Aufmerksamkeitsleistung gefördert werden; zum anderen wird eine verbesserte Selbstorganisation durch ein erfolgreiches Selbstmanagement angestrebt. LeJA ist ein aus sieben Bausteinen und 16–20 Einzelsitzungen bestehendes Trainingskonzept für Jugendliche mit AD(H)S und bezieht sowohl Eltern als auch Lehrkräfte mit ein (ebd., 48 ff). Jede einzelne Sitzung verläuft nach einem festen Ablaufschema mit sechs Phasen (ebd., 51):

1. »Blitzlicht
2. Wiederholung der letzten Sitzung

3. Wege der Problemlösung gemeinsam erarbeiten (Brainstorming; kognitive Modellierung)
4. Übungsphase
5. Verhaltensfeedback
6. Spielerischer Ausklang«

Die sieben Bausteine dieses Lerntrainings sind:

- Beziehungsgestaltung und Ressourcenaktivierung
- operante Verfahren
- explicit practice
- kognitive Techniken
- direkte Instruktion, Strategieinstruktion
- Coaching und Selbstmanagement
- Psychoedukation
  (Linderkamp et al. 2011, 48 ff)

Die ersten Sitzungen dienen dem gemeinsamen Kennenlernen von Trainer und Jugendlichen sowie dem Aufbau einer partnerschaftlichen Beziehung (Linderkamp et al. 2011, 48, sowie für das Folgende 51 ff). Zu Beginn wird den Jugendlichen vermittelt, was Inhalte und Ziele des Trainingsprogramms sein und welche verschiedenen Rollen und Zuständigkeiten sich hieraus für beide Parteien ergeben werden. Dabei soll deutlich werden, dass der Trainer unterstützend zur Seite steht und gleichzeitig eine hohe Selbstverantwortlichkeit gefordert wird. Im Rahmen des gemeinsamen Dialogs erhält der Jugendliche die Möglichkeit, eigene Wünsche und Ziele zu formulieren, die ihm helfen könnten, Trainingserfolge zu erzielen. Nachdem man sich auf die Rollenverteilung geeinigt hat, wird mit dem Jugendlichen ein Trainingsvertrag abgeschlossen, in dem sich der Jugendliche zum einen zur Teilnahme, Pünktlichkeit und zum Engagement verpflichtet. Zum anderen erfolgt eine inhaltliche Festlegung auf das Bearbeiten von (Schul-)Aufgaben »mit dem Ziel das ›Lernen zu lernen‹« (ebd., 65). Der Trainingsvertrag wird sowohl vom Jugendlichen als auch vom Trainer unterzeichnet (ebd.). Im weiteren Verlauf wird ein psychoedukativer Schwerpunkt gesetzt. Durch eine modellierende Gesprächsführung des Trainers soll der Jugendliche (stets) dazu angeregt werden, eigenständig auf Erkenntnisse und Einsichten zu kommen (ebd. 2011, 48 ff). Mit dem Einsatz von offenen Fragen und Paraphrasierungen soll sie oder er selbst »von einer kategorialen Störungsvorstellung hin zu einem handhabbaren multifaktoriellen Bedingungsmodell« gelangen (ebd., 55) und dadurch seine individuelle Problemlage differenzierter verstehen und betrachten können. Um das Wissen des Jugendlichen zu den Themen AD(H)S und Lernen zu erhöhen, wird Psychoedukation mithilfe eines Brainstormings umgesetzt (ebd., 68, 72). Die Jugendlichen werden dazu aufgefordert, eigene Assoziationen auf Karteikärtchen zu schreiben, die sie zu den Begriffen AD(H)S und Lernen haben. Im Rahmen dieser Sammlung fragt der Trainer die Jugendlichen, ob und inwieweit ihre Einfälle auf sie und ihre persönliche Problemlage zutreffen (ebd.). Wichtige Erkenntnisse, die in Bezug auf den Aspekt ADHS erzielt werden sollen, sind die Folgenden:

- »ADHS hat nichts mit mangelnder Intelligenz oder Minderbegabung zu tun.
- Man kann nichts dafür, dass man ADHS hat, aber man ist dafür verantwortlich, wie man damit umgeht.
- ADHS lässt sich nicht ›wegmachen‹ wie eine Erkältung oder ein Beinbruch, aber man kann lernen, damit umzugehen [...].
- Es gibt auch positive Seiten an einer ADHS und Betroffene, die gut damit klarkommen.«
(Linderkamp et al. 2011, 70)

Analog fokussiert der Trainer auch zentrale Sichtweisen auf Lernen:

- »Bei Lernschwierigkeiten handelt es sich um einen Lernrückstand spezifischer kognitiver Fertigkeiten und *nicht* um unveränderbare Dispositionen. Der Trainer vermittelt dem Jugendlichen im Training die geeigneten Lernstrategien (›Lerntricks‹).
- Diese Fertigkeiten können durch zielgerichtetes Üben des Jugendlichen aufgebaut werden.
- Es gibt immer auch Kompetenzen (›Stärken‹), die für erfolgreiches Lernen wichtig sind (z. B. Grundintelligenz, Motivation u. v. m.«
(ebd., 72)

Die Sitzungen 5 bis 13 widmen sich dem systematischen Lösen bzw. Bearbeiten von Aufgaben. Dabei soll die Folge von sechs Schritten im Training eingehalten werden:

1. »Aufgabenstellung verstehen,
2. Vorwissen aktivieren,
3. einen Plan machen,
4. sorgfältig vorgehen,
5. überprüfen,
6. sich selbst belohnen/loben.«
   (ebd., 55)

Für das Erlernen und Realisieren dieser systematischen Aufgabenbearbeitung werden Signalkarten eingesetzt, welche individuell mit Text und Symbolen von den Jugendlichen gestaltet werden können (ebd.). Bevor Jugendliche diese systematische und strukturierte Herangehensweise erproben, soll zunächst der Trainer als Modell fungieren und das Vorgehen bei Einsatz von Verbalisierungen bzw. Selbstinstruktionen und der Heranziehung der Signalkarten demonstrieren (ebd., 56). Als Aufgaben und damit als Trainingsmaterial werden in Abstimmung mit der zuständigen Lehrkraft Schulaufgaben des Jugendlichen herangezogen. Um diese systematische Aufgabenbearbeitung beim Jugendlichen aufzubauen, setzt der Trainer bei gelungenen Teilschritten kontinuierlich positive soziale Verstärkungen ein (ebd.). In diesem Zusammenhang wird gemeinsam nach Lerntechniken und Strategien gesucht, die »aus dem Erfahrungsschatz des Jugendlichen wie auch aus den Vorlagen des Trainers gewonnen« (ebd., 49) werden können. Bei der Einübung dieser Techniken (»explicit practice«) wird der Jugendliche durch direkte Instruktionen und Strategieinstruktionen konkret angeleitet (ebd.).

In den Sitzungen 14 und 15 steht der Aspekt der Lernorganisation im Vordergrund (ebd., 56). Im Rahmen eines gemeinsamen Gesprächs wird mit dem Jugendlichen erörtert, wie a) seine Lernumgebung möglichst gestaltet und beschaffen sein sollte und b) welche unterstützenden Maßnahmen notwendig sind, damit er produktiv

5.6 Das Lerntraining LeJA

lernen kann. Seitens des Trainers gilt es darauf zu achten, dass die Jugendlichen neben dem Arbeitsplatz vor allem die Lernzeiten und die Terminplanung (besser) strukturieren sollten (Linderkamp et al. 2011, 56). Die Lernorganisation soll durch Rituale verbessert und eingeübt werden, beispielsweise in Form von bestimmten Leitsätzen wie dem folgenden: »(1) Selbe Zeit und selber Ort, – (2) Helles Licht und frische Luft, – (3) Der Tisch ist leer – dann drauf, was drauf muss« (ebd., 56). Die letzten Sitzungen 16–20 sind als abschließendes Coaching zu verstehen, wobei sowohl Probleme als auch Ziele des Jugendlichen thematisiert werden (ebd., 100 ff). Mögliche Themen und Entwicklungsaufgaben, die insbesondere für das soziale Lernen von Bedeutung sind und im Rahmen der Sitzungen 16 und 17 zur Sprache kommen können, wären a) der Aufbau von Freundschaften, b) der Umgang mit Ärger bzw. c) mit Frustrationen, d) Angst und Stress sowie e) Regeln der Kommunikation (ebd., 103 f). Darüber hinaus bieten die Sitzungen 18 und 19 die Möglichkeit, auf die Entwicklungsbereiche Ausbildung und Beruf vorzubereiten (ebd., 104 ff). Der Jugendliche wird dazu angeregt, über seine individuellen berufsbezogenen Voraussetzungen (berufsbezogene Stärken und Interessen) zu reflektieren und auf dieser Basis ein Berufseignungsprofil zu erstellen (ebd., 105 f). Anschließend erarbeiten Jugendlicher und Trainer gemeinsam Anforderungsprofile für bestimmte Berufe, die eine individuelle Relevanz für den Jugendlichen aufweisen. Das Eigenschaftsprofil des Jugendlichen wird nun mit dem beruflichen Anforderungsprofil verglichen und auf seine jeweilige Passung hin analysiert (ebd., 108). Anhand dieses Vergleichs wird mit dem Jugendlichen reflektiert, welche einzelnen Schritte nötig sind, um die berufliche Perspektive verbessern und weiterentwickeln zu können. In der 20. und letzten Sitzung erfolgt eine abschließende Reflexion der Inhalte des Trainings sowie ein detailliertes Feedback des Trainers an den Jugendlichen, in dem insbesondere dessen erworbene Fähigkeiten sowie die positiven Eigenschaften und Verhaltensweisen gespiegelt werden (ebd., 110 f). Zudem werden die zukünftige Perspektive des Jugendlichen und seine individuellen Pläne besprochen und ggf. weitere Termine zur Nachsorge vereinbart. Im Rahmen eines abschließenden Gesprächs mit den Eltern erhält der Jugendliche vom Trainer ein Zertifikat über die erfolgreiche Teilnahme (ebd.).

Das Lerntraining LeJA wurde im Rahmen einer Dissertation von Schramm (2013) mit 113 Jugendlichen evaluiert. Hier erwies sich die Wirksamkeit dieses Trainingskonzepts als hoch. So konnte eine stabile und nachhaltige Verbesserung hinsichtlich der Kernsymptomatik von AD(H)S, des Lern- und Arbeitsverhaltens sowie im Hinblick auf externalisierende und internalisierende Verhaltensproblematiken gezeigt werden (Schramm 2013, 268). Knapp 90 % der Jugendlichen, die an der Studie und am LeJA teilnahmen, gaben zudem an, dass sie sich nach Ende des Trainings besser fühlten als davor (Schramm 2013, 270). Allerdings dürften weitere Evaluationen notwendig sein, um die Effekte des Trainings in Breite und Tiefe auszuloten.

5.7 Fazit

Der Einsatz von Förderprogrammen und Trainings wie die hier vorgestellten kann bestimmte Vorteile haben und sich damit anbieten:

- Die Programme basieren in der Regel auf einem dezidierten theoretischen Konzept – im Hinblick auf das Problemfeld, hier AD(H)S, sowie bezogen auf die Förderung selbst.
- Auf Basis dieser Theorieorientierung bieten die Programme eine gut durchdachte Systematik, die relevante Aspekte des Problemfelds wie etwa Aspekte der Aufmerksamkeit, Konzentration, Hyperaktivität und Impulsivität ebenso berücksichtigt wie wichtige Ansatzpunkte und Möglichkeiten einer pädagogisch-therapeutischen Förderung.

- Häufig sind die Programme im Hinblick auf ihre kurz-, mittel- und langfristigen Effekte evaluiert worden.

Auf der anderen Seite bestehen einige ernst zu nehmende Kritikpunkte und Bedenken (vgl. auch allgemeiner Stein 2015, 243 f):

- Strukturierte Programme im Kontext Verhaltensstörungen suggerieren, dass etwas so Vielschichtiges und Komplexes wie Erziehung »machbar« sei, indem man durch bestimmte Maßnahmen scheinbar sicher bestimmte Effekte erziehen könne. Hier könnte der Eindruck entstehen, AD(H)S, ein Phänomen, welches gerade in Erziehungskontexten auftritt, »beheben« oder »neutralisieren« zu können.
- In diesem Zusammenhang kann der Einsatz solcher Programme auch den Eindruck erwecken, das damit angezielte Problemfeld sei nun durch den Einsatz des Trainings »erledigt«, was bei komplexen Phänomenen wie AD(H)S keinesfalls möglich sein wird.
- Programme und Trainings werden oft pauschal eingesetzt. Die Qualität der Förderung ergibt sich allerdings aus der Zielgerichtetheit. Soweit Programme stark auf eine differenzierte individuelle Diagnostik setzen, werden sie diesem Qualitätskriterium gerecht – bei wenig differenziertem Einsatz, der in der Praxis verbreitet ist, kann ihre Wirkung verpuffen oder sich der Einsatz gar als kontraproduktiv erweisen.
- Der Anspruch an eine kritische empirische Erprobung der Wirksamkeit eines Programms und seiner Teilkomponenten muss auch eingelöst werden. Nach wie vor sind viele Programme allenfalls durch die Programmentwickler selbst evaluiert worden; solchen Evaluationen muss mit großer Zurückhaltung und Skepsis begegnet werden. Vonnöten sind dezidierte, kontrollgruppengestützte, methodisch saubere und an größeren Stichproben erfolgende Evaluationen »von außen«, sprich durch andere als die Programmautoren.
- Trainings zu AD(H)S sind, dem allgemeinen Trend folgend, stark kognitiv-behavioral ausgerichtet, unter anderem, weil diese beiden

Komponenten relativ leicht mess- bzw. evaluierbar sind. Andere wichtige Aspekte eines komplexen Phänomens wie AD(H)S, insbesondere emotionale oder moralische, bleiben dabei außen vor. Sie werden damit auch nicht oder kaum in die Förderung mit einbezogen. Hier müssten Weiterentwicklungen ansetzen, und diese Beschränkungen sind bei Einsätzen der Programme in der Praxis zu bedenken.

Eine Nutzung von Programmen, die im vollen Bewusstsein dieser »Pros« und »Kontras« erfolgt, kann durchaus *eine hilfreiche Komponente* zur Förderung von Kindern und Jugendlichen mit Aufmerksamkeits- und Hyperaktivitätsproblemen darstellen.

6

Pädagogische Ansatzpunkte und Handlungsmöglichkeiten bei AD(H)S

»ADHS-Kinder sind erziehungsresistent!« (Skrodzki 2009, 169). Diese Aussage eines ausgewiesenen Experten zum Thema AD(H)S könnte den Eindruck erwecken, ein pädagogischer Zugang zu dieser Gruppe sei fast unmöglich, evtl. ineffektiv und nur von geringem Erfolg gekrönt – und damit wenig(er) bedeutsam.

Zweifellos besteht bei Eltern und pädagogischen Fachkräften ein erhöhtes Interesse, spezifische Möglichkeiten für die Erziehung und Unterrichtung von Kindern und Jugendlichen mit AD(H)S kennenzulernen und umzusetzen. Häufig wird in der Fachliteratur auf den Einsatz einer medikamentösen Behandlung als der »effektivsten Therapieform bei ADHS« (Drüe 2007, 181) verwiesen. Innerhalb der letzten Jahre mehrten sich jedoch auch Beiträge, in denen die medikamentöse Therapie und deren Bedeutung bei Kindern und Jugendlichen mit AD(H)S kritisch bewertet wird (Ahrbeck 2007a; Amft et al. 2004; Heinemann & Hopf 2006; Haubl et al. 2010; Leuzinger-Bohleber 2009; Stiehler 2007). Vielfach wird der (Sonder-)Pädagogik keine maßgebende, sondern eher eine hilfestellende, modifizierende Rolle beim Umgang mit Kindern und Jugendlichen mit AD(H)S zugewiesen. So wird bei Schülern mit AD(H)S »die Mithilfe bei der ärztlichen Diagnose« als »wichtigste« Aufgabe pädagogischen Fachpersonals bezeichnet (Schäfer & Gerber 2007, 116).

Dabei stellt sich die Frage der Kooperation. Sie wäre ein eigenes Kapitel wert, aber hier wird darauf verzichtet, denn es ist im Grund eine Art ›Allgemeinplatz‹: Die Qualität der Förderung von Kindern und Jugendlichen steht und fällt mit einer möglichst guten, effektiven Zusammenarbeit verschiedener mit dem Problemfeld, hier AD(H)S, befassten Professionen – bei Miteinbezug der Eltern (▸ Kap. 6.6). Für alle Formen von Auffälligkeiten des Verhaltens und Erlebens im Kindes- und Jugendalter – Aggressivität und Gewalt, Ängstlichkeit und Angststörungen, Depressivität, Suizidalität oder eben auch AD(H)S – gilt, dass in der Regel verschiedene Professionen, Institutionen und ›Systeme‹ involviert sind: Beratungsstellen, Schulen, Tagesstätten, Heime, therapeutische Praxen, Kliniken und Ambulanzen – und damit Psychologen, Sozialpädagogen, Lehrkräfte, Sonderpädagogen, Psychotherapeuten und andere therapeutische Berufe, Allgemeinärzte, Kinder- und Jugendpsychiater und weitere. Im Falle des Phänomens AD(H)S hat die bisherige Darstellung des Forschungsstandes und der Realisierungsformen von Förderung deutlich gezeigt, dass hier insbesondere Kinder- und Jugendpsychiatrie sowie Psychotherapie und Psychologie im Fokus stehen – und Pädagogik sowie Sonderpädagogik eher am Rande. Dringend vonnöten wären ein intensivierter Informationsaustausch, die Weiterentwicklung *wirklich gemeinsamer* Bemühungen um Förderung und die Arbeit an Kooperationsstrukturen zur Realisierung gut abgestimmter Maßnahmen. All dies basiert allerdings auf gegenseitiger

Wertschätzung der beteiligten Professionen und auf Zugängen zu den je eigenen Sichtweisen und Sprachen.

Obwohl Beobachtungen und Hinweise aus (sonder-)pädagogischen Handlungsfeldern essentielle Voraussetzungen für den bedeutsamen Austausch mit anderen Professionellen sind, so etwa mit Kinder- und Jugendlichenpsychotherapeuten, liegen die spezifischen (alltäglichen) Hauptaufgaben von pädagogischen Fachkräften und Eltern primär in einem anderen, im eigenen Feld, dem der Erziehung und ggf. Unterrichtung von Kindern und Jugendlichen. Die Analyse des Forschungsstandes und der Konzeptentwicklung in den vorangegangenen Kapiteln zeigt, dass zu Fragen der Erziehung nicht allzu viele Ausarbeitungen vorliegen. Diese sollen hier berücksichtigt, aber durch weiterführende Überlegungen ergänzt und angereichert werden. Die im Folgenden dargestellten und erörterten pädagogischen Ansatzpunkte und Handlungsmöglichkeiten bei Kindern und Jugendlichen mit AD(H)S fokussieren auf die Gestaltung von Situationen, die Arbeit an und mit den Kindern und Jugendlichen, die Weiterentwicklung professioneller Kompetenz bei den Pädagogen sowie die Arbeit mit den Eltern. Ein besonderer Schwerpunkt wird auf Fragen des Lehrens und Lernens mit Schülern mit AD(H)S liegen, wobei damit auch außerschulische institutionalisierte Lernprozesse gemeint sind.

Die Gedankenführung dieses Kapitels orientiert sich an der in Kapitel 3.6 entworfenen und eingenommenen interaktionistischen Sicht von AD(H)S als eines Phänomenkomplexes von Problemen bzw. Auffälligkeiten der Aufmerksamkeit, der Hyperaktivität und der Impulsivität, die als Störungen im Person-Umfeld-Bezug zu sehen sind. Damit rücken neben Aspekten der Personen, der Kinder und Jugendlichen, auch Aspekte der Situation, der Wahrnehmung von außen sowie der wechselseitigen Interaktionen in den Blick. Aus all diesen Aspekten und Perspektiven heraus können Möglichkeiten einer pädagogischen Förderung entwickelt werden.

Bevor verschiedene spezifische pädagogische und auch didaktische Ansatzpunkte, Maßnahmen und Vorschläge erörtert werden, die hilfreich sein können, um mit Kindern und Jugendlichen mit AD(H)S möglichst kompetent und professionell zu arbeiten, soll an dieser Stelle ein grundlegend maßgeblicher Aspekt angesprochen werden, der das Fundament jeglicher elterlicher Erziehung und pädagogischer Professionalität darstellt und auch nicht durch Hilfestellungen aus dem Medizinsystem ersetzt werden kann: die Frage einer pädagogischen Haltung gegenüber auffälligen Kindern und Jugendlichen, wie eben jene mit AD(H)S – und die damit verbundene Beziehung zwischen Erziehungsperson und Kind bzw. Jugendlichen.

6.1 Haltung

Die Bedeutung einer pädagogischen Haltung ergibt sich nicht nur für den häuslichen, sondern auch für den schulischen Kontext, wie Brophy (1996) anhand von empirischen Studienergebnissen zeigen konnte. Demnach sind eine vorurteilsfreie Begegnung sowie ein positives und beziehungsförderndes (Kommunikations-)Verhalten der Lehrkraft mit ihren Schülern effektiver als die Entscheidung für eine bestimmte Methodik oder ein Behandlungsverfahren. Diese Erkenntnis ist keinesfalls neu, setzt sie doch an den grundlegenden Erziehungsgedanken von Moor (1965) und dessen Ansicht über die Wirksamkeit von Erziehungsmitteln an: »Wichtiger als das, *was* wir tun, ist in der Erziehung die Art und Weise, *wie* wir es tun; und nochmals wichtiger als dies ist, wie wir *sind*« (Moor 1965, 363).

Betrachtet man die Diskussion, auch die pädagogische, über Kinder und Jugendliche mit AD(H)S, wie sie in den vorangegangenen Kapiteln dargestellt wurde, kritisch, so muss man feststellen, dass das auffällige Verhalten dieser Personengruppe zumeist in relativ einseitiger Form (allein) auf personale (neurobiologische, genetische) Ursachenfaktoren zurückgeführt wird, woraus für den Umgang in der Praxis insbesondere eine medikamentöse Behandlung und/oder verhaltenstherapeutische Intervention resultieren. Dies liegt möglicherweise auch daran, dass durch Aspekte wie Haltung oder Erziehung in der Regel nicht die rasche Wirkung im Sinne einer positiven Verhaltensänderung bei den Kindern bzw. Jugendlichen erwächst und zu beobachten ist, wie es mittels einer gezielten medikamentösen Einnahme oder einer punktuellen Verhaltenstherapie der Fall zu sein scheint. Des Weiteren sind die selbstreflexiven Fragen nach der eigenen Haltung mit erhöhtem Aufwand für Erziehungspersonen selbst verbunden und verlangen ein hohes Maß an »Selbstkritik, Geduld, Konsequenz und Zeit« (Stiehler 2007, 101).

Grundsätzliche Aspekte einer pädagogisch-professionellen Haltung lassen sich nach Rogers (1957) bestimmen, dessen Ansatz nichtdirektiver Psychotherapie und Beratung auch für pädagogische Handlungsfelder über die letzten Jahrzehnte große Bedeutung gewonnen hat – und dessen drei zentralen Variablen auch eine besondere Relevanz für eine Haltung im Hinblick auf AD(H)S zukommt:

- Akzeptanz
- Empathie
- Kongruenz (Echtheit)

Unter *Akzeptanz* versteht Rogers (1957, 98) eine Haltung, eine andere Person in ihrer Ganzheit zu achten und diese Anerkennung nicht an gewisse Bedingungen zu koppeln, wie z. B. »I like you only if you are thus and so« (ebd.). Tausch und Tausch (1998, 130) bezeichnen diese Variable auch als »Achtung-Wärme in einer nicht an Bedingungen gebundenen Form«. Sie verstehen darunter die Achtung und Anteilnahme des Pädagogen an der gesamten Person des Kindes bzw. Jugendlichen. Das bedeutet, dass der Erwachsene nicht einzelne Gefühle duldet, während er anderen mit Missachtung entgegentritt. Alle Gefühle der Kinder werden akzeptiert, unabhängig davon, ob man diese immer und vollständig nachvollziehen kann oder nicht. Die Variable ›Akzeptanz‹ darf an dieser Stelle jedoch keinesfalls missverstanden werden. Unter Akzeptanz ist nicht die Haltung gemeint, dass Eltern und Lehrkräfte AD(H)S-typische Verhaltensweisen von Kindern und Jugendlichen erdulden und Reaktionen mit negativen Konsequenzen, wie z. B. Bestrafungen, unterlassen werden müssen. Vielmehr drückt sich Akzeptanz dadurch aus, auch in Situationen, in denen unerwünschte Verhaltensweisen wie Aufmerksamkeits- und Hyperaktivitätsprobleme von Kindern oder Jugendlichen gezeigt werden, ein wertschätzendes Verständnis für und eine Achtung vor dessen Persönlichkeit und Emotionen aufzubringen, da eben auch diese normabweichenden Verhaltensmuster ein Teil der Person des Kindes sein können und dürfen. Gerade bei Kindern mit AD(H)S, die ein erhöhtes Störpotenzial und negative Reaktionen der Umwelt hervorrufen, ist die hier kurz skizzierte Trennung zwischen ›Person‹ und ›Verhalten‹ besonders bedeutsam. Speziell für diese Gruppe von Kindern und Jugendlichen scheint es für Autoritätspersonen sehr wichtig zu sein, bei allen vielleicht notwendigen ›Maßregelungen‹ in Bezug auf unerwünschtes AD(H)S-typisches Verhalten eine wertschätzende Haltung und Kommunikation nie aus den Augen zu verlieren; nicht zuletzt deshalb, da sich Schüler mit AD(H)S in bestimmten Situationen zwar durchaus um normgerechtes Verhalten bemühen, aber aufgrund von vorhandenen Rahmenbedingungen oder eigenen Fähigkeiten scheitern (Neuhaus et al. 2009, 133).

Eine weitere Variable nach Rogers (1957, 99) ist die *Empathie*. Hierunter versteht er die Fähigkeit, sich in die innere Welt der anderen Person hineinversetzen zu können »as if it were your own, but without ever losing the ›as if‹ quality« (ebd.). Tausch und Tausch (1998, 179) verstehen unter dieser Komponente »ein sensibles, einfühlendes, vorurteilsfreies, nicht-wertendes und genaues Hören der inneren Welt des anderen« (ebd.). Durch dieses sensible Hinhören und Verstehen erleben Kinder bzw. Jugendliche den Erwachsenen als eine Person, die sie akzeptiert und ihnen geduldig gegenübertritt. Das Kind, das sich in seinen Gefühlen und Einstellungen durch diese Haltung des Pädagogen nicht alleingelassen fühlt, wird hierdurch in seinem Bemühen gefördert, sich selbst zu verstehen. Tausch und Tausch (1998, 180) bemerken, dass das einfühlende Verstehen kein Diagnostizieren, Interpretieren oder Bewerten der Welt des Kindes beinhaltet. Es bedeutet vielmehr das urteilsfreie Bemühen, sich in die

Erlebniswelt einzufühlen und hineinzuversetzen. Ähnlich wie bei Akzeptanz kann durch eine empathische Haltung ein wichtiger Beitrag geleistet werden, die häufig aufkommenden Gefühle des »Andersseins« (Imhof et al. 2007, 26) für Schüler mit AD(H)S besser bewältigbar zu machen. Viele Autoren gehen von einem erhöhten subjektiven Leidensdruck von Kindern mit AD(H)S im Hinblick auf ihre Aufmerksamkeits- und Hyperaktivitätsprobleme aus. Vor diesem Hintergrund scheint vor allem für diese Kinder ein empathischer Erwachsener, der sich in deren Gefühlswelt hineindenkt und an sie glaubt, anstatt sie zu verurteilen, besonders bedeutsam zu sein (Neuhaus et al. 2009, 128).

Unter *Echtheit* oder Kongruenz versteht Rogers (1957) die Fähigkeit des Therapeuten bzw. pädagogischen Professionellen, sich selbst darzustellen, wie er ›leibhaftig‹ ist. Er nimmt seine eigenen Gefühle und Einstellungen wahr und zeigt diese nach außen hin. Nach Tausch und Tausch (1998, 214) bedeutet Echtheit, dass »Äußerungen, Verhalten, Maßnahmen, Gestik und Mimik einer Person [...] mit ihrem inneren Erleben, ihrem Fühlen und Denken« übereinstimmen. Das bedeutet, dass sich die Person nicht verstellt oder hinter einer Maske versteckt.

Dadurch ist der Pädagoge für Kinder und Jugendliche in seinem Handeln und Denken transparent. Hierunter ist allerdings nicht ein »unreflektiertes, gefühlsbestimmtes Ausleben« gemeint (Hillenbrand 2008, 139). Das Kind bzw. der Jugendliche soll vielmehr einen Einblick in die Gefühle und Gedanken des Erwachsenen erhalten, um Situationen besser und mehrperspektivisch einschätzen zu können. Eine authentische Haltung und Kommunikation könnte gerade Kindern und Jugendlichen mit AD(H)S im Unterricht in zweierlei Hinsicht zugutekommen: Einerseits werden Kinder mit AD(H)S dadurch beschrieben, dass ihnen die Folgen bzw. die Wirkungen ihres Tuns häufig nicht ausreichend bewusst sind. Andererseits werden solche Kinder in ihrer Kommunikation, insbesondere aufgrund von impulsiven Äußerungen, oft als sehr offen und ehrlich erlebt, sodass auch einmal spontane und humorvolle Kommentare in die gemeinsame Kommunikation mit einfließen und die Beziehungsqualität zwischen Pädagoge und Kind, Lehrkraft und Schüler positiv beeinflussen können (Lauth & Naumann 2009, 7).

Über den bedeutsamen Aspekt der Haltung hinaus zeigen die Ergebnisse einer Studie von Weiß et al. (2013) allerdings auch, dass vor allem für die Erziehung und den Unterricht bei verhaltensauffälligen Schülern eine eigene, spezifische Handlungskompetenz erforderlich ist, um in verschiedenen herausfordernden Situationen aktions- und reaktionsfähig zu sein. Dies wird in Kapitel 6.4 näher erörtert.

6.2 Gestaltung von Situationen

Nachdem in diesem Buch insbesondere Hilfestellungen für professionelle pädagogische Handlungsfelder geboten werden sollen, stehen schulische Situationen im zentralen Fokus der folgenden Ausführungen, denn an diesen können Möglichkeiten der pädagogischen Gestaltung besonders klar deutlich gemacht werden. Viele der angesprochenen Möglichkeiten lassen sich jedoch im Sinne einer »Förderung durch Gestaltung pädagogisch-professioneller Situationen« insgesamt verstehen. Darüber hinaus sollen daraus auch Schlussfolgerungen für familiäre, häusliche Situationen gezogen werden, die einen zweiten ›Brennpunkt‹ des Problemfeldes ausmachen.

In der aktuellen Diskussion finden sich in verschiedenen Quellen Überlegungen zum Unterricht bei Schülern mit AD(H)S, die inhaltlich nahezu deckungsgleich sind. So stellen beispielsweise Regler et al. (2010, 21) fest, dass in heutigen Schulklassen »nicht nur ein Kind, sondern gleich mehrere betroffen sind, die nicht das Reden aufhören, nicht auf ihrem Platz sitzen bleiben können, die den Nachbarn ablenken und den Lehrer zur Verzweiflung bringen«. Neuhaus (2009, 200) vertritt den Standpunkt: »Die Struktur von Schule und Unterricht steht im Grunde konträr zu den Bedürfnissen von Kindern mit AD(H)S – deshalb sind Probleme vorprogrammiert.«

Es lassen sich drei große Problemfelder im Unterricht bei Schülern mit AD(H)S herausarbeiten:

- Erstens empfinden Lehrkräfte die auffälligen Verhaltensweisen als besonders störend, da das Unterrichtsgeschehen sowie ihr eigenes didaktisches Handeln negativ beeinflusst werden.
- Zweitens reichen offenbar allgemeine unterrichtliche Planungs- und Gestaltungsschritte nicht aus, um diesen Schülern angemessen begegnen zu können.
- Drittens führt die teilweise geringe spezifische Kompetenz der Lehrerinnen und Lehrer im Umgang mit dem Störverhalten zu emotionaler Belastung und Unzufriedenheit.

6.2.1 Der Ausgangspunkt: ›klassische‹ Unterrichtskonzepte zu AD(H)S

Bereits im Jahr 1961 entwickelte eine Forschergruppe um Cruickshank ein erstes umfassendes didaktisches Konzept für den Unterricht bei ›hirngeschädigten und hyperaktiven Kindern‹ (Neukäter & Goetze 1978, 17). Die Annahme einer Hirnschädigung weist darauf hin, dass dieses Programm auf einer genuin medizinischen Erklärungsperspektive von Verhaltensstörungen basiert. Im Jahr 1981 legte Cruickshank (1981) sein Unterrichtskonzept in Deutschland in leicht veränderter Form vor. Im Unterschied zur ersten Auflage des Buches spricht er nicht mehr von ›Hirnschädigung‹, sondern von ›Lernstörungen‹, wenngleich aus Sicht des Autors »beide Termini, praktisch und funktional, synonym« (ebd., 2) zu verstehen seien. Aus Perspektive heutiger Begriffe und Konzepte hat Cruickshank (1981) ein Unterrichtskonzept für Schüler mit AD(H)S entwickelt.

Das Konzept geht von verschiedenen spezifischen Defiziten auf Seiten der Kinder aus, die in hohem Ausmaß und überdauernd vorhanden seien – und spricht sich daher gegen eine Beschulung an einer Regelschule aus (ebd., 107). Die Bedürfnisse dieser »lern- und wahrnehmungsgestörten« (ebd.) Schülerinnen und Schüler seien »fast entgegengesetzt« (ebd.) zu denjenigen »normale[r] Kinder« (ebd.). Auch wenn dies zunächst unzeitgemäß klingen mag, so scheint sich letztlich diese Bewertung, wie das angeführte Zitat von Neuhaus (2009) zu Beginn von Kapitel 6.2 zum Ausdruck bringt, bis zum heutigen Tag nur wenig verändert zu haben. Unterrichtsgestaltung wird häufig so gesehen, dass sie unmittelbar an den Schwächen dieser Kinder ansetzen und diesen »entgegenkommen« sollte, damit die Kinder schulische Lernerfolge erfahren können. Fünf Elemente der Unterrichtsgestaltung, die Cruickshank (1981, 107 ff) nennt, um solche Zielvorgaben umzusetzen, lassen sich in drei wesentliche Gestaltungsbereiche einteilen (Stein & Stein 2014, 147 f):

- »Reduzierung der Umweltreize« sowie »Reduzierung des Raumes« (Cruickshank 1981, 107 ff) zielen darauf ab, die unterrichtliche Umgebung so zu gestalten, dass von ihr möglichst wenig Ablenkung und viel Struktur ausgeht und sie klare Begrenzungen vorsieht. Um der sensorischen Hyperaktivität entgegenzuwirken, bedarf es einer reizarmen Ausstattung des Klassenzimmers.
- Es sind eine sehr enge und starke Struktur der Lernangebote sowie ein eindeutiges Regelsystem vorgesehen: »In der Klasse für lern- und wahrnehmungsgestörte Kinder sollte nichts dem Zufall überlassen werden« (ebd., 133). Dabei werden die Auf- und Vorgaben ausschließlich von Lehrerinnen- und Lehrer-Seite festgesetzt, was dazu führt, dass »keine Wahl- und Entscheidungsfreiheit für die Kinder besteht« (Neukäter & Goetze 1978, 19). Das sei notwendig, da diese Lernenden aufgrund ihrer Perseveration von sich aus nicht in der Lage seien, problemlos von einer Tätigkeit zur anderen zu wechseln sowie eigene Entscheidungen zu treffen (Cruickshank 1981, 134). Sie benötigten außerdem klar voneinander unterscheidbare Aufgaben (ebd., 133 f). Für den Unterricht wird ein regelhaft wiederkehrender Ablauf vorgeschlagen.
- Auch der dritte Bereich, die Gestaltung von Aufgaben und Materialien, orientiert sich an den mangelnden Voraussetzungen der Schüler. »Es ist wichtig, dass alle Unterlagen in Bezug zu den

Unfähigkeiten stehen, die die Kinder aufweisen« (ebd., 159). Angesichts der Figur-Grund-Störung sowie der kurzen Aufmerksamkeitsspanne plädiert Cruickshank (1981) dafür, nur eine Aufgabe pro Aufgabenblatt zu stellen und die Aufgabenstellung möglichst knapp zu formulieren. Für die Lehrkraft gilt es bei der Unterrichtsplanung eine Reihe von Aufgaben zu konzipieren, da die Aufgabenbearbeitung in der Regel nicht länger als die Aufmerksamkeitsspanne von zwei Minuten betragen sollte (ebd., 157). Die Tatsache, dass die Kinder zwar vielen Dingen ihre Aufmerksamkeit zuwenden können, jedoch nicht in der Lage sind, sich auf das zu konzentrieren, was gerade relevant und gefordert wird, veranlasst Cruickshank (1981, 167) dazu, den »Reizwert der Lehrmaterialien« (Neukäter & Goetze 1978, 20) anzureichern. Cruickshank (1981, 167) schlägt vor, wichtige Aufgabeninhalte farblich, durch Größe und Form hervorzuheben oder zu unterstreichen.

Neben Cruickshank (1981) gibt es noch weitere Forscher, die in der Folgezeit Unterrichtskonzepte entworfen haben, denen heutzutage ein unmittelbarer Bezug zum Störungsbild AD(H)S beigemessen wird. Insbesondere sind hier Hewett (1968) bzw. Schumacher (1979), Zentall (1977) und Neukäter und Goetze (1978) zu nennen (siehe die Übersichten bei Stein & Stein 2014 sowie Hillenbrand 2003).

Gerade das Konzept von Cruickshank begegnete und begegnet einer Fülle von Kritik. Es ist defizitorientiert, versucht die Probleme der Kinder schlichtweg zugunsten eines kognitiven Lernens beiseite zu räumen, anstatt sie direkt anzugehen, neutralisiert emotionale und insbesondere auch soziale Aspekte des schulischen Lernens, seine empirische Bestätigung ist problematisch – diese Liste ließe sich noch fortsetzen. Warum wurde es dann doch hier dargestellt? Auch wenn Konzepte wie dieses »in seiner Gesamtheit veraltet« wirken (Myschker 2009, 208) und man sich leichttut, sie abzulehnen und sich von ihnen abzugrenzen, orientieren sich interessanterweise, wie im Folgenden aufgezeigt wird, Autoren aktueller Publikationen zu AD(H)S letztlich an wesentlichen Grundannahmen, wie sie auch bei Cruickshank zu finden sind.

Im Folgenden sollen zentrale Aspekte der Unterrichtsgestaltung im Hinblick auf Aufmerksamkeits- und Hyperaktivitätsproblematiken zusammengestellt werden; hier spielen die Vorschläge Cruickshanks, dem es ja durchaus auch um das Wohl der Kinder ging, eine teilweise etwas anders akzentuierte, aber aktuelle Rolle. Dabei finden sich in der Fachliteratur, aber auch auf Informationsportalen im Internet, eine große Fülle an Tipps, Checklisten, Techniken und speziellen Hilfen für die Gestaltung von Lernsituationen für Kinder und Jugendliche mit AD(H)S. In der Mehrzahl der Veröffentlichungen werden die pädagogisch-didaktischen Hinweise zumeist eher unzusammenhängend und ungeordnet aufgelistet (Aust-Claus & Hammer 2002, 218 ff; Holowenko 1999, 43 ff). Im Folgenden sollen diese Vorschläge für die Gestaltung von Lernsituationen bei Kindern und Jugendlichen mit AD(H)S aus der Literatur nach verschiedenen Prinzipien zusammengestellt werden (siehe auch Stein & Stein 2014, 81 ff). So soll eine zusammenfassende, übersichtliche und geordnete Darstellung der pädagogisch-didaktischen Maßnahmen entstehen. Dabei werden pädagogisch relevante Vorschläge aus der Literatur, thematisch systematisiert, zunächst vorgestellt, um sie anschließend einer kritischen Betrachtung zu unterziehen.

6.2.2 Strukturgebung

Strukturgebung meint, den Schülern feste und eindeutige Orientierungsmöglichkeiten zu geben, zugunsten des Erlebens von Sicherheit, Klarheit und Vorhersagbarkeit. Strukturen können sich auf Raum, Zeit, Lernmaterialien, Unterrichtsabläufe, Lernprozesse und sozialen Umgang beziehen. Wie sich im Folgenden zeigen wird, ist dieser Aspekt in vielen Publikationen ein zentraler Gedanke bzw. das »A und O« (Imhof et al. 2007, 29) für das Lehren und Lernen mit Kindern und Jugendlichen mit AD(H)S. Aus der systematischen Analyse der aktuellen Publikationen zur

Lerngestaltung bei Kindern und Jugendlichen mit AD(H)S heraus ergeben sich im Hinblick auf den Aspekt der Strukturgebung vier zentrale Bereiche, welche nachfolgend analog zur Abbildung 6 der Reihe nach dargestellt werden.

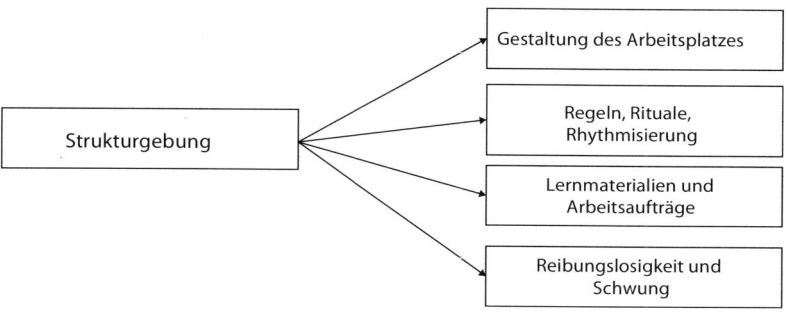

Abb. 6: Aspekte der Strukturgebung

Strukturierung des Arbeitsplatzes

Zentrales Ziel ist heute ähnlich wie bei Cruickshank, aber in gemäßigterer, abgewogener Form, die Reduzierung irrelevanter und möglicherweise störender Reize (Aust-Claus & Hammer 2002, 225; Heil et al. 2007, 18). Es sollten klare räumliche Orientierungshilfen geschaffen werden. Für die Gestaltung von Schulhäusern werden farbliche Einheitlichkeit auf allen Gängen sowie sogar Markierungen auf dem Fußboden empfohlen (ebd.), um das Aufstellen der Klasse vor dem Klassenraum zu strukturieren, wie z. B. beim gemeinsamen Unterrichtsgang zur Turnhalle. Cruickshank (1981) wies darauf hin, dass Kinder mit AD(H)S nicht nur auf visueller, sondern auch auf auditiver Ebene eine erhöhte Ablenkbarkeit aufwiesen. Insofern gälte es, auch unnötige Lärmquellen möglichst auszuschalten, was verschiedentlich empfohlen wird (vgl. Aust-Claus & Hammer 2002, 225; Schröder 2006, 62).

Es wird vorgeschlagen, Kinder mit AD(H)S in der Nähe der Lehrkraft und mittig im Klassenraum zu platzieren, um Fenster und

Türen als Ablenkungsmöglichkeiten auszuschalten (Aust-Claus & Hammer 2002, 225). Die Tische der Lernenden sollten so positioniert werden, dass diese frontal auf die Lehrkraft und die Tafel sehen können (Döpfner et al. 2000, 31). Ein Sitzplatz, von dem aus ein Kind »den Kopf drehen muss, um die Tafel zu sehen«, ist aus Sicht von Döpfner et al. (ebd.) gerade für die hier betrachteten Kinder ungünstig. Ein Sitzplatz in der Nähe der Lehrperson ermöglicht es, durch Körpernähe und andere nonverbale Signale relativ schnell und direkt Einfluss auf das Aufmerksamkeitsverhalten des Kindes nehmen zu können, ohne dabei den Unterrichtsfluss nachhaltig unterbrechen zu müssen (Heil et al. 2007, 19; http://www.AD(H)S.info, 2015). Allerdings gibt Fleischmann (2011) zu bedenken, dass der Sitzplatz eines Schülers mit AD(H)S in der ersten Reihe eine hohe Stressbelastung darstelle: »Nicht jeder kann ein AD(H)S-Kind jeden Tag durch alle Stunden hindurch immer direkt vor sich ertragen« (http://www.¬ bllv.de 2015). Aust-Claus und Hammer (2002, 225) bevorzugen für Schüler mit AD(H)S Einzeltische, weil damit Berührungen und Ablenkungen von Klassenkameraden verhindert werden, zu denen es bei Einsatz von Zweiertischen häufiger kommt. Krowatschek (2001, 113) berichtet davon, dass die Platzierung an Einzeltischen von Schülern mit AD(H)S nicht als Bestrafung empfunden, sondern positiv angenommen werde, da sie dort, nach eigener Aussage, besser Ordnung halten und arbeiten könnten. Döpfner et al. (2000, 31) plädieren hingegen dafür, ruhige Klassenkameraden neben die Lernenden mit AD(H)S zu setzen. Im Sinne des Modelllernens kann ein Sitznachbar als positives Vorbild für angemessenes Arbeitsverhalten fungieren (Schröder 2006, 62). Um Chaos und Ablenkungen zu vermeiden, erachten es Heil et al. (2007, 19) bei Zweiertischen mit einem Schüler mit AD(H)S jedoch als notwendig, eine optische Abgrenzung am Tisch anzubringen. Ein fester Arbeitsplatz und ein »leergeräumter Schreibtisch« (Born & Oehler 2003, 53) werden als wichtige Strukturhilfe für Kinder und Jugendliche mit AD(H)S gesehen. Schröder (2006, 62) empfiehlt Lehrkräften, eine Lernecke im hinteren Teil des Klassenzimmers einzurichten, die als Rückzugs- und Ruhezone genutzt werden könnte.

Als Zwischenfazit lässt sich feststellen, dass bei der Wahl des Sitzplatzes und der Gestaltung des Klassenraumes für Lernende mit AD(H)S offenbar verschiedene räumlich-strukturelle Einschränkungen als erforderlich angesehen werden, um visuelle Ablenkungen und Unordnung auf dem Arbeitsplatz zu vermeiden.

Hier wie an anderer Stelle ist natürlich und unbedingt eine Art Dialektik zu bedenken: Je mehr Kontrolle und Hinweise eingesetzt werden, umso eher gewöhnen und adaptieren sich die Schüler an solche Außenstrukturen und Hilfen und entwickeln unter Umständen umso größere Probleme, ohne diese auszukommen. Schüler an Einzeltischen können wohl kaum lernen, mit Tischnachbarn zurechtzukommen. Schüler, die permanent durch Lehrer Hinweise erhalten und kontrolliert werden, lernen nicht, sich selbst zu regulieren und ihre Aufmerksamkeit zu fokussieren. Insofern wäre, verfolgt man kein ausschließlich »genetisch-unveränderbares« Bild der Problematik, immer auch die sukzessive Zurücknahme der Hilfen mitzudenken, um den Kindern und Jugendlichen die Möglichkeit zu geben, sich weiterzuentwickeln und mit ihren Aufmerksamkeits- oder Hyperaktivitätsproblemen zunehmend selbst- und innengesteuert zurechtzukommen. Auch ist zu bedenken, ob nicht bei allem ehrenswerten Bemühen um Strukturierung Tendenzen einer »Überregulierung« festzustellen sind, etwa, wenn das Aufstellen von Klassen schon durch Bodensignale vorgegeben werden soll, wie weiter oben beispielhaft erwähnt. Eine komplette und unveränderte Adaptierung der Umgebung an die als mangelhaft eingeschätzten Voraussetzungen der Kinder mit Aufmerksamkeits- und Hyperaktivitätsproblemen wäre letztlich eine Sackgasse, und für Kinder ohne solche Probleme kann sie einengend wirken. Zurücknahmen von Maßnahmen der Außensteuerung können dabei auch als Wagnis eingesetzt werden, den Kindern (mit AD(H)S) etwas »zuzumuten« und zuzutrauen – ein Wagnis, das scheitern, aber auch die Kinder selbst voranbringen kann.

In Bezug auf die von der Mehrheit der Autoren geforderte reizarme Gestaltung für das Lehren und Lernen mit Kindern und Jugendlichen mit AD(H)S finden sich bei einer Übersicht über die verschiedenen

Publikationen hinweg nur vereinzelte kritische Stimmen; diese sollen hier aber zu Wort kommen. So äußern beispielsweise Freed und Parsons (2001, 197) erhebliche Zweifel, dass bei Kindern und Jugendlichen mit oder ohne AD(H)S eine monotone Farbgestaltung zum Wohlfühlen beiträgt. Freed und Parsons (ebd.) widersprechen einer reizarmen Gestaltung in vehementer Form und bezeichnen diese Empfehlung als »grundverkehrt« (ebd.): »In einer tristen Umgebung klinken sie sich aus und träumen vor sich hin« (Freed & Parsons 2001, 197). Die Autoren befürworten stattdessen in Anlehnung an Zentall (1977) eine anregende räumliche Lernumgebung. Der ideale Lernraum zeichnet sich aus Sicht dieser Autoren dadurch aus, dass den Kindern und Jugendlichen möglichst viele visuelle Reize geboten werden – z. B. in Form von bunten Bildern und Bastelarbeiten. Freed und Parsons (2001, 197) vertreten somit die in der Diskussion eher selten, aber vereinzelt auftretende Position, dass für Kinder und Jugendliche mit AD(H)S gerade ein interessant gestalteter und visuell stimulierender Arbeitsplatz günstig und ideale Voraussetzung für eine möglichst hohe Motivation sei. Möglicherweise stehen sich hier die Parameter der Reizkontrolle und Reizarmut einerseits und der Motivation und anregenden Umgebung andererseits gegenüber.

Zusammenfassend lässt sich im Hinblick auf die Mehrzahl der aktuellen Vorschläge in der Fachliteratur ein enger Zusammenhang zu den ersten beiden Elementen der Unterrichtsgestaltung von Cruickshank (1981, 107 ff), ›Reduzierung der Umweltreize‹ sowie ›Reduzierung des Raumes‹, feststellen. Hier ist letztlich nur wenig Veränderung gegenüber den Grundgedanken Cruickshanks (1981) erkennbar; die Vorschläge erscheinen allerdings in einem weniger radikalen Rahmen.

Strukturgebung durch Regeln, Rituale und Rhythmisierung

Das Vereinbaren von Regeln und Ritualen zielt darauf ab, Lernabläufe und den sozialen Umgang miteinander zu strukturieren. Regeln stiften Ordnung und Gerechtigkeit im Klassenzimmer, da sie die »Erwartungen an das Schülerverhalten klarstellen« (Nolting 2007,

50) und »nicht nur für Einzelne [...], sondern für alle Schüler/innen« gültig sind (ebd., 44). Rituale definiert Meyer (2004, 37) als »gleichförmige zeremonielle Handlungen, die durch ihre regelmäßige Wiederholung eine vom Lehrer und von den Schülern geteilte symbolische Bedeutung erhalten haben«.

Im Unterschied zu Cruickshank (1981), welcher das Aufstellen von Regeln als direktive Aufgabe von Pädagogen erachtet, vertreten Autoren aktueller AD(H)S-Beiträge mehrheitlich die Ansicht, Regeln und Rituale im Sinne des Meta-Unterrichts mit der ganzen Klasse abzusprechen (Imhof et al. 2007, 38). Bei der Formulierung von Regeln gilt es besonders darauf zu achten, dass die Regeln für die Lernenden einsichtig und durchschaubar sind und zwischen Erwachsenen und Schülern ein Konsens hergestellt wird, welche Verhaltensweisen angemessen und welche unangemessen sind (ebd.). Die miteinander, verständlich und nachvollziehbar formulierten Regeln sollten schriftlich festgehalten und sichtbar aufgehängt werden (Schröder 2006, 63). Lauth und Naumann (2009, 39) sprechen sich für »nicht mehr als sechs Regeln« für das Lehren und Lernen mit Kindern und Jugendlichen mit AD(H)S aus, um diese übersichtlich und erinnerbar zu halten.

Neben dem Einsatz von positiven und negativen Konsequenzen sollten Lehrkräfte des Weiteren ein Repertoire verschiedener vorab zu treffender Maßnahmen einsetzen, welche der Regeleinhaltung dienen. So können beispielsweise nonverbale Zeichen mit Kindern oder Jugendlichen vereinbart werden, die darauf hinweisen, dass von ihnen ein bestimmtes Verhalten erwünscht wird. Neben nonverbalen Vereinbarungen können Kinder und Jugendliche mit AD(H)S auch von Bildern wie einer Ampel, einer Gelb-Roten-Karte oder der 1-2-3-Regel profitieren, welche unmittelbar und möglichst unterbrechungsfrei Rückmeldungen an das Verhalten erlauben und der Regeleinhaltung dienlich sein können (Hoberg 2013, 165). Bei der »1-2-3-Regel« soll den Kindern anhand der jeweiligen Zahl das unerwünschte Verhalten rückgemeldet und gleichzeitig deutlich gemacht werden, wie viele Chancen ihnen noch bleiben, ihr Verhalten zu verändern, bis die negative Konsequenz folgt. Bei der ausgesprochenen oder auch auf einer Karte oder Tafel gezeigten Zahl ›3‹ erfolgt unmittelbar die vorher angekündigte Reaktion der Lehrkraft (ebd.). Ähnlich verhält es sich mit dem Einsatz einer Ampel, bei der anstelle der Ziffern auf die Farben grün, gelb und rot gezeigt wird. Bei Einsatz der Gelb-Roten-Karte erhalten die Kinder nach Zeigen der Gelben Karte lediglich eine Chance, ihr Verhalten zu verändern; mit der Roten Karte soll unmittelbar die negative Konsequenz erfolgen (Hoberg 2013, 165 f). Damit beim Auftreten von unerwünschten Verhaltensweisen auch tatsächlich die angekündigte Sanktion rasch umgesetzt werden kann und die Lehrkraft nicht allzu lange zögert und/oder über das auffällige Schülerverhalten hinwegsieht, empfiehlt Hoberg (2013, 167), die konkrete Umsetzung und Realisierbarkeit von negativen Konsequenzen (im Vorfeld) gründlich zu durchdenken und bevorzugt kleinere einzusetzen, die auch seitens des Schülers schnell erfüllt werden können (ebd.). Darüber hinaus legt Hoberg (2013, 168) nahe, solche Methoden (1-2-3-Regel, Ampel, Gelb-Rote-Karte) nur bei unerwünschten Verhaltensweisen vorzusehen, die nicht allzu häufig vorkommen. Bei sehr kontinuierlich auftretenden störenden Verhaltensweisen präferiert sie den Einsatz von Verstärkerentzugssystemen (▶ Kap. 4.2).

In der Schule häufig eingesetzte und bekannte Rituale zu Beginn bzw. zum Ende eines Schultages oder einer Schulwoche sind der sogenannte Morgenkreis und Tagesplan bzw. eine gemeinsame Feedbackrunde (Imhof et al. 2007, 33). Solche Rituale, die den zeitlichen Ablauf eines Schultags strukturieren und dadurch für die Lernenden Vorhersagbarkeit und Routine schaffen, finden sich im allgemeindidaktischen Methodeninstrumentarium und sind prinzipiell für alle Schüler wichtig; dennoch weisen Aust-Claus und Hammer (2002, 227) darauf hin, dass gerade Schüler mit AD(H)S auf solche Rituale besonders angewiesen seien, da sie teilweise erhebliche Probleme hätten, mit plötzlichen Veränderungen umzugehen.

Beim Morgenkreis werden die Schüler in der Regel mit Hilfe eines akustischen oder visuellen Zeichens darauf hingewiesen, sich in einem Stuhlkreis an einem bestimmten Ort des Klassenzimmers zusammenzufinden. Der Wechsel vom Sitzplatz im Klassenverband in den Morgenkreis und wieder zurück bedarf einer vorher klar vereinbarten und eingeübten Vorgehensweise. So ist es für die Schüler wichtig zu wissen, wie man sich zum Morgenkreis zusammensetzt. Damit vom Morgenkreis eine klare Strukturierung ausgehen kann, sollten allen Beteiligten zentrale Kommunikationsregeln bekannt sein, die möglichst gemeinsam vorab vereinbart wurden. Ein Sprechball, der in der Diskussionsrunde umhergeht, kann dabei helfen, den Schülern zu signalisieren, »wer das Wort hat« (Heil et al. 2007, 20). Insbesondere Schüler mit AD(H)S könnten von der Einführung des Sprechballs profitieren, um sich an vereinbarte Kommunikationsregeln zu halten (Linderkamp et al. 2011, 104). Ein weiteres Einstiegsritual, das von Imhof et al. (2007, 33) vorgeschlagen wird, um den Schultag für Schüler mit AD(H)S zeitlich und inhaltlich im Voraus zu strukturieren, ist das Anfertigen eines Tagesplans. Die Einführung eines Tagesplans wird auch von Aust-Claus und Hammer (2002, 227) als elementar angesehen. Schüler mit AD(H)S sollten möglichst genau über den Ablauf des bevorstehenden Schultags informiert werden (ebd.). Der Tagesplan wird im Klassenraum für alle Lernenden sichtbar aufgehängt und gibt Auskunft über die zu behandelnden Unterrichtsinhalte innerhalb eines vorgesehenen zeitlichen Rahmens.

Es fällt auf, dass in der Literatur zu AD(H)S stark davon ausgegangen wird, dass die Entwicklung der Tagespläne selbst durch die Lehrkräfte erfolgt. Dies erscheint zunächst vielleicht sinnvoll, wenn es um Kinder und Jugendliche – mit AD(H)S – geht, denen es schwerfällt, sich selbst zu strukturieren, sodass sie Strukturierung von außen benötigen. Um allerdings Selbststeuerung anzubahnen, sollten die Lernenden zum einen sukzessive informativ in die Tagespläne mit einbezogen werden, anstatt sie ihnen nur vorzugeben, und sie sollten in einem zweiten Schritt zunehmend an der Gestaltung der Pläne partizipieren. Neben äußerer Strukturierung hat insofern »informierender Unterrichtseinstieg« (Meyer 2004, 36) den Vorteil, dass Lehrkräfte und Lernende während bzw. am Ende des Unterrichts gemeinsam überprüfen können, ob die geplanten Unterrichtsschritte tatsächlich umgesetzt werden konnten. Sofern während der Unterrichtseinheit festgestellt wird, dass man zeitlich nicht zügig genug vorangekommen ist, besteht – im Sinne des Meta-Unterrichts als Kommunikation über den Unterricht selbst – die Möglichkeit, gemeinsam über eventuelle Korrekturen des weiteren Vorgehens zu sprechen (ebd.). Der sukzessive Miteinbezug der Schüler in die Erstellung und Weiterentwicklung von Tagesplänen als Element Offenen Unterrichts sollte ohnedies eine wichtige Zielsetzung darstellen.

Ein Ritual, das zum Unterrichtsende eingesetzt werden kann, ist eine gemeinsame Feedbackrunde. Jeder Lernende erhält dabei sowohl die Möglichkeit, über sich und die einzelnen Geschehnisse zu sprechen als auch mögliche Wünsche nach Veränderungen äußern zu können. Es kann davon ausgegangen werden, dass Schüler mit AD(H)S in besonderer Weise von solchen Feedbackrunden profitieren können: Zum einen wird ihnen hier ein klar definierter Raum gegeben, über sich und die eigenen Interaktionen mit anderen zu reflektieren, was vielen dieser Kinder und Jugendlichen aufgrund mangelnder emotionaler Kompetenz schwerfallen mag (Drüe 2007, 88). Zum anderen ermöglichen regelmäßig stattfindende Feedbackrunden auch der Lehrkraft, die individuellen Bedürfnisse und Schwierigkeiten, welche Schüler mit AD(H)S im Unterricht haben – z. B. beim selbstständigen Bearbeiten von gleichförmigen Übungsaufgaben –, besser verstehen und hier gezielte Einzeldifferenzierungen vornehmen zu können, was wiederum zu einer höheren aktiven Unterrichtsbeteiligung dieser Schüler führen kann (Lauth & Naumann 2008, 44 f; Imhof et al. 2007, 35). Heil et al. (2007, 20) weisen darauf hin, dass insbesondere bei Ritualen die Meinung der Schüler einzuholen sei, ob die Prozeduren nach einiger Zeit einer Modifizierung bedürfen, damit sie ihre Wirkung nicht verlieren und weiterhin motivierend wirken. So könnte das Ritual des Morgenkreises zwar beibehalten, jedoch insoweit verändert werden, dass sich die Gesprächsthemen in einem vorgegebenen Rhythmus verändern.

Linderkamp et al. (2011, 94) betonen im Rahmen ihres Trainingsprogramms für Jugendliche mit AD(H)S, dass Rituale auch ein wichtiger Bestandteil für die Lernorganisation sein können. Gemeinsam mit dem Lernenden gilt es Leitsätze für die eigene Arbeitsorganisation zu sammeln und zu verbalisieren – wie etwa: »Der Tisch ist leer – dann drauf, was drauf muss« (ebd.). Hinsichtlich dieser Leitsätze könne angenommen werden, dass sie nicht nur im schulischen Lernen, sondern auch bei der Bearbeitung der Hausaufgaben wichtige Strukturhilfen darstellen (ebd.). Im Rahmen des therapeutischen Settings schlagen Linderkamp et al. (2011, 94) vor, die Leitsätze in Form eines Posters an die Wand zu hängen. Für den Unterricht kann es hingegen genügen, die individuellen Leitsätze auf den Tisch eines Lernenden zu kleben.

Ein weiteres Ritual, welches gerade für Schüler mit AD(H)S von Bedeutung ist, ist die tägliche Kontrolle des Hausaufgabenheftes sowie der Hausaufgaben durch die Lehrperson, da Schüler mit Aufmerksamkeits- und Hyperaktivitätsproblemen vermehrt vergessen, ihre Hausaufgabe zu notieren und zu erledigen (Aust-Claus & Hammer 2002, 229; http://www.zentrales-ADHS-netz.de 2015). Diese Schwierigkeiten werden darauf zurückgeführt, dass Kinder und Jugendliche mit AD(H)S aufgrund ihrer Verhaltenssymptome bei der Hausaufgabenstellung nicht ausreichend aktiv zuhören und bei der Erstellung der Hausaufgabe deutlich mehr Zeit und Anstrengung aufbringen müssen als Klassenkameraden (Aust-Claus & Hammer 2002, 229). Schröder (2006, 76) macht diesbezüglich den Vorschlag, dass Lehrerinnen und Lehrer »die Hausaufgaben immer an derselben Stelle und in derselben Anordnung an die Tafel« (ebd.) schreiben und sie sich anschließend »vorlesen« (ebd.) lassen sollten, um das Abschreiben der Hausaufgabe zu erleichtern und sich zu vergewissern, dass die Hausaufgabenstellung verstanden wurde. Auch hier wäre allerdings wichtig, parallel die Selbstkontrolle der Schüler zu stärken, sodass sie nicht die Erfahrung machen, sie müssten nicht selbst kontrollieren und könnten sich auf Kontrollen und Erinnerungen seitens der Lehrkräfte verlassen.

Obwohl Regeln und Rituale gemeinsam mit den Schülern festgelegt werden sollen, ist in der Unterrichtsrealität davon auszugehen, dass bei der Einführung und Durchsetzung von Regeln und Ritualen vieles in der Hand der jeweiligen Lehrkraft liegt (Nolting 2007, 45). Gerade bei Schülern mit AD(H)S wird immer wieder darauf hingewiesen, dass Regeln und Prozeduren einer häufigeren Wiederholung und Übung bedürfen als bei Gleichaltrigen ohne AD(H)S. Im Vergleich mit Cruickshank (1981), welcher die Bedeutung von Regeln im Unterricht bei Schülern mit AD(H)S betont, lassen sich, anders als für den Bereich der Strukturierung des Klassenraumes, deutlich unterschiedliche Vorschläge in der aktuelleren Literatur finden. Verbreitet ist auch der Hinweis, dass die Lernenden beim Aufstellen von Regeln und Ritualen involviert und entscheidungsfähig sein sollten.

Auch hier ist wieder die »Dialektik« zu bedenken, dass eine komplette Durchstrukturierung mit Regeln und Ritualen notwendige Freiräume zerstören und damit das Entwicklungspotenzial der Schülerinnen und Schüler auch erheblich einschränken kann. Sie ist daher immer auch im Hinblick auf das Ermöglichen von Freiräumen sowie die Zurücknahme der Strukturen zu durchdenken, damit gerade Kinder und Jugendliche mit Aufmerksamkeits- und Hyperaktivitätsproblemen auch lernen, sich Strukturen selbst zu setzen, anstatt sie von außen zu erfahren – und damit zugleich auch die anderen Schüler nicht unnötig eingeschränkt werden.

Strukturierung der Lernmaterialien und der Arbeitsaufträge

Das Arbeitsverhalten von Kindern und Jugendlichen mit AD(H)S wird in der Literatur als chaotisch, unstrukturiert und wenig planvoll beschrieben: »Sie unterbrechen ihre Arbeit ständig, sie trödeln oder träumen« (Imhof et al. 2007, 35). Aufgaben würden unvollständig bearbeitet und Instruktionen nicht berücksichtigt. Die Forderungen an Eltern und Pädagogen lauten beispielhaft: »Helfen Sie bei der Arbeits-Organisation« (Aust-Claus & Hammer 2002, 226), oder: »Berücksichtigen Sie bei der Planung, dass eine Unterrichtsphase von ca. 10 bis 15 Minuten für Kinder mit AD[H]S zu lang ist und sie mit der Aufmerksamkeit abdriften« (Schröder 2006, 63) – ein möglicherweise hilfreicher, aber auch sehr kritisch zu betrachtender Gedanke.

Zunächst ist es im Hinblick auf deutliche Aufmerksamkeits- und Hyperaktivitätsprobleme bei der Formulierung von schriftlichen und mündlichen Arbeitsaufträgen oft hilfreich, wenn die Anweisungen möglichst kurz und exakt gegeben werden (Aust-Claus & Hammer 2002, 226; Schröder 2006, 63). Insbesondere verbale Aufgabenstellungen werden von Kindern und Jugendlichen mit AD(H)S oft nur unzureichend wahrgenommen und gemerkt (ebd.). Heil et al. (2007, 17) raten daher dazu, Anweisungen möglichst nonverbal mit Hilfe von Signalkarten oder anderen visuellen Hinweisen zu geben, ggf. auch als Unterstützung verbaler Informationen. So können Piktogramme beispielsweise dafür eingesetzt werden, Kindern und Jugendlichen zu signalisieren, welche Arbeitsmaterialien für die Aufgabenstellung benötigt werden. Wenn verbale Aufforderungen unumgänglich sind, wird empfohlen, Blickkontakt aufzubauen und sich in die Nähe des Lernenden zu stellen (Aust-Claus & Hammer 2002, 225). Um wichtige Inhalte der Aufgabenstellung hervorzuheben, können diese sowohl wiederholt als auch stimmlich betont werden, z. B:»Aufgepasst«,»Es geht los« (ebd., 226). Zur Vergewisserung, dass das Kind bzw. der Jugendliche die Aufforderung verstanden hat, besteht die Möglichkeit, sich die Anweisung wiederholen und erklären zu lassen (vgl. etwa Lauth & Naumann 2009, 44).

Sofern eine komplexe Aufgabe gestellt wird, sollte diese in überschaubare Abschnitte und realistische bzw. erreichbare Zwischenziele unterteilt werden (Aust-Claus & Hammer 2002, 226; Imhof et al. 2007, 42 f; Born & Oehler 2009, 64; Schröder 2006, 68). Dadurch wird es dem Kind bzw. Jugendlichen erleichtert, die einzelnen Arbeitsschritte zu erkennen und durchzuführen. Minimiert wird die Wahrscheinlichkeit, einzelne Aufgabenteile und Informationen zu vergessen (Imhof et al. 2007, 42).

Bei der Bearbeitung eines Aufgabenpapiers wird empfohlen, dass die Lehrperson »erst nach dem Austeilen, unmittelbar vor der Bearbeitung« (Aust-Claus & Hammer 2002, 226) mündliche Anweisungen an die Lernenden richtet. Auf dem Arbeitsblatt sollte die Aufgabenstellung möglichst knapp sowie übersichtlich gegliedert und eindeutig wiedergegeben sein (Gawrilow et al. 2013, 43). Wichtige

Aufgabenschritte sollten dort von der Lehrkraft farblich markiert werden (Schröder 2006, 68). Mehrere Aufgaben auf einem Arbeitsblatt führten häufig zu Überforderung und Verwirrung bei Schülern mit AD(H)S. Es wird dazu geraten, entweder nur eine Aufgabe auf einem Arbeitspapier anzubringen oder bei mehreren Aufgaben die Arbeitsblätter zu falten bzw. abzudecken, damit der Lernende immer nur eine Aufgabenstellung sehen kann (Gawrilow et al. 2013, 43).

Aufgrund von Problemen der »Fein- und besonders Graphomotorik« (Aust-Claus & Hammer 2002, 227) wird Schülern mit AD(H)S recht übereinstimmend ein schwer lesbares oder gar unleserliches Schriftbild attestiert (u. a. Born & Oehler 2003, 8; Skrodzki 2009, 168; Schröder 2006, 70; Imhof et al. 2007, 19 f). Insofern stießen bei diesen Lernenden schriftliche Aufgaben auf große Ablehnung. Hierauf weisen etwa Imhof et al. (2007, 20) hin: »Für die Kinder ist der motorische Vorgang des Schreibens eine Qual und mit großer Anstrengung verbunden: Der Stift wird verkrampft gehalten, die Hand ist schweißnass und die Buchstaben werden ins Papier gekerbt.« Da Schüler mit AD(H)S beim Schreiben zumeist Probleme damit haben, die Schriftzeile einzuhalten, sollten ihnen, so Aust-Claus und Hammer (2002, 228), auch nach den ersten beiden Jahrgangsstufen Hefte zugestanden werden, die größere Kästchen und Zeilenabstände beinhalten als die ihrer Klassenkameraden. Schröder (2006, 69) empfiehlt, ihre schriftlichen Leistungen besonders zu honorieren.

Auch im Hinblick auf die hier erörterten Aspekte finden sich Hinweise auf die Notwendigkeit einer medikamentösen Behandlung. So gehen etwa Skrodzki (2009, 168) davon aus, dass sich bei vielen Schülern mit AD(H)S durch eine Behandlung mit Methylphenidat »schlagartig eine ordentliche Schrift mit Verminderung der Leichtsinnigkeitsfehler« beobachten lasse.

»Möglichst nicht schriftlich« lautet hingegen die Empfehlung von Born und Oehler (2003, 60). Aufgrund der mangelnde Motivation für »das oft verhasste Schreiben« (ebd., 53) sollten vielmehr Lern- und Übungsformen bereitgestellt werden, in denen Schreiben nicht notwendig ist und darauf verzichtet werden kann (ebd., 60). Stattdessen wird das Lernen mit Karteikarten präferiert. Diese könnten für die Arbeit am Grundwortschatz, z. B. englischen Vokabeln, sowie für mathematische Rechenaufgaben verwendet werden. Die Beschriftung der Karteikarten sollte dabei allerdings nicht vom Schüler, sondern vom Erwachsenen vorgenommen werden. Auf der Vorderseite wird die Aufgabenstellung eingetragen, während auf der Rückseite der Karteikarte die Lösungen notiert sind. Nach Born und Oehler (2003, 61) sollte die Übung mit Karteikarten möglichst gemeinsam mit einem Erwachsenen durchgeführt werden, sodass sich beim Lernen ein »interaktiver Prozess« (ebd.) ergibt. Es sei allerdings ebenso denkbar, eine Übung mit Karteikarten im Rahmen des Unterrichts entweder mit einem Mitschüler oder zur selbstständigen Kontrolle durchzuführen (ebd.).

Was die Strukturierung einzelner Aufgaben und der Lehrmaterialien angeht, sind auch hier einige interessante Gemeinsamkeiten mit den Vorschlägen von Cruickshank (1981) zu identifizieren. Gerade was den Charakter einer reiz- und aufgabenreduzierten Gestaltung eines Arbeitsblattes betrifft, ist in den Vorschlägen der aktuellen Literatur eine Nähe zu Cruickshank (1981) erkennbar.

Für die hier gesammelten Vorschläge liegt das Problem der Dialektik auf der Hand: Je mehr Hilfen gegeben und je mehr Anforderungen eingeschränkt werden, umso weniger können Kinder lernen, mit den eigentlichen Anforderungen umzugehen und sich an ihnen zu entwickeln. Wenn beispielsweise Schüler nur noch in 15-Minuten-Einheiten lernen, weil die Lehrpersonen der Ansicht sind, ihre Aufmerksamkeit würde dann sicher erlahmen, stellt sich die Frage, wie sie lernen sollten, ihre Aufmerksamkeit auch über längere Lerneinheiten zu halten. Möglicherweise wäre der Effekt sogar der, dass ein größeres Aufmerksamkeitspotenzial verloren ginge. Wenn Schülern alle Schritte vorgegeben werden oder auf Schreiben schlicht verzichtet wird, stellt sich gleichermaßen die Frage, wie Kinder und Jugendliche lernen sollen, Arbeit selbst in Schritte zu segmentieren – oder aber kompetent zu schreiben. Die vorgeschlagenen Maßnahmen können, gut durchdacht, individuell angepasst und phasenweise implementiert, durchaus hilfreiche und entwicklungsunterstützende Funktionen haben – aber auch hier sind stets und unbedingt Zurücknahmen und gezielte Zumutungen für die Lernenden mitzudenken, um Entwicklungsprozesse anzustoßen, und die Vorschläge müssen dezidiert kritisch-konstruktiv betrachtet werden.

Strukturgebung durch »Reibungslosigkeit und Schwung«

Aus dem stark präventiv orientierten »Classroom Management«, einem Klassenmanagement zur möglichst weitreichenden Vermeidung des Entstehens von Unterrichtsstörungen, kommen didaktische Vorschläge, welche die grundlegende Unterrichtsgestaltung betreffen – sowohl die Planung und Vorbereitung als auch die Durchführung. Im Vordergrund soll hier die im Classroom Management zentrale Forderung nach »Reibungslosigkeit« und »Schwung« stehen, um häufige Unterbrechungen bzw. ein hohes Maß an Untätigkeit und Wartezeit von Schülern einzudämmen (vgl. Kounin 1976, 103 ff). Um Störungen im Unterricht zu vermeiden und einen Unterrichtsfluss herzustellen, empfiehlt Nolting (2007, 67) recht ähnlich, »einen zügigen Wechsel von einer Aktivität zur nächsten« zu vollziehen. Da gerade Schüler mit AD(H)S aufgrund ihrer »Ungeduld« (Brandau 2004, 17) zu einer fehlerhaften bzw. unvollständigen Aufgabenbearbeitung tendieren, sollte bei einem zügigen Wechsel der Tätigkeiten ein klar strukturierter und geordneter Ablauf gewährleistet werden (Linderkamp et al. 2011, 15). Hier bietet sich die Vereinbarung von eindeutigen Signalen für den Beginn und das Ende von Tätigkeiten an (Imhof et al. 2007, 33 f).

Als ein weiteres wesentliches Merkmal guten Klassenmanagements wird Gruppenfokussierung gesehen (Kounin 1976, 117 ff): Ziel der Lehrkraft sollte es sein, so viele Schüler wie möglich für den Unterricht zu motivieren und zum Lernen anzuregen. Nolting (2007, 57 ff) beschreibt verschiedene konkrete Strategien, um eine breite Aktivierung der Schüler zu erzielen. Ein wesentliches Instrument, um die Aufmerksamkeit von Schülergruppen zu erreichen, ist die Stimme bzw. der Stimmeinsatz der Lehrkraft – so empfiehlt Nolting (2007,

56) Lehrkräften, mit »klarer, deutlicher und lebendiger Stimme« zu sprechen. Weiterhin sollte das Frageverhalten des Lehrers möglichst an allen Schülern der Klasse ausgerichtet sein und ausreichend Zeit zum Nachdenken gewährt werden (ebd., 57). Damit möglichst alle Schüler den Fragen des Lehrers gegenüber aufmerksam sind, gelte es beispielsweise zu vermeiden, dass vor der Fragestellung der Name eines bestimmten Schülers genannt wird. Die übrigen bzw. nicht betroffenen Schüler sähen in solchen Fällen häufig keine Notwendigkeit, den Fragen bzw. Antworten zuzuhören, und sie verhielten sich in der Folge potenziell unaufmerksam. Weiterhin sei es für das Aufmerksamkeitsverhalten der Schüler ebenso kontraproduktiv, wenn bei Fragen des Lehrers »die Reihenfolge des Drankommens« (Nolting 2007, 57) für die Schüler vorhersehbar festgelegt ist (z. B. nach Sitzordnung). Stattdessen sollten sich durch das Frageverhalten der Lehrkraft alle Lernenden angesprochen fühlen. Durch einen wandernden Blickkontakt des Lehrers zu seinen Schülern durch das Klassenzimmer werde auch mittels der Körpersprache signalisiert, dass die Fragen an jeden Schüler gerichtet seien (ebd.). Da vorschnelle und unüberlegte Antworten charakteristisch für Schüler mit Aufmerksamkeits- und Hyperaktivitätsproblemen sind, kann gerade für diese Gruppe von Lernenden die Klarstellung des Lehrers, dass »schweigendes Nachdenken erwartet und frühe Meldungen gar nicht angenommen werden« (ebd.), besonders hilfreich sein, um sie zu einer strukturierten Vorgehensweise bei der Aufgabenbearbeitung zu bringen.

6.2.3 Bewegung

»Das Bewegungsbedürfnis von AD(H)S-Kindern, vor allem im Grundschulalter, ist grenzenlos« (Heil et al. 2007, 17). Ausgehend von dieser Sicht finden sich in der Literatur zu AD(H)S Hinweise an Lehrerinnen und Lehrer, wie z. B. bei Döpfner et al. (2000, 31): »Kurze Bewegungsphasen (wenige Minuten) können vor allem in den ersten Klassen der Grundschule hilfreich sein«, oder bei Aust-Claus und

Hammer (2002, 227): »Achten Sie auf viel körperliche Bewegung als Ausgleich«. In der Fachdiskussion ist man sich einig, dass Lernenden mit AD(H)S verschiedene Möglichkeiten gewährt werden müssen, um ihrem – als besonders groß gesehenen – Drang nach Bewegung nachkommen und diesen kanalisieren zu können (Gawrilow et al. 2013, 41 f). Aust-Claus und Hammer (2002, 227) fokussieren die körperlichen Bewegungschancen vor allem auf die Pausen: Während der Unterrichtspausen sollten sich die Schüler mit AD(H)S »austoben«, damit sie in der Lage seien, »im Unterricht […] auf dem Stuhl sitzen zu bleiben«.

Vielfältige Bewegungsangebote in der Pause sind nach Ansicht von Miedzinsiki (1994, 87 f) gerade für Kinder mit AD(H)S bedeutsam, da sie das Bedürfnis hätten, häufiger zwischen diesen zu wechseln und sich zu erproben. Nicht nur im Pausenhof, sondern auch im Schulgebäude sollte nach Möglichkeit ein Raum eingerichtet werden, der den Schülern vielfältige Bewegungserfahrungen in den Unterrichtspausen ermöglicht. Im Hinblick auf den Unterricht selbst empfehlen Schröder (2006, 64) und Imhof et al. (2007, 39), für Schüler mit AD(H)S vermehrt Botengänge im Unterricht zu arrangieren. Neben der Ermöglichung zur Bewegung wird in der Durchführung von Botengängen die Funktion gesehen, hierbei Verantwortung zu übertragen und die Selbstständigkeit zu fördern. Im Zusammenhang mit der Beauftragung von Botengängen während des Unterrichts bleibt in den Hinweisen der Literatur allerdings vollkommen unerwähnt, dass die Lehrkraft in diesen Fällen nicht von ihrer Aufsichtspflicht befreit ist und somit die Verantwortung für die Unversehrtheit der Lernenden trägt.

Sehr zwiespältig sind Empfehlungen im Hinblick auf Toilettengänge: diese auch bei erhöhtem Ausmaß zu dulden (Imhof et al. 2007, 39; Heil et al. 2007, 21), um dem Bedürfnis nach Bewegung nachzukommen – oder aber ganz gegenteilig damit dem Vermeiden von als unangenehm erlebten Unterrichtssituationen Vorschub zu leisten. Hier bedarf es in jedem Falle der kritischen Aufmerksamkeit dahingehend, ob die Toilettengänge für ein bestimmtes Vermeidungsverhalten dienlich sind.

6.2 Gestaltung von Situationen

Des Weiteren empfehlen Imhof et al. (2007, 39 f), gerade solche Klassenämter anzubieten, welche Bewegung beinhalten: etwa Austeilen von Heften, Wischen der Tafel, Aufbauen von Geräten. Analog zu dem Beauftragen von Botengängen besteht auch bei der Vergabe von Klassenämtern eine Funktion darin, dass die Lernenden Verantwortung für eine bestimmte Aufgabe übernehmen und dieser selbstständig nachkommen können. Eine weitere Möglichkeit, um im Unterricht Bewegung zu ermöglichen, ist die freie Wahl der Sitzposition beim Arbeiten (Imhof et al. 2007, 39). So soll Kindern mit AD(H)S ermöglicht werden, eine individuell angenehme Arbeitshaltung einzunehmen. Es würde also freigestellt, ob stehend, kniend oder im Schneidersitz gelernt wird (Imhof et al. 2007, 40; Heil et al. 2007, 21). Alternativ wird zudem vorgeschlagen, das Stillsitzen zu erleichtern, indem dem Lernenden zeitweise ein Sitzball anstatt eines Stuhles zur Verfügung gestellt wird (Schröder 2006, 63). Das Sitzen auf dem Sitzball erfordere vom Lernenden eine Anspannung des eigenen Körpers und »hält somit den Aufmerksamkeitspegel hoch« (ebd., 64).

Beide Vorschläge, die den größeren Schwierigkeiten von Schülern mit AD(H)S entgegenkommen sollen, im Unterricht ruhig auf ihrem Stuhl sitzen zu bleiben, müssen allerdings auch kritisch betrachtet werden: So ist ein Schüler bei stehender oder kniender Arbeitshaltung nur bedingt in der Lage, seinen Tisch als Schreib- und Arbeitsunterlage optimal zu nutzen. Außerdem könnte eine stehende oder kniende Arbeitsposition eines Schülers sich womöglich auch auf die Arbeitshaltung der Mitschüler in der Klasse auswirken. Wenn ein anderes Kind sich unruhig auf seinem Sitzplatz verhält, häufig aufsteht und sich wieder hinsetzt, könnte eine erhöhte Ablenkungsgefahr oder Störung von Klassenkameraden in ihrem Blickfeld die Folge sein. Zudem wäre es denkbar, dass Mitschüler ebenfalls einfordern, ihre Sitzposition frei wählen oder auch einen Sitzball nutzen zu dürfen. Falls mehrere Schüler ihre Arbeitsposition fortlaufend verändern, trägt dies womöglich zu einer steigenden Unruhe im Klassenraum bei, wodurch Lernen und Unterrichten erschwert wird. Bei der Verwendung eines Sitzballs könnte vor allem von Schülern mit AD(H)S eine erhöhte Unruhe ausgehen, da dieses Sitzgerät zum Spielen und Wippen verleitet. Zudem ist bei beiden beschriebenen Zugeständnissen – wiederum – zu fragen, wie Schüler lernfördernde Haltungen lernen sollen, wenn sie sie nie einnehmen.

Viele weitere Anregungen gehen dahin, im Sinne der Rhythmisierung Entspannungsübungen durchzuführen. Durch einen regelmäßigen Wechsel von Bewegungs- zu Entspannungsphasen erhielten die Schüler die Möglichkeit, sich zu beruhigen und sich selbst zu steuern (Imhof et al. 2007, 34). So können z. B. mit Hilfe von musikalischer Unterstützung diverse Entspannungsübungen durchgeführt werden (ebd.). Andere Autoren jedoch stehen dem Einsatz von Entspannungsübungen bei Kindern und Jugendlichen mit AD(H)S kritisch gegenüber (vgl. etwa Kusmierz 2005, 50). Auch hier gilt, da Entspannung einen Gegenpol zu Unruhe und Überaktivität einnimmt, dass ein gut indizierter Einsatz hilfreich sein kann, aber eine klare Reflexion der je individuellen Förderbedürfnisse voraussetzt.

Die verschiedenen hier dargestellten Möglichkeiten, um die Bewegung von Lernenden mit AD(H)S bewusst zu kanalisieren, sind in Abbildung 7 übersichtlich zusammengefasst.

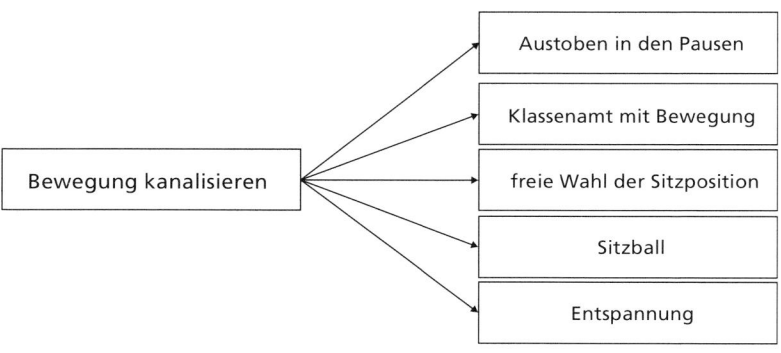

Abb. 7: Bewegung kanalisieren

6.3 Unterstützung der Kinder und Jugendlichen

Bisher wurden ›situationistische‹ Ansatzpunkte betrachtet, die an der Situation ansetzen und solche Umfeldbedingungen schaffen, durch die Aufmerksamkeits- und Hyperaktivitätsprobleme durch Gestaltung der Umgebung reduziert werden sollen. Ein grundlegend anderer Ansatzpunkt besteht darin, an den Kindern und Jugendlichen selbst anzusetzen und sie dabei zu unterstützen, ihr Verhalten und Erleben regulieren zu lernen, sodass es in geringem Maße zu Aufmerksamkeits- und Hyperaktivitätsproblematiken kommt.

Auf Basis der für die betroffenen Kinder und Jugendlichen systematisierten und unter 1., aber auch 3. beschriebenen Erscheinungsebenen von AD(H)S soll hier eine Fokussierung auf vier Bereiche hinsichtlich ihrer jeweiligen Potenziale und Möglichkeiten pädagogischer Förderung erfolgen. Dabei werden insbesondere eigene Überlegungen in Bezug auf die Erscheinungsebenen angestellt, denn zur Frage einer genuin pädagogischen, personenzentrierten Förderung finden sich erstaunlicherweise, abseits von Förderprogrammen und Trainings, nur recht wenige Hinweise in der einschlägigen Literatur.

6.3.1 Maßnahmen zur Förderung von Aufmerksamkeit und Konzentration

Förderprogramme und Trainings enthalten durchgängig auch Materialien oder Hinweise zur Förderung der Aufmerksamkeit. Letztlich geht es dabei durchweg um die Förderung der willkürlichen Aufmerksamkeit – und damit um Konzentration (▶ Kap. 1.2.1). Insofern können sich Pädagogen durch diese Materialien anregen lassen; diese könnten in dreierlei Weise eingesetzt werden: erstens grundsätzlich im Rahmen des kompletten Programms, zweitens herausgelöst zur speziellen Förderung – und drittens durch Gestaltung eigener, günstigstenfalls an die individuellen Bedürfnisse von Kindern angepasster Materialien, angeregt durch die Vorschläge in den Programmen.

Dabei ist allerdings zu bedenken, dass in Trainings oft sehr direkt und mit typisch ›Schulunterlagen-analogen‹ Materialien gearbeitet wird. Das Problem ist hier häufig ein ›Mehr desselben‹: Das, was ohnehin den Kindern schon Probleme macht und sie oft als langweilig oder belastend erleben, wird genau so, intensiver und stärker noch einmal als Übung hineingegeben. Hier wird es oft hilfreich sein, nach alternativen Materialien zu suchen, die Konzentration als fokussierte, willkürliche Aufmerksamkeit fördern und zugleich in ihrem Charakter von typisch schulischen Materialien und Aufgaben entfernt sind. Hier kommen beispielsweise verschiedene Spiele in Frage, die Konzentrationsfähigkeit erfordern und fördern – und sich auch im schulischen Unterricht einsetzen ließen (Rosendahl 2015, 118 ff).

Ergänzend dazu könnte ein lernpsychologisches Prinzip genutzt werden: das, was den Kindern mit AD(H)S ohnehin Spaß macht, zu erkennen und verstärkt an solchen Anforderungen ›dranzubleiben‹, um hier fokussierte Aufmerksamkeit zu trainieren – und erst danach den Transfer auf andere (genuin schulische) Anforderungen und Inhalte (Schule) anzustreben.

In den einschlägigen, dargestellten Förderprogrammen (▶ Kap. 5) finden sich ergänzende Hilfestellungen zur Förderung des fokussierten ›Dranbleibens‹, die als Segmente genutzt werden könnten, aber auch Anregungen zur individuellen Gestaltung unterstützender Materialien bieten, welche Pädagogen, aber evtl. auch die Kinder für sich selbst oder beide gemeinsam erstellen könnten: Karten mit steuernden Hinweisen sowie die Formulierung und Verschriftlichung ›innerer Sätze‹. Beides kommt in Kapitel 6.3.3 im Hinblick auf die Förderung von Bewusstheit zur Sprache – und dient zugleich grundsätzlich der Unterstützung einer willkürlichen Aufmerksamkeit.

6.3.2 Förderung von Gedächtnisleistungen

In Kapitel 1.3.1 wurde deutlich, dass sich in Studien Zusammenhänge zwischen AD(H)S und besonderen Problemen im Arbeitsgedächtnis ergaben, die Folgeprobleme im Hinblick auf die Abspeicherung, aber auch die Verfügbarkeit und den Abruf von Informationen nach sich ziehen (Mayes & Calhoun 2006; Hellwig-Brida et al. 2010, 300; Lauth & Naumann 2009, 29). Auch generell schwächere Gedächtnisleistungen wurden festgestellt (Lauth & Naumann 2009, 29).

Ursachen und Folgen müssten hier noch näher untersucht und geklärt werden. In der Regel wird es jedoch sinnvoll sein, an einem Element des Systems anzusetzen und damit Effekte auf andere Elemente anzustreben: So ist es wahrscheinlich, dass die Förderung fokussierter Aufmerksamkeit (▶ Kap. 6.3.1) sich positiv auf Gedächtnisleistungen auswirkt – aber auch der umgekehrte Weg ist gangbar. Damit erweist sich die Förderung von Gedächtnisleistungen, spezifisch auch des Arbeitsgedächtnisses, als durchaus bedeutsamer Schwerpunkt pädagogischer Arbeit mit Aufmerksamkeitsproblematiken (Frölich et al. 2014, 128 ff; Gawrilow 2012, 80 ff). In Frage kommen alle Aufgaben und auch Spiele, die einer Förderung von Gedächtnisfunktionen dienen – und zugleich, über die Aufgabe, sich etwas kurz- oder längerfristiger zu merken, auch die Aufmerksamkeit auf spezifische äußere Reize (der Materialien, der Spiele) fokussieren (Kubesch & Walk 2009; Walk & Evers 2015).

Die Förderung von Gedächtnisfunktionen dient aber auch einer direkten Förderung von ›innerer‹ Aufmerksamkeit, indem Gedächtnisinhalte in einem inneren, kognitiven Prozess aufgerufen, ggf. aktualisiert und wiederum gemerkt werden müssten. Ein solcher innerer Fokus steht oft nicht gerade im Vordergrund der Fachdiskussion um AD(H)S, in der es stark um fokussierte Aufmerksamkeit äußerer Reize geht. Diese ›innere‹ Aufmerksamkeit wird, über Gedächtnisleistungen hinaus, noch ein wichtiges Thema im nachfolgenden Kapitel zur Förderung der Selbstregulation sein.

6.3.3 Förderung der Fähigkeit zur Selbstregulation

Seitz (1998) unterscheidet Selbstkontrolle von Handlungskontrolle. Er versteht Selbstkontrolle als *personalen* Faktor, also als Gruppe von Kompetenzen der Person, die in die Handlungskontrolle als

Regulation der Person selbst in bestimmten Situationen (im Sinne eines *interaktionalen* Prozesses) einfließen. Dabei sieht er Selbstkontrolle allerdings nicht als Gesamtkomplex, sondern differenziert diese in Form von vier zentralen Bestandteilen. Eine solche Differenzierung ist im Hinblick auf die Förderung bei Aufmerksamkeits- und Hyperaktivitätsproblemen insofern hilfreich, als sie verschiedene Ansatzpunkte der Förderung von Selbstkontrolle als einer Art Gesamtkompetenz eröffnet. Die vier von Seitz unterschiedenen Aspekte der Selbstkontrolle sind Bewusstheit, emotionale Kontrolle, Selbstwirksamkeit sowie ein normativ-empathischer Bereich.

Förderung von Bewusstheit

Bewusstheit bezieht sich auf die Wahrnehmung und Auseinandersetzung mit Erlebnisinhalten im Sinne sowohl äußerer, aufgenommener Erfahrungen als auch direkter innerer Vorgänge (Fröhlich 1994, 90 ff). Sie impliziert auch das Nachdenken über eigene Handlungsentscheidungen sowie die gedankliche Vorwegnahme von Handlungsabläufen und Handlungsfolgen.

In diesem Sinne geht es grundsätzlich um eine offene Aufmerksamkeit für innere und äußere Reize, wie sie in jüngerer Zeit, durchaus nicht unumstritten, auch als ›Achtsamkeit‹ betrachtet wird. Pädagogisch hilfreich sind zur Förderung einer solchen Aufmerksamkeit Übungen, welche die bewusste Wahrnehmung anregen. Hierzu kommen etwa auch aus der Gestaltpädagogik viele Anregungen, um zum einen ein offenes, ungerichtetes »Gewahrsein«, zum anderen eine fokussierte »Awareness« (Stein 2005) für bestimmte Aspekte innerhalb oder außerhalb der Person zu fördern (siehe etwa Perls, Hefferline & Goodman 1993; Stevens 1993).

Aber auch im Hinblick auf Bewusstheit der Planung eigener Handlungen ergeben sich Möglichkeiten pädagogischer Förderung; gezielt könnten Kompetenzen zur Gestaltung der vier zentralen Komponenten der Selbststeuerung unterstützt werden: Selbstbeobachtung (self-monitoring), Zielsetzung (im Sinne des Setzens angemessener, realisierbarer Ziele), Auswahl von Strategien (Lernstrategien, Verhaltensstrategien) sowie Überwachung und Bewertung (self-recording, self-reward; vgl. etwa Brunstein & Spörer 2010). Auch Karten oder innere Sätze zur Bewusstheit für die Situation und Kontrolle eigener Handlungen, wie sie sich in verschiedenen Programmen und Trainings (▶ Kap. 5) finden, könnten hier eingesetzt oder individuell zugeschnitten neu erstellt werden, auch bei Einbezug der Kinder und Jugendlichen selbst. Dabei ergeben sich grundsätzlich zwei Förderschwerpunkte im Hinblick auf Bewusstheit (Stein 2015, 241 ff):

- die Förderung einer bewussten erfolgreichen Bewältigung von konkreten persönlichen Problemsituationen durch Selbstinstruktionen (»Ich überlege erst einmal ruhig, wie ich mich verhalten sollte«);
- die Förderung einer bewussten erfolgreichen Bewältigung komplexerer Aufgaben mit mehreren Schritten durch Selbstinstruktion (»Ich mache mir erst einmal in Ruhe einen Plan!«; »Bin ich auch noch auf dem richtigen Weg?«).

Ergänzend können auch Pädagogen, soweit die Zeitressourcen zur Verfügung stehen, »kognitives Modellieren« einsetzen:

- entweder, indem sie selbst als Modell die bewusste Auseinandersetzung mit einer Situation oder Aufgabe demonstrieren, unter Einschluss laut verbalisierter »innerer Sätze« (»Was ist eigentlich meine Aufgabe?«; »Wie könnte ich das Problem lösen?«; »Habe ich auch auf alles geachtet?«; »Was war noch mal mein Ziel, was hatte ich vor?«; »Habe ich darauf geachtet, wie es den anderen Kindern geht«?);
- oder auch, indem andere geeignete Kinder als solche kognitiven Modelle eingesetzt werden – im Sinne der Prinzipien des Modelllernens die günstigere Variante, da die lernenden Kinder (mit AD(H)S) eine größere Nähe zu diesen Modellen erleben werden (Hattie 2009, 172).

Förderung emotionaler Kontrolle und Regulationsfähigkeit

Impulsivität meint nicht nur impulsives Handeln, sondern auch die mangelnde Regulation der eigenen Gefühle und emotionalen Reaktionen. Pädagogisches Förderziel wäre hier also die Fähigkeit zu ausgeglichenen und gelassenen Reaktionen sowie die dosierte Kontrollierung eigener emotionaler Impulse, gerade auch in solchen Situationen, die äußere oder auch innere Belastungen mit sich bringen. Viele der bisher angesprochenen Ideen und Maßnahmen können nicht nur gezielt zur Unterstützung einer bewussten Auseinandersetzung, sondern ebenso zur Unterstützung einer solchen emotionalen Regulationsfähigkeit eingesetzt werden. Diesen besonderen Aspekt müssten Pädagogen im Blick haben. Spezifische Karten und innere Sätze fokussieren gerade auf die Regulation eigener Emotionen (»Ich bleibe ganz ruhig!«; »Bloß nicht gleich aufregen!«). Kinder und Jugendliche, die stark zu impulsiven emotionalen Reaktionen neigen, könnten aber auch lernen, in solchen Situationen erst einmal »aus dem Felde zu gehen«, im Sinne eines selbst gestalteten »Time Out« (Frölich et al. 2014, 117): Ich entferne mich selbst aus der Situation, um mich nicht weiter aufzuregen oder erst einmal »herunterzukommen«. Dieses Herausgehen aus der Situation durch die Kinder selbst müsste allerdings zur Situation passend sowie pädagogisch verantwortbar sein (nicht unproblematisch sind etwa das Herausgehen aus dem Unterricht oder das Entfernen von der Gruppe bei einem Ausflug) (ebd., 117 f). Auf diesem und anderen Wegen könnte jedoch angebahnt werden, dass ein Kind seine emotionale Erregung frühzeitig erkennt und kontrolliert, bevor sie so intensiv wird, dass eine erfolgreiche Regulation nicht mehr möglich ist.

Förderung von Selbstwirksamkeit

Selbstwirksamkeit meint das Erleben von Selbstautonomie und Selbstverantwortung für das eigene Verhalten – sowie auch das Erleben des Potenzials möglicher Einflussnahme auf die Geschehnisse (im

Sinne von Möglichkeiten der Gestaltung der Dinge und Welt). Dies bedeutet die Überzeugung, etwas ›bewirken‹ zu können. Auch dies dürfte häufig ein Problemfeld für Kinder und Jugendliche mit AD(H)S sein, worauf auch internationale Studien hinweisen (Dunn & Shapiro 1999; Margolis & McCabe 2004). Wenn allerdings die Überzeugung dominiert, grundsätzlich mit eigenem Handeln nichts bewirken zu können, führt dies zur Demotivierung in Leistungssituationen (»Dafür bin ich ohnehin nicht aufmerksam genug!«), aber auch in sozialen Situationen (»Egal was ich tue, sie werden mich ohnehin nicht mögen!«).

Pädagogische Arbeit müsste demzufolge zunächst ermitteln, ob mangelnde Selbstwirksamkeit bei einem Kind oder Jugendlichen mit AD(H)S vorliegt. Ist dies der Fall, so müsste die Förderung auch gerade hier ansetzen: Erfahrungen zu ermöglichen, die dem Kind zeigen, dass es mit seinem Handeln etwas ›bewirken‹ kann. Hilfreich wäre dann die Erstellung einer Hierarchie der Anforderungen: mit bewältigbaren Anforderungen zu beginnen und sich diesen zu stellen, um auf Basis gemachter positiver Erfahrungen zu anspruchsvolleren Anforderungen vorzurücken. Auch hier sind innere Sätze der Selbstbeurteilung und -belohnung hilfreich (»Ich habe es geschafft – und ich merke, dass ich mit meinen Handlungen etwas bewirken kann!«).

Gerade die hiermit angesprochene, zielgenaue Anknüpfung am Vorwissen von Kindern und Jugendlichen wird von mehreren Autoren unterschiedlicher pädagogisch-didaktischer Fachbücher in ihrer Bedeutung unterstrichen (z. B. Tücke 2005, 186; Rinschede 2007, 325).

Förderung moralischen Bewusstseins und entsprechender Handlungsbereitschaft

Dieser normativ-empathische Bereich der Handlungsregulation impliziert zum einen eine Art moralisches Bewusstsein als Verinnerlichung sozial-moralischer Wertvorstellungen, zum anderen die Bereitschaft und Fähigkeit, sich in andere Personen, ihre Bedürfnisse, möglichen Gedanken und aktuellen Erlebnisse im sozialen Miteinander versetzen zu können.

Pädagogische Förderung in diesem Bereich kann sich beispielsweise auf die Stärkung eines Bewusstseins für die Regeln in Spielen sowie ihre Notwendigkeit im gemeinsamen Agieren richten – ein durchaus ernst zu nehmendes Problemfeld im Kontext AD(H)S (Nijmeijer et al. 2007). Dies kann in der konkreten Situation geschehen, indem Regeln spezifisch betrachtet, aber auch, indem sie noch einmal in Erinnerung gerufen werden, wenn es zu Regelverletzungen kommt, einschließlich einer Aufmerksamkeit dafür, was Regelverletzungen bei den Mitspielenden bewirken (Ärger, Frustration, Unlust weiterzuspielen).

In vielen sozialen Situationen kann, lebensnah, eine pädagogische Unterstützung dahingehend erfolgen, die Bedürfnisse anderer wahrzunehmen und zu berücksichtigen – etwa im Sportunterricht, in Sportgruppen, in Gruppen gelenkten oder freien Spiels, aber auch bei Gruppenarbeiten im Unterricht oder in außerschulischen Projekten (Bräutigam 2009, 36; Schwander & Andersen 2005, 148; Schmitman gen. Pothmann 2014, 61 ff). Lernziel ist dabei auch die Kontrolle und die Bereitschaft zum Zurückstellen eigener Bedürfnisse zugunsten von Gruppeninteressen und berechtigten Interessen anderer – sowie die Förderung der Bereitschaft zur Übernahme sozialer Verantwortung und sozialer Pflichten in Gruppen. Während es im Rahmen der vorangehenden Aspekte von Selbstkontrolle bzw. Selbstregulation insbesondere um die Förderung von Kompetenzen ging, steht hier die Förderung von dahinterstehenden Bereitschaften im Vordergrund, im Sinne sozial-moralischer Orientierungen.

6.3.4 Förderung eines angemessenen Selbstkonzepts

Häufig ist in Veröffentlichungen von der Förderung eines ›positiven‹ Selbstkonzepts die Rede. Dies dürfte aber über ein sinnvolles Ziel hinausschießen, denn Anteile an sich selbst auch kritisch zu sehen ist von Bedeutung, um an diesen zu arbeiten. Jemand, der alles an sich positiv sieht, wird sich kaum noch entwickeln können, denn ein Selbstkonzept gewinnt erst an Dynamik durch Spannungen zwischen dem »Aktual«-Selbst (wie ich mich selbst sehe) und dem »Ideal«-Selbst (wie ich sein möchte) (Schütz 2005, 2). Dies gilt gerade dort, wo wie bei AD(H)S erkennbare Probleme bestehen (u. a. Diener & Milich 1997; Hoza et al. 2000; Hoza et al. 2004). Insofern steht hier die Unterstützung eines angemessenen Selbstkonzepts im Vordergrund, die auf eine differenzierte Selbstwahrnehmung fokussiert – mit allen Stärken und Schwächen. Dies ist im Hinblick auf Kinder und Jugendliche mit Problemen in den Bereichen Aufmerksamkeit, Konzentration oder Impulsivität eine hilfreiche Perspektive. Dabei gilt es zugleich darauf zu achten, dass gerade hier durchaus häufig ein negativ getöntes Selbstbild vorliegen wird, das sich aus problematischen Erfahrungen mit sich selbst (zu impulsiv zu sein, viele Fehler in Leistungs- und sozialen Situationen zu machen), aber auch aus negativen, ablehnenden Rückmeldungen anderer (Pädagogen, Kinder und Jugendliche, Erwachsene im privaten Umfeld) entwickelt hat (Imhof et al. 2011, 28 ff).

Weitere mögliche Maßnahmen pädagogischer Förderung zur Förderung eines angemessenen Selbstkonzepts sind die folgenden:

- der Einsatz von Rückmeldungen in der Gruppe, etwa im Rahmen von Feedback-Runden, mit gezielten Fokussierungen beispielsweise auf positive Anteile (zum Ausgleich eines negativen Selbstbilds: »Bitte überlegt euch einmal, was Ihr an ... gut findet, und sagt es ihr/ihm!«);
- die unterstützte Auseinandersetzung mit sich selbst, mit den eigenen Kompetenzen, Eigenschaften und Verhaltenstendenzen (im Sinne einer gelenkten Reflexion, auch mit Hilfe von Materialien);
- die begleitete Generierung von Zielen als wünschenswerten Idealen: So möchte ich sein/werden (in Leistungssituationen, in sozialen Situationen), bei Formulierung von Zwischenzielen und -schritten, um das Ziel auch erreichbar zu gestalten.

6.4 Kompetenz von Pädagoginnen und Pädagogen

Anhand einer eigenen Studie kommen Lauth und Mackowiak (2004) zu der Schlussfolgerung, dass das Kernproblem von Schülern mit AD(H)S im Unterricht nicht ihr Störverhalten, sondern ihre mangelnde Unterrichtsbeteiligung sei. Die Hauptschwierigkeit im Unterricht bei Schülern mit AD(H)S bestehe dabei insbesondere darin, dass sie nicht ausreichend in das Unterrichtsgeschehen einbezogen werden (Lauth & Naumann 2009, 33). Demzufolge sollte die Lehrkraft im Unterricht bei Schülern mit AD(H)S »hauptsächlich die unzureichende Unterrichtsbeteiligung im Blick haben« (ebd., 44). Konkrete Hinweise, wie in der Unterrichtsführung eine Aktivierung möglichst vieler Schüler erreicht und Störungen möglichst frühzeitig im Keim erstickt werden können, ergeben sich aus den Erkenntnissen des Classroom Managements und gehen auf die Untersuchungen von Kounin (1976) zurück (Lauth & Naumann 2009, 39).

An dieser Stelle sollen die hilfreichen Prinzipien nach Kounin (1976) sowie einige ausgewählte Einzelmaßnahmen für die pädagogisch-didaktische Förderung bei Kindern und Jugendlichen mit AD(H)S vorgestellt werden. Zuvor sollen jedoch einige Attribute zur Sprache kommen, welche die Kompetenz von Pädagogen gerade im Hinblick auf Aufmerksamkeits- und Hyperaktivitätsproblematiken kennzeichnen könnten – Aspekte, die schwerlich durch ein Förderprogramm oder Training, vielmehr durch eine kontinuierliche Arbeit an der eigenen Haltung herausgebildet und weiterentwickelt werden müssen:

* Geduld angesichts immer wieder auftretender Störungen und voraussehbarer problematischer Verhaltensweisen;
* Konsequenz und Klarheit im eigenen Verhalten, um selbst Strukturiertheit nach außen hin zu signalisieren und Sicherheit zu geben;

- eigene Strukturiertheit als grundsätzliche Anforderung an sich selbst angesichts der Themenstellung ›Strukturiertheit bei den Kindern und Jugendlichen‹.

6.4.1 Merkmale erfolgreichen Lehrerhandelns nach Kounin

Kounin (1976) untersuchte mittels der Auswertung von etwa 50 Videostudien die Qualitätsmerkmale von Lehrkräften, in deren Klassen eine hohe Schülerbeteiligung und wenig Unterrichtsstörungen zu beobachten waren. Den Ergebnissen seiner Videoanalysen zufolge ergeben sich vier Merkmale erfolgreichen Lehrerverhaltens, die als präventive Verhaltensdimensionen auf Pädagogenseite verstanden werden können, indem sie dafür sorgen sollen, Störungen möglichst erst gar nicht auftreten zu lassen.

Eine wesentliche Kompetenz von Lehrkräften ist nach Kounin (1976, 90) die Fähigkeit des Pädagogen, die Geschehnisse in der Gruppe bzw. im Klassenzimmer aufzunehmen und den Lernenden das Gefühl zu vermitteln, zu jeder Zeit »im Bild über ihr Tun« zu sein. Mit einer solchen Kompetenz zur »Allgegenwärtigkeit« (ebd.) wäre man in der Lage, Störungen »rechtzeitig und umsichtig« (Lauth & Naumann 2009, 40) aufzugreifen. In engem Zusammenhang mit der »Allgegenwärtigkeit« steht die »Überlappung« (Kounin 1976, 97) als zweites Merkmal erfolgreicher Klassenführung. »Überlappung« kennzeichnet die Fähigkeit der Lehrkraft, »sich gleichzeitig mit zwei Sachverhalten zu beschäftigen, z. B. zu unterrichten und [...] das Verhalten der Schüler wahrzunehmen« (Textor 2007, 112). Der Lehrer versucht beispielsweise mittels einer beruhigen Handgeste nonverbal auf das hyperaktive Verhalten eines Schülers Einfluss zu nehmen und zeitgleich, also ohne Unterbrechung des Unterrichts, verbal Informationen an seine Klasse zu geben. Mit den Strategien »Allgegenwärtigkeit« und »Überlappung« beschreibt Kounin (1976) Aspekte professioneller Kompetenz, die womöglich insbesondere im Unterricht bei Schülern mit AD(H)S einen hohen Stellenwert einnehmen. So wird für das Lehren und Lernen mit Kindern und Jugendlichen mit AD(H)S ein »Ständig-auf-der-Hut-Sein« (Imhof et al. 2007, 23) gefordert. Diese Kompetenzen müssen herausgebildet werden; geeignet sind entsprechende Fortbildungen etwa zum »Classroom Management«, aber auch ein kontinuierliches Arbeiten an der eigenen Professionalität im Berufsalltag, ggf. unter Zuhilfenahme von kollegialer Supervision.

6.4.2 Ausgewählte Maßnahmen für Pädagogen und Lehrkräfte

In der Literatur zu AD(H)S findet sich eine Fülle an spezifischen pädagogisch-didaktischen Maßnahmen, um Kindern und Jugendlichen das Lernen zu erleichtern und mit ihnen (aus der Sicht des Erwachsenen) möglichst störungsfrei arbeiten zu können. Hier sollen nun beispielhaft einige Maßnahmen vorgestellt werden, welche in unterschiedlicher Art und Weise wirksam sein könnten. Erstens soll eine Strategie vorgestellt werden, welche die Förderung der Kompetenz zu Selbstregulation von Kindern und Jugendlichen mit AD(H)S anstrebt. Die zweite Maßnahme, eher eine Technik, fokussiert primär auf den Aufbau erwünschten Verhaltens. Die dritte Methode verfolgt den Abbau unerwünschten Verhaltens als übergeordnetes Ziel. Alle Maßnahmen vereint der Gedanke, auf AD(H)S-typisches Verhalten einzugehen, ohne dabei durch direkte Konfrontationen, Bestrafungen und verbale Auseinandersetzungen die Beziehungsqualität zwischen Autoritätsperson und Lernenden zu beeinträchtigen. Ergänzend sei auf gruppenbezogene Maßnahmen als pädagogische Kompetenz hingewiesen, die in Kapitel 6.5 zur Sprache kommen.

Wenn-Dann-Pläne

Um Lernenden mit AD(H)S das planvolle Vorgehen bei der Bearbeitung von Aufgaben zu erleichtern und sie hinsichtlich ihrer Fähigkeit zur Selbstregulation zu unterstützen, verweisen u. a. Gawrilow et al. (2013) auf die Anwendung von sogenannten »Wenn-Dann-Plänen«, welche sich in ihrem Format von einfachen Zielintentionen unterscheiden (Gawrilow et al. 2011, 45; Gawrilow 2012, 83; Gawrilow et al. 2013, 50). So bestehen einfache Zielsetzungen aus dem Format »Ich möchte Z erreichen« und sind somit nur wirksam, wenn sich eine Person ausreichend dem Ziel gegenüber verpflichtet fühlt (goal commitment). Wenn-Dann-Pläne ermöglichen durch ihr Format »Und immer wenn die Situation X eintritt, dann führe ich Handlung Y durch« eine direkte Verknüpfung von bestimmten situativen Bedingungen und der zum Ziel führenden Handlung. Kinder mit AD(H)S werden angeleitet, im »Wenn-Teil« die spezifischen Merkmale einer (kritischen) Situation wahrzunehmen und mit einer automatisiert ablaufenden Handlung im »Dann-Teil« zu koppeln (Gawrilow et al. 2011, 45). In Anlehnung an Gawrilow et al. (2013, 51) kann anhand zweier Beispiele der Unterschied sowie die höhere Differenziertheit von Wenn-Dann-Plänen gegenüber einfachen Zielen verdeutlicht werden:

»Ziel: Ich möchte nicht mehr dazwischen reden.
Wenn-Dann-Plan: Und immer wenn ich dazwischen reden will, dann sage ich mir STOP.
Wenn-Dann-Plan: Und immer wenn ich dazwischen reden will, dann notiere ich mir meine Gedanken auf einem Zettel.
Wenn-Dann-Plan: Und immer wenn ich dazwischen reden will, dann melde ich mich und warte bis ich drangenommen werde.«

»Ziel: Ich möchte mich nicht mehr von meinen Mitschülern ablenken lassen.
Wenn-Dann-Plan: Und immer wenn Lisa mich im Unterricht anspricht, dann sage ich ›Erzähl mir das in der Pause‹.
Wenn-Dann-Plan: Und immer wenn mich das Schwätzen in der Klasse stört, dann atme ich drei Mal tief ein und aus und konzentriere mich besonders auf meine Aufgaben.
Wenn-Dann-Plan: Und immer wenn ich Martin im Unterricht was erzählen will, dann schreibe ich es mir auf und erzähl' es ihm nach dem Unterricht.«
(Gawrilow et al. 2013, 51)

Damit Wenn-Dann-Pläne effektiv und hilfreich sein können, müssen bestimmte Voraussetzungen gegeben sein (ebd., 62): Erstens sollte darauf geachtet werden, dass in einem persönlichen Gespräch – etwa zwischen Lehrkraft und Schüler – die individuellen Ziele, Situationen sowie Handlungsstrategien besprochen und aufeinander abgestimmt werden (ebd., 63). Ebenso bedeutsam ist es, dass sich die Kinder und Jugendlichen, ähnlich wie bei einfachen Zielintentionen, mit den jeweiligen Wenn-Dann-Plänen identifizieren können (ebd., 75). Zudem sollte noch vor der Erstellung eines Wenn-Dann-Plans dem Kind oder Jugendlichen erklärt werden, weshalb der Einsatz eines solchen Prinzips sinnvoll ist und wie dies individuell hilfreich sein kann (ebd., 71). Bei der Formulierung eines Wenn-Dann-Plans sollte möglichst genau festgelegt werden, »wie, wo und wann ein Schüler handeln will, um dem formulierten Ziel näher zu kommen« (ebd., 70). Gawrilow et al. (ebd., 72 f) empfehlen, je Schüler mit AD(H)S immer nur einen einzigen Wenn-Dann-Plan zu formulieren, der aktuell verfolgt werden soll. Mittel- bzw. langfristiges Ziel soll es sein, dass die Lernenden nach einiger Zeit selbstständig einen neuen Wenn-Dann-Plan entwickeln. Volle Wirksamkeit erreichen Wenn-Dann-Pläne, sofern es dem Kind oder Jugendlichen gelingt, sie selbstständig zu entwerfen, durchzuführen und zu kontrollieren (ebd., 76).

Die Effektivität von Wenn-Dann-Plänen bei Kindern mit AD(H)S konnte in verschiedenen Studien empirisch belegt werden (Gollwitzer & Sheeran 2006; Gawrilow & Gollwitzer 2008; Gawrilow et al. 2011; Gawrilow et al. 2013). Kinder mit AD(H)S erzielten hier auf Basis des Einsatzes von Wenn-Dann-Plänen bessere Leistungen in der Inhibition bzw. Reaktionshemmung. Darüber hinaus zeitigte die erfolgreiche Anwendung von Wenn-Dann-Plänen auch positive Effekte hinsichtlich der Fähigkeit zum Aufgabenwechsel sowie des Arbeitsgedächtnisses (Gawrilow et al. 2013, 58). Gawrilow et al. (2011, 46) gehen davon aus, dass sich die Wirksamkeit von Wenn-Dann-Plänen vor allem auf die Automatisierung der Handlungskontrolle zurückführen lässt, welche hierdurch erreicht werden könne: »Sobald der kritische Stimulus nun salient wird, wird die zielführende Handlung (z. B. Abwarten beim Belohnungsaufschub) automatisch eingeleitet, ohne weitere kognitive Kontrolle und Ressourcen zu beanspruchen« (Gawrilow et al. 2011, 46).

Trotz der hier dargestellten positiven Effekte und Nachweise von Wenn-Dann-Plänen ist zu bedenken, dass diese vermutlich unwirksam bleiben, sofern das Kind oder der Jugendliche nicht nachvollziehen kann oder auch nicht möchte, dass das vom Pädagogen als problematisch eingestufte Verhalten über Wenn-Dann-Pläne verändert werden sollte. Neben der Bereitschaft bzw. Motivlage des Kindes oder Jugendlichen spielt hier möglicherweise auch die Beziehungsqualität zum Pädagogen eine tragende Rolle, damit diese Strategie erfolgreich umgesetzt werden und wirksam sein kann.

Catch him (her) being good

Im Rahmen dieser Maßnahme achten Pädagogen darauf, ein Kind oder einen Jugendlichen (mit AD(H)S) zu loben, »wenn er sich ausnahmsweise an einer Stelle gut benimmt oder aus Versehen vergisst, sich schlecht zu benehmen« (Hoberg 2013, 159). Dieses Zitat mag amüsant wirken, zeigt jedoch die bedenklich pauschalisiert negative Sicht der hier betrachteten Kinder und Jugendlichen in Teilen der Literatur zu AD(H)S. Unabhängig davon setzt der Aspekt des Lobs einen wichtigen Fokus, denn bei Problematiken wie der hier betrachteten treten allzu schnell Bemühungen in den Vordergrund, die als problematisch gesehenen Verhaltensweisen der Betroffenen zu reduzieren, also unerwünschtes Verhalten abzubauen – und nicht (zugleich) erwünschtes aufzubauen.

Die Besonderheit von Lob besteht in der überraschenden Wirkung des Lobes auf den Lernenden. Anstatt das häufiger gezeigte unerwünschte Verhalten zu tadeln, wird das (ggf. nur kurz) zu beobachtende positive Verhalten rückgemeldet. So könnte bei einem Schüler, der nicht nach vorne zur Tafel, sondern fortlaufend aus dem Fenster sieht, die Aussage der Lehrkraft lauten: »Ich finde es prima von dir, dass du (gerade) zur Tafel schaust«, wenn er dies aktuell tut. Aus lernpsychologischer Perspektive wird so der Aufbau erwünschten Verhaltens über positive Verstärkung (hier: verbales Lob) angestrebt. Bei dieser Technik gilt es allerdings für Lehrkräfte wachsam und recht schnell zu sein, um ein evtl. eher selten auftretendes erwünschtes Verhalten wirklich wahrzunehmen und die kurze »Gelegenheit zu ergreifen, auch einmal etwas Gutes hervorzuheben«

(Hoberg 2013, 159). Darüber hinaus dürfte es wichtig sein, dieses Verfahren, wie viele andere Methoden auch, nur punktuell einzusetzen, um der Gefahr zu entgehen, dass die Wirkung recht schnell verpufft, mitunter unerwünschtes Verhalten bagatellisiert wird – insbesondere aber der Pädagoge intrinsische Motivation zu prosozialem Verhalten durch häufiges Loben und Hervorheben untergräbt.

Bewusstes Ignorieren

»Ignorieren, ignorieren« lautet eine der »goldenen Regeln« für den Umgang mit Kindern mit Aufmerksamkeits- und Hyperaktivitätsproblemen bei Imhof et al. (2007, 29). Hinter dieser Empfehlung steckt die Erfahrung aus der pädagogisch-didaktischen Praxis, dass in Situationen, in denen das Störverhalten eines Lernenden andere Kinder nicht beeinträchtigt, das Ignorieren dieser Verhaltensweisen oftmals effizienter und weniger störend für den Lehr- und Lernablauf in der Gruppe ist als (wiederholte) verbale Ermahnungen oder Bestrafungen. Auch Hoberg (2013, 169) ist der Auffassung, dass unerwünschte AD(H)S-typische Verhaltensweisen recht wirkungsvoll durch Ignorieren vermindert werden können. Gleichzeitig weist sie darauf hin, dass es vielen Lehrkräften häufig relativ schwer falle, die Geduld und Ausdauer aufzubringen, solche Verhaltensweisen über einen längeren Zeitraum lediglich zu ignorieren, und sie daher ab einem bestimmten Zeitpunkt wieder auf den Einsatz von negativen Konsequenzen zurückgriffen. Der Wechsel vom Ignorieren hin zu verbalen Ermahnungen oder Bestrafungen könnte möglicherweise auch darauf zurückzuführen sein, dass Pädagogen irrtümlich das Ignorieren mit professioneller Passivität und negative Reaktionen mit Aktivität gleichsetzen (ebd.). Für weitere spezifische Einzelmaßnahmen zur pädagogisch-didaktischen Förderung soll an dieser Stelle auf Hoberg (2013) verwiesen werden.

So verlockend und erfolgversprechend für Pädagogen und Lehrkräfte solche in vielen Ratgeberbüchern beschriebenen und schnell umsetzbar scheinenden Techniken für einen Umgang mit Kindern und Jugendlichen mit AD(H)S sein mögen, so muss doch gleichzeitig nüchtern festgestellt werden, dass diese oftmals wirkungslos bleiben, sofern kein bzw. nicht genügend theoretischer Unterbau bzw. fachliches Wissen vorhanden sind. Der folgende Absatz soll sich daher auf Basis empirischer Erkenntnisse der Frage widmen, wie viel Lehrkräfte über AD(H)S tatsächlich wissen und was getan werden könnte, damit sich dieser wichtige Kompetenzbereich möglicherweise ausweitet.

6.4.3 Fachwissen zu AD(H)S als wichtige Grundlage professionellen Handelns

Internationale Studien zeigen, dass sich Lehrkräfte von Schülern mit AD(H)S als in hohem Maße belastet erleben (Barbaresi & Olsen 1998) und diese als deutlich anstrengender wahrnehmen als andere Kinder (Greene et al. 2002). Zur Thematik AD(H)S besteht gerade bei Lehrkräften ein hoher Bedarf an Fortbildungsveranstaltungen (Schmiedeler 2013, 152). Doch wie steht es um das Wissen von Lehrkräften zu AD(H)S?

Schmiedeler (2013) hat die Erkenntnisse aus internationalen Studien zu dieser Frage zusammengetragen. Zwar kann demzufolge das allgemeine Wissen von Lehrkräften zu AD(H)S zwar prinzipiell als gut betrachtet werden (ebd., 144), aber es existieren verschiedene nicht unbedeutende Fehlannahmen bezüglich des Problembildes (u. a. Alkahthani 2013) – einige maßgebliche sollen dargestellt werden:

So wird von Lehrkräften die Häufigkeit von AD(H)S tendenziell überschätzt (Perold et al. 2010). Auch in der in Deutschland durchgeführten Studie von Lauth & Knoop (1998) mit 77 Grundschullehrkräften lag die geschätzte Häufigkeit von AD(H)S bei 11,2 % und damit mehr als doppelt so hoch wie in klinischen Studien (▶ Kap. 1.1.2; Schmiedeler 2013, 145). Mit einer deutlich größeren Stichprobe von insgesamt 353 Lehrkräften aus Grund- und Mittelschulen kam Schmiedeler (2013, 150) sogar zu dem Ergebnis, dass 39 % der befragten Pädagogen die Häufigkeit von AD(H)S bei Schulkindern mit 15 % einschätzten. Nur 11,4 % der Lehrkräfte bezifferten die Prävalenz von AD(H)S (mit ca. 5 %) korrekt. In einer australischen Studie gaben 73 % der Lehrkräfte zudem an, dass AD(H)S durch Zucker oder Nahrungsergänzungsmittel verursacht werde (ebd., 145). In einer US-amerikanischen Studie ermittelten Weyandt et al. (2009) bei etwa einem Drittel der befragten Lehrkräfte die Annahme, dass eine Vitamintherapie eine effektive Behandlungsform bei AD(H)S darstelle. Auch in der in Deutschland durchgeführten Studie von Schmiedeler (2013, 150) glaubte etwa die Hälfte der Teilnehmer, dass AD(H)S durch eine Reduktion von Zucker und Nahrungsmittelzusätzen erfolgreich therapiert werden könne. Verbreitet ist außerdem die fachlich nicht korrekte Meinung, AD(H)S sei eine Störung, die im Kindes- und Jugendalter ende und nicht bis ins Erwachsenenalter persistiere (ebd., 145). In ihrer eigenen Untersuchung (ebd., 150) gaben 32,5 % der befragten Lehrkräfte an, dass sich AD(H)S spätestens zum Ende der Pubertät »verwachse«. Weiterhin gingen hier (ebd., 150 f) etwa ein Drittel der Lehrkräfte davon aus, dass den betroffenen Kindern durch die Diagnose AD(H)S automatisch spezielle schulische Fördermaßnahmen eröffnet werden.

Betrachtet man diese offenbar verbreiteten, empirisch zu zeigenden Fehlannahmen, so fällt auf, dass einige Lehrkräfte hinsichtlich Ursachen, Verlauf und Intervention nicht ausreichend informiert sein dürften. Das Phänomen, dass viele Lehrkräfte die Prävalenz von AD(H)S zu hoch einschätzen, könnte etwa dazu führen, »Verhalten von Kindern irrtümlich auf ADHS zu attribuieren und somit zu falschen Empfehlungen in der Überweisung zu einem Arzt zu kommen« (ebd., 150).

Um diesen Fehlannahmen zu begegnen und das Wissen von Lehrkräften zu AD(H)S zu erhöhen, rückt der Aspekt der Weiterbildung von Lehrkräften in den Fokus. Auf Basis der Analyse der Forschungsbefunde kommt Schmiedeler (2013, 152) zu der Schlussfolgerung, dass »sowohl in der Lehrerausbildung als auch in Weiterbildungen während der Berufslaufbahn das Thema ADHS behandelt« werden sollte. In einer noch nicht veröffentlichten Studie von Both et al. (2016) wurde untersucht, inwiefern sich das Wissen von 44 Lehrkräften durch Workshops zum Thema AD(H)S veränderte. Das Wissen über AD(H)S wurde vor, unmittelbar nach sowie drei Monate im Anschluss an den Workshop mit einer gekürzten Version der Knowledge of Attention Deficit Disorders Scale (KADDS; Sciutto et al. 2000) erfasst. Die Studienergebnisse legen nahe, dass die Lehrkräfte stark von den Inhalten des Workshops profitierten, was sich in einer signifikanten Wissenssteigerung in der KADDS sowie in den Selbstauskünften der Lehrkräfte widerspiegelte, obwohl die Inhalte des Workshops nicht auf die Untersuchung abgestimmt waren. Der Effekt der Wissenssteigerung ließ sich nicht nur kurzfristig nachweisen, sondern erwies sich auch als nachhaltig, da das Wissen auch im Follow-Up signifikant höher ausgeprägt war als vor dem Workshop. Die hier kurz dargestellten Ergebnisse zeigen das mögliche Potenzial von Fortbildungsveranstaltungen, um das Wissen von Lehrkräften zu AD(H)S zu erweitern und vorhandene Fehlannahmen zu reduzieren.

Der Erwerb eines breiten und detaillierten Wissens zu AD(H)S vermag für alle pädagogischen Professionellen, nicht nur Lehrkräfte, ein entscheidendes Fundament für kompetentes pädagogisch-didaktisches Handeln in der Praxis zu sein. Erst durch ein ausreichendes Maß an Wissen über AD(H)S dürfen Pädagogen in die Lage versetzt werden, die in Kapitel 6.2–6.5 dargestellten spezifischen Einzelmaßnahmen wirklich gezielt und effektiv umzusetzen.

6.5 Arbeit mit der Gruppe

Kinder und Jugendliche mit AD(H)S haben häufig eine besondere, problematische Rolle in der Gruppe (u. a. Barkley 2011, 168; Ellinger 2007, 145; Lauth & Naumann 2009, 6; Nijmeijer et al. 2007). Die Probleme von Kindern und Jugendlichen mit ADHS im sozialen Bereich sind so geläufig, dass einige US-amerikanische Forscher fordern, Störungen in den sozialen Beziehungen als ein klassifizierendes Merkmal in die Bestimmung von AD(H)S mit aufzunehmen (Landau & Moore 1991; Whalen & Henker 1991).

Huber (2006; 2009) konnte für den deutschen Sprachraum zeigen, dass Kinder mit deklariertem Förderbedarf in Grundschulklassen signifikant häufiger eine Außenseiterposition innehatten. Auch internationale Studien geben deutliche Hinweise darauf, dass gerade hyperaktive Schüler in ihren Gruppen häufig unbeliebt sind (Stein & Ellinger 2015, 93 ff). Zudem dürfte die wahrgenommene Beurteilung durch die Lehrkräfte einen erheblichen Einfluss auf die wechselseitige Beurteilung unter Schülern haben (ebd.).

Diese Befunde machen deutlich, dass auch die Arbeit mit der gesamten Gruppe, beispielsweise einer Schulklasse, im Hinblick auf den sozialen Status und die soziale Integration von Kinder und Jugendlichen mit AD(H)S große Bedeutung hat. Zentrales Ziel muss es sein, drohenden Ausgrenzungen durch Einbindung vorzubeugen, aber auch, bestehende Ausgrenzungen anzugehen. Internationale Studien weisen allerdings darauf hin, dass weder medikamentöse noch verhaltenstherapeutische Maßnahmen bzw. soziale Kompetenztrainings zu nachhaltigen Verbesserungen des Peer-Status führen (Whalen & Henker 1991; Mrug et al. 2007) – empirischen Studien zufolge führt eine Verminderung der AD(H)S-Symptomatik also nicht »automatisch« zu einer höheren Beliebtheit in der Peer-Group. Offenbar reichen die üblichen personorientierten Interventionsmaßnahmen nicht aus, um die soziale Ablehnung von Kindern und Jugendlichen mit AD(H)S erfolgreich einzudämmen.

Im pädagogischen Alltag wäre es daher sehr wichtig, den Sozialstatus von Kindern mit AD(H)S sensibel zu beobachten, diesen ggf. vorsichtig in Gruppengesprächen zu thematisieren und gerade auch gegenüber anderen Kindern und in deren Anwesenheit gezeigte sozial erwünschte Verhaltensweisen und positive Eigenschaften der Kinder mit AD(H)S hervorzuheben (Dubs 2009, 499). Unter Umständen könnten, gut vorbereitet, auch Merkmale von AD(H)S in der Gruppe thematisiert und diskutiert werden, um Verständnis für die bestehenden Probleme zu wecken.

Befunde für die Grundschulstufe zeigen, dass zwischen der Sympathie sowie dem Kommunikationsverhalten einer Lehrkraft gegenüber einzelnen Schülerinnen und Schülern ein signifikanter Zusammenhang zur Peer-Beliebtheit des jeweiligen Kindes besteht (Petillon 1978; 1982; Huber 2009; 2011). Demnach orientieren sich die sozialen Beurteilungen von Grundschülern über einen Klassenkameraden »in erster Linie am Lehrer-Feedback« (Huber 2009, 186). Folgt man dieser Annahme, dann werden diejenigen in einer Schulklasse als beliebt bei ihren Peers eingestuft, die positive Rückmeldungen von ihren Lehrkräften erhalten. Die von Huber (2009) formulierte Hypothese deckt sich indirekt mit Studienergebnissen von Petillon (1978; 1982), welcher ebenfalls für den Grundschulbereich die Schülermerkmale »Leistung« und »Konformität« und deren Ausprägung als Maßstab für die soziale Hierarchie in einer Grundschulklasse ansieht.

Eine konkrete, in jüngerer Zeit vieldiskutierte Methode, die hier hilfreich sein könnte, sei beispielhaft kurz beschrieben: Im Rahmen des »Good behavior game« soll angestrebt werden, Regeln in der Gruppe »einzuspielen«, die zugleich von den Peers überwacht und hinsichtlich von Regelverletzungen »angezeigt« werden. Es handelt sich also um eine Maßnahme auf Basis der Idee von Peer-Intervention. Das deutsche »KlasseKinderSpiel« (Hillenbrand & Pütz 2008) ist eine Übertragung und Adaptation des »Good behavior game« (Barrish et al. 1969). Hillenbrand (2008, 192) zufolge habe es sich »gerade im Unterricht mit aufmerksamkeitsgestörten Kindern« als besonders effektiv erwiesen. Beim ›KlasseKinderSpiel‹ als Methode des Classroom Managements beeinflusst »das Verhalten eines einzelnen Schülers […] das Ergebnis der gesamten Gruppe, der dieser Schüler angehört« (Hennemann & Hillenbrand 2010, 262).

Das ›KlasseKinderSpiel‹ beginnt damit, dass sich die Klasse gemeinsam darüber verständigt, »wie eine optimale Zusammenarbeit in der Gruppe aussehen sollte« (ebd.). Anschließend legt die Klasse ca. drei inadäquate Verhaltensweisen fest (›Fouls‹), bevor sie in zwei bis drei Gruppen geteilt wird. Jede störende Verhaltensweise (›Foul‹) eines Gruppenmitglieds wird mit einem Punkt für das ganze Team bedacht (ebd.). Die Gruppe, die zum Ende der Spieldauer die wenigsten Punkte hat, gewinnt das ›KlasseKinderSpiel‹ und erhält eine Gruppenbelohnung (ebd., 263). Die Spielzeit findet während des regulären Unterrichts statt und beträgt zunächst täglich ca. 15 Minuten; sie erfordert daher von den Schülern (mit Aufmerksamkeits- und Hyperaktivitätsproblemen) eine überschaubare Aufmerksamkeitsspanne. Bei erfolgreicher Erprobung ist es möglich, die Methode auf etwa 20 Minuten zweimal täglich zu erweitern (ebd.). In mehreren wissenschaftlichen Studien konnte die Wirksamkeit dieses Gruppenkontingenzverfahrens nachgewiesen werden (http://www.zukunftsschulen-nrw.de 2016). Allerdings sollte bei der Durchführung dieses Verfahrens der Peer-Intervention von Seiten der Lehrkraft – zumindest in Einzelfällen – darauf geachtet werden, dass Schüler mit AD(H)S hier nicht (noch stärker) in die soziale Rolle des Außenseiters gedrängt werden und vermehrt negative Rückmeldungen von Klassenkameraden erhalten, wenn sie sich nicht an die Regeln des ›KlasseKinderSpiels‹ halten (können) und die Mehrzahl an ›Fouls‹ begehen.

6.6 Kompetenz und Einbindung der Eltern

Becker (2014, 55 ff) fasst den internationalen Forschungsstand zum Thema AD(H)S aus der Perspektive von Eltern zusammen, wobei für den deutschen Sprachraum lediglich eine einzige Fallstudie von Rind (2011) gefunden werden konnte. Innerhalb der verschiedenen Untersuchungen, die insbesondere in den USA und Großbritannien durchgeführt wurden, lassen sich Becker (2014, 55) zufolge vor allem vier Themenkomplexe erkennen:

1. »Die unterschiedlichen Rollen von Müttern und Vätern in Zusammenhang mit der Diagnostik, der Behandlung und der Deutung der ADHS.
2. Die Relevanz biologischer Ursachenmodelle für die Eltern.
3. Die selbst-initiierten Maßnahmen der Eltern.
4. Das Verhältnis von Eltern (als Laien) und Experten.«
   (ebd.)

Die maßgebliche Rolle von Müttern im Hinblick auf den diagnostischen Prozess und die Entscheidung über eine medikamentöse Therapie wurde u. a. von Singh (2003) im Rahmen einer Interviewstudie mit Vätern verdeutlicht. So wurden nach Aussage der Väter nur wenige von ihnen in diese zentralen Fragen miteinbezogen oder waren daran beteiligt. Analog dazu betrachten sich die Mütter in einer weiteren Teilstudie von Singh (2004) als hauptverantwortliche Personen im diagnostischen und therapeutischen Prozess. Außerdem scheinen sich Mütter und Väter in der subjektiven Bewertung des AD(H)S-typischen Verhaltens ihres Kindes sehr zu unterscheiden. Während Väter das normabweichende Verhalten stärker tolerieren oder bagatellisieren und vor allem auf fehlende Strenge im mütterlichen Erziehungsstil und/oder mangelnde Motivation ihrer Kinder zurückführen, leiden Mütter deutlich stärker unter den Verhaltensauffälligkeiten und geben sich hierfür die (alleinige) Schuld (Singh 2004, 311). Ein konsistenter Forschungsbefund ist demnach, dass »Mütter bei der ADHS-Dynamik den aktiven Anteil haben, während sich Väter eher passiv verhalten« (Becker 2014, 56).

Der zweite Themenkomplex, die biologischen Erklärungsmodelle von AD(H)S, sind für Eltern insbesondere hinsichtlich der Entscheidung über eine pharmakologische Therapie relevant (ebd., 57). Eine Funktion solcher Erklärungsmodelle könnte darin bestehen, sowohl den Eltern als auch den Kindern selbst verständlich zu machen, warum es zu den AD(H)S-typischen Verhaltensweisen kommt. Dadurch könnten beide Seiten entlastet und auch die Beziehung zueinander entspannt werden (ebd., 56). Dennoch konnte Singh (2004) in ihrer Studie zeigen, dass eine AD(H)S-Diagnose in vielen Fällen keine Erleichterung der Mütter bewirkt. Auch der Studie von Brinkmann et al. (2009) zufolge äußern einige Eltern, dass sie lieber auf eine medikamentöse Behandlung ihres Kindes verzichten würden und sich Sorgen um die Nebenwirkungen der Psychopharmaka machen, was sich nicht zuletzt in »eigenverantwortlichen Absetz- und Unterbrechungsversuche[n]« (Becker 2014, 57) zeigt. Zudem ist immer auch die sehr bedeutsame Frage einer möglicherweise problematischen, dysfunktionalen Entlastung von Eltern und Kindern zu bedenken – dahingehend, dass daraus Passivität im Hinblick auf eigenes Handeln resultieren kann, zum einen erzieherisches Handeln auf Seiten der Eltern, zum anderen das Bemühen um selbstreguliertes Handeln auf Seiten der Kinder.

Aus der Befragung von Eltern mit Kindern mit AD(H)S ergibt sich ein dritter Schwerpunkt: dass Eltern neben und im Vorfeld einer medikamentösen Behandlungsalternative eine Reihe von selbstinitiierten Maßnahmen mit ihrem Kind erproben und durchführen (Bussing et al. 2006; Rafalovich 2004). Neben der Modifizierung, Vereinbarung und Durchsetzung von häuslichen Regeln und Verhaltenskonsequenzen sind Eltern nach eigenen Aussagen auch dazu bereit, die eigene Person zu reflektieren, um möglichst kompetent mit dem AD(H)S-typischen Verhalten ihres Kindes umzugehen (Becker 2014, 57).

Im Hinblick auf das Verhältnis der Eltern zu Experten ist insbesondere die Rolle der Lehrkräfte bemerkenswert, da diese häufig die ersten professionellen Personen zu sein scheinen, welche die Erziehungspersonen über den Verdacht einer AD(H)S informieren »oder die Eltern direkt zur diagnostischen Abklärung auffordern« (ebd., 58). Folgt man diesem Gedanken, dann kommt in vielen Fällen erst durch die Rahmenbedingungen der Schule der Verdacht auf, es liege eine Störung vor. Sofern die Diagnose AD(H)S beim Kind medizinisch bestätigt und eine medikamentöse Behandlung als notwendig empfunden wurde, eignen sich viele Eltern parallel zu den ärztlichen Vorgaben mittels verschiedener Medien und/oder anhand von Elternprogrammen eine eigene Expertise an (ebd.).

Blickt man an dieser Stelle auf die vier hier dargestellten Themenschwerpunkte, dann ergibt sich für Eltern von Kindern mit AD(H)S-typischen Verhaltensweisen offenbar ein Mangel an Empfehlungen und teilweise auch Unterstützung seitens professioneller Fachkräfte aus pädagogischen Institutionen (Kindergarten, Schule). Den häufig geäußerten Vorwürfen gegenüber einer medikamentösen Behandlung bei AD(H)S kann entgegengesetzt werden, dass für viele Eltern Psychopharmaka verbreitet als das einzige bereitgestellte Mittel wahrgenommen werden könnten, um eine angemessene Förderung der betroffenen Kinder zu erreichen. In der Praxis sind, wie auch Hochwald (2012, 7) schreibt, die verfügbaren Unterstützungsmöglichkeiten von Erziehungspersonen zumeist nicht pädagogischer, sondern therapeutischer Art. Amft (2002, 101) formuliert die aus pädagogischer Perspektive bestehende Hauptproblematik folgendermaßen: »Dort, wo das Problem auftritt, nämlich in der Schule, also im pädagogischen System, wird es in der Regel nicht gelöst. Also bleibt den Eltern nichts anderes übrig, als ins Medizinsystem zu gehen.«

Des Weiteren zeigt sich in der Zusammenschau der Studien über die zentralen Themen von Eltern mit Kindern mit AD(H)S wie oben schon angesprochen, dass sich insbesondere die Mütter in hohem Maße durch das normabweichende Verhalten ihres Kindes belastet fühlen und es zwischen beiden Elternteilen häufig unterschiedliche Bewertungsmaßstäbe gibt. Vor diesem Hintergrund eröffnen sich für die Fachdisziplinen Pädagogik und Psychologie wichtige Ansatzpunkte, erzieherische sowie familienspezifische Fragestellungen zu bearbeiten und sich in institutioneller Form auch stärker als Anlaufstellen für Elternteile anzubieten. Gerade zwischen Elternhaus und Schule wird beiderseits von einer nicht immer gelingenden Kooperation berichtet (Frölich et al. 2014, 140).

Analysiert man die Literaturbeiträge, die sich an Eltern mit AD(H)S richten bzw. die Situation von Eltern mit Kindern mit AD(H)S beschreiben, dann überwiegen Darstellungen, welche eine kaum vorstellbare Belastung in der täglichen Erziehung skizzieren, wie z. B. bei Neuy-Bartmann (2014, 157) zu lesen:

»Bildlich gesprochen sind Eltern Kameltreiber von störrischen Kamelen. Das Kamel ist auf den Kameltreiber angewiesen, weil es sonst überhaupt nichts macht. Aber natürlich bringt das Kamel keine Dankbarkeit für seinen Treiber auf. Es ist eine undankbare und kräftezehrende Arbeit, die die Eltern von ADHS-Kindern leider jeden Tag aufs Neue vollbringen müssen. Manchmal ist es sogar Schwerstarbeit, weil sie mit viel Widerstand und Trotz zu kämpfen haben.«

Diese und andere ähnliche Literaturbeiträge implizieren ein hohes Mitgefühl für die Elternhäuser von Kindern mit AD(H)S. Sehr fraglich erscheint hier aber zugleich das Bild der Kinder – was oft übersehen zu werden scheint. Und: Autoren, die einen entgegengesetzten Standpunkt einnehmen und die heikle Frage aufwerfen, ob Aufmerksamkeitsstörungen, Hyperaktivität und Impulsivität nicht nur Auslöser von Erziehungsproblemen, sondern auch deren Folge sein könnten, sind hingegen nur selten zu finden – womöglich auch deshalb, weil man sich damit (bei den Eltern) sehr unbeliebt machen könnte. Es kann allerdings angenommen werden, dass in der Praxis viele Eltern gegenüber einer professionellen pädagogischen Beratung und Unterstützung durchaus aufgeschlossen wären und hier in der alltäglichen Erziehung profitieren könnten.

Eine Studie von Schreyer und Hampel (2009) legt nahe, dass sich das Erziehungsverhalten von Müttern von Kindern mit AD(H)S signifikant von dem von Müttern anderer Kinder unterscheidet. So führen Mütter von Kindern mit AD(H)S weniger positive Interaktionen mit ihren Kindern und bringen ihnen eine geringere persönliche Zuwendung entgegen als Mütter von Kindern ohne AD(H)S. Gezielte pädagogisch-professionelle Beratung und Unterstützung der Eltern müsste auf eine komplexe Sicht von Aufmerksamkeits- und Hyperaktivitätsproblemen verweisen, die in der Interaktion von Person und Umfeld entstehen, sich verfestigen und ›aufschaukeln‹ können. Dies würde das elterliche Verständnis für die Kinder, aber auch für die familiären Interaktionsprozesse fördern. Gemeinsam könnte an Maßnahmen der Situationsgestaltung gearbeitet werden, indem Prinzipien der Strukturgebung, der Rhythmisierung usw. (▶ Kap. 6.2) für den häuslichen Kontext adaptiert werden.

Pädagogische Beratung könnte allerdings auch Befunde zur Gestaltung eines anregenden häuslichen Lernumfeldes aufgreifen (Schmiedeler et al. 2014), um dem Entstehen von AD(H)S vorzubeugen, aber zudem, um erste Ausprägungen reduzieren zu helfen – beispielsweise einfach, worauf diese Befunde deutlich hinweisen, häufiger mit den Kindern zu lesen und zu Hause gemeinsam Spiele zu spielen sowie exzessiven Fernsehkonsum deutlich zu verringern. Stattdessen sollten Eltern dazu angeregt werden, nach gezielten Bewegungs- oder Sportmöglichkeiten zu suchen.

6.6 Kompetenz und Einbindung der Eltern

Um einen regelmäßigen Austausch zwischen Lehrkraft und Eltern herzustellen, weisen Gawrilow et al. (2013, 46) auf den Nutzen eines Wochenberichts hin, in dem der Lehrer eine kurze individuelle Rückmeldung über das Verhalten und die Entwicklung des Schülers gibt. Da insbesondere im Grundschulalter die schulischen Hausaufgaben in vielen Familien von Kindern mit AD(H)S »zur Katastrophe – belastend für alle« (Imhof et al. 2011, 53) werden, kommt gemeinsamen Hausaufgabenvereinbarungen zwischen Schule und Eltern eine besondere Bedeutung zu (ebd.). Eltern wird empfohlen, nach Möglichkeit den Überblick zu bewahren und durch klare Regeln und Grenzen die Hausaufgabenzeit zu strukturieren (Gawrilow et al. 2013, 47). So bietet sich bei Kindern mit ADHS für den häuslichen Alltag der Ablauf von täglichen Routinen an, wie beispielsweise das gemeinsame Packen des Schulranzens für den nächsten Schultag oder die sogenannte ›Anziehstraße‹, bei der ein Elternteil gemeinsam mit dem Kind die Kleidungsstücke für den nächsten Schultag in der richtigen Reihenfolge des Anziehens auslegt (Dernick 2009, 269) (wobei auch hier wieder angestrebt werden sollte, dass das Kind Unabhängigkeit von solchen Vorstrukturierungen erreicht). Sofern eine Lehrkraft in den Gesprächen mit Eltern eine erhöhte Belastung bemerkt, könnte sie auf Unterstützungssysteme wie Erziehungsberatungsstellen (www.bke.de) oder den schulpsychologischen Dienst hinweisen (Gawrilow et al. 2013, 46 f). Wenn auch die Eltern eines Kindes mit AD(H)S selbst von diesem Problem betroffen sind, könnten Selbsthilfegruppen eine geeignete Anlaufstelle darstellen, wo ein Austausch mit anderen Betroffenen ermöglicht wird (ebd., 47).

7
Fazit

AD(H)S erweist sich als ein faszinierendes Phänomen: Über die Jahrzehnte hinweg ist es in der Diskussion in Theorie und Praxis präsent, im Wechsel der Zeiten unter wechselnden Bezeichnungen. Es wird viel dazu geforscht, und in die Forschung wird massiv investiert – allerdings im Gesamtbild recht einseitig mit erheblichem medizinisch-biologischen Schwerpunkt. Es sind über die Jahre verschiedene, gut etablierte Förderprogramme entstanden, die aber einen sehr stark kognitiv-behavioralen Schwerpunkt haben.

Ungeklärt ist der theoretische Diskurs zu Sichtweisen und möglichen Ursachen von AD(H)S. Hierzu gibt es zwar Literatur, in der verschiedene Positionen dargestellt werden – aber es gibt fast keine Diskussion miteinander. Und es besteht schon rein quantitativ ein sehr erheblicher Schwerpunkt der Literatur, die aus dem Bereich der Medizin kommt, teilweise in Kooperation mit der Psychologie – kaum jedoch mit der Pädagogik oder auch der Soziologie. Dieser Tatbestand ist ausgesprochen bedauerlich, handelt es sich doch um ein interdisziplinär relevantes Problemfeld.

Dass es Belege für genetische und neurobiologische Ursachen gibt, muss zur Kenntnis genommen werden – solange aber auch die Forschung eine sehr erhebliche Schieflage zugunsten der Betrachtung und Untersuchung solcher Ursachen aufweist, kann die Kritik nicht vom Tisch gewischt werden, dass man nur das zutage fördern kann, was man untersucht – und wesentliche Aspekte des Diskussionsraums der Ursachen von AD(H)S bisher wenig oder gar nicht ausgelotet sind: Erziehungsbedingungen, familiäre Einflüsse, Einflüsse des Umfeldes und der Kultur. Zwar müssen Pädagogik und Sonderpädagogik sich hier zu recht Kritik gefallen lassen, die eigenen Positionen, Theorien und Konzepte zu wenig empirisch zu erforschen und sich in den Diskurs zu wenig einzubringen – aber auf der anderen Seite lässt sich auch eine erhebliche Schieflage der Widmung von Forschungsmitteln feststellen – sowie eine erhebliche Einschränkung der multidisziplinären Vielfalt in Forschungsverbünden.

In diesem Rahmen sind durchaus multifaktorielle Ansätze und damit komplexere Sichtweisen der Ursachen des Phänomens AD(H)S entstanden. Diese weisen jedoch zwei Probleme auf: Zum einen positionieren sie recht pauschal neurobiologische und -chemische Dysfunktionen in den Mittelpunkt und an den Ursprung der Entstehung von AD(H)S. Zum anderen erweisen sie sich in der Regel als stark linear denkend. Es wird zu untersuchen sein, ob nicht dynamischere, prozessorientierte Theorien, die stärker auch ein Spektrum von Wechselwirkungen berücksichtigen, der Erklärung und dem Verstehen von AD(H)S besser gerecht werden.

Phänomene wie AD(H)S werden über internationale Klassifikationssysteme bestimmt. Dies ist notwendig, um eine begriffliche und konzeptionelle Grundlage für individuelle Diagnostik erheblicher individueller Problemlagen zu schaffen, die wiederum als Basis einer gezielten Hilfe unverzichtbar ist. Zugleich ist dabei zweierlei zu bedenken:

- Einerseits müssen solche Klassifikationen immer wieder der Entwicklung des Forschungsstandes sowie auch gesellschaftlichen Dynamiken angepasst werden. Über diese Anpassungen verändern sich Klassifikationen und Diagnosen, und dies hat wiederum Einfluss auf die Frage, wer unter welchen Umständen diagnostiziert und (mit ADHS) klassifiziert wird. Gerade die aktuelle Diskussion in der Entwicklung vom DSM-IV zum DSM-5, wie in diesem Buch gezeigt, spiegelt kritische Fragen solcher Entwicklungen wider – die auch zur erheblichen Veränderung von Diagnoseraten und epidemiologischen Daten führen können. Im Hinblick auf AD(H)S ergibt sich die Frage einer (künstlich über Klassifikationskriterien beeinflussten) erheblichen Erhöhung der Diagnoseraten.
- Andererseits folgt ein System, das erst dann eingreift, wenn eine bestimmte Schwelle des Gravierenden überschritten wird (Diagnose ADHS), einer »wait-to-fail-Strategie« (Huber & Grosche 2012): Man wartet, bis die Probleme so gravierend geworden sind, dass eine (massive) Intervention (medikamentös, psychotherapeutisch) notwendig geworden ist. Aus pädagogischer Perspektive stellen Aufmerksamkeits- und Hyperaktivitätsprobleme ein Spektrum dar, bei dem klassifikatorisch (durch ICD oder DSM) ein ›Schnitt‹ gesetzt wird, ab dem diese Probleme als klinisch relevant gelten. Aus der Perspektive einer guten Prävention gälte es, das gesamte Spektrum in den Blick zu nehmen und möglichst bereits dort anzusetzen, wo sich Probleme andeuten, um sie frühzeitig anzugehen. Dies ist die pädagogische Perspektive, die einen hohen Interventionsbedarf für eine kleinere Problemgruppe keinesfalls negiert, aber Probleme weiter fasst. Dem soll ein interaktionistischer Blick auf AD(H)S gerecht werden.

Schließlich gilt es, einen Blick auf die Förderansätze zu werfen. Hier wurde eine erhebliche Dominanz medikamentöser und ergänzend psychotherapeutischer Intervention deutlich. Innerhalb der Literatur- und Forschungsbeiträge zu AD(H)S wird gerade im Hinblick auf die medikamentöse Stimulanzientherapie der Fokus auf die Wirksamkeit bzw. die erfolgreiche Reduzierung der Kernsymptome gerichtet. Gleichzeitig bleibt dabei eine kritische Bestandsaufnahme oftmals unberücksichtigt, etwa in Bezug auf die stark anwachsende Zuwachsrate von Methylphendiat-Präparaten, den fehlenden Längsschnittstudien über die Nebenwirkungen einer solchen Therapie oder die im pädagogischen Alltag nicht selten anzutreffende Problematik, die mögliche Nichteinnahme des Medikaments als jederzeit gültige Erklärung bzw. ›Selbst-Rechtfertigung‹ für AD(H)S-typisches Verhalten heranzuziehen.

Entwicklungsbedarf besteht zum einen für stärker präventive, dabei insbesondere pädagogische Ansätze – und zum anderen für eine erheblichere Weite der Konzepte, nachdem schon seit Längerem kognitiv-behaviorale Ansätze sehr stark dominieren, die verfügbaren Förderprogramme und Trainings oft und recht stereotyp ausgesprochen ähnliche Wege gehen – und damit wichtige Aspekte, etwa die Förderung offener und fokussierter Aufmerksamkeit, Achtsamkeit, Emotionalität, moralische Bewusstheit, Selbstkonzept oder Gruppenprozesse allzu stark außen vor bleiben.

Literatur

Abelin, E. (1971): The Role of the Father in the Separation-Individuation Process. In: McDevitt, J. B. & Settlage C.F. (Hrsg.): Separation-Individuation. International Universities Press, New York. 229–252.

Ahrbeck, B. (2007a): Hyperaktivität. Kulturtheorie. Pädagogik. Therapie. Stuttgart: Kohlhammer.

Ahrbeck, B. (2007b): Erregung statt Bedeutung. Überlegungen zum aktuellen Stand der ADHS-Forschung. Humboldt-Spektrum 1, 40–43.

Alkahtani, K. (2013): Teachers' Knowledge and Misconceptions of Attention Deficit/Hyperactivity Disorder. Psychology 4, 963–969.

Alm, B. & Sobanski, E. (2005): Angststörungen und Komorbidität mit der Aufmerksamkeitsdefizit-/Hyperaktivitätsstörung (ADHS) im Erwachsenenalter. In: Bassler, M.; Leidig, S. & Alm, B. (Hrsg.): Psychotherapie der Angsterkrankungen. Krankheitsmodelle und Therapiepraxis. Stuttgart: Thieme. 143–154.

American Psychiatric Association (2013)[5]: Diagnostic and statistical manual of mental disorders. VA: Arlington.

Amft, H. (2002)[2]: Die ADS-Problematik aus der Perspektive einer kritischen Medizin. In: Amft, H.; Gerspach, M. & Mattner, D. (Hrsg.): Kinder mit gestörter Aufmerksamkeit. ADS als Herausforderung für Pädagogik und Therapie. Stuttgart: Kohlhammer. 47–149.

Amft, H. (2006)[2]: ADHS: Hirnstoffwechselstörung und/oder Symptom einer kranken Gesellschaft? Psychopharmaka als Mittel einer gelingenden Naturbeherrschung am Menschen. In: Leuzinger-Bohleber, M.; Brandl, Y. & Hüther, G. (Hrsg.): ADHS – Frühprävention statt Medikalisierung. Theorie, Forschung, Kontroversen. Göttingen: Vandenhoeck & Ruprecht. 70–90.

Amft, H.; Gerspach, M. & Mattner, D. (2004)[2]: Kinder mit gestörter Aufmerksamkeit. ADS als Herausforderung für Pädagogik und Therapie. Stuttgart: Kohlhammer.

Augello, E. (2010): Schule in den Aussagen medikamentierter Jungen. In: Haubl, R. & Liebsch, K. (Hrsg.): Mit Ritalin leben. ADHS-Kindern eine Stimme geben. (Schriften des Sigmund-Freud-Instituts, Reihe 2: Psychoanalyse im interdisziplinären Dialog, Bd. 13). Göttingen: Vandenhoeck & Ruprecht. 107–117.

Aust-Claus, E. & Hammer, P.-M. (2002)[7]: Das A-D-S-Buch. Neue Konzentrations-Hilfen für Zappelphilippe und Träumer. Oberstebrink: Ratingen.

Aylward, E.H.; Reiss, A.L.; Reader, M.J.; Singer, H.S.; Brown, J.E. & Denckla, M.B. (1996): Basalganglia volumes in children with attention-deficit hyperactivity disorder. Journal Children Neurolog 11, 5–112.
Banaschewski, T.; Coghill, D.; Paramala, S.; Zuddas, A.; Asherson, P.; Buitelaar, J.; Danckaerts, M.; Döpfner, M.; Faraone, S.V.; Rothenberger, A.; Sergeant, J.; Steinhausen, H.-C.; Sonuga-Barke, E.J.S. & Taylor, E. (2006): Long-acting medications for the hyperkinetic disorders: A systematic review and European treatment guideline. European Child & Adolescent Psychiatry 15, 476–495.
Banaschewski T. & Döpfner, M. (2014): DSM-5 – Aufmerksamkeitsdefizit/Hyperaktivitätsstörungen. Zeitschrift für Kinder- und Jugendpsychiatrie und Psychotherapie 42 (4), 271–277.
Banaschewski, T. & Rothenberger, A. (2010): Pharmakotherapie mit Stimulanzien bei Kindern und Jugendlichen. In Steinhausen, H.C, Rothenberger, A. & Döpfner, M. (Hrsg.): Handbuch ADHS. Stuttgart: Kohlhammer. 289–307.
Barbaresi, W.J. & Olsen, R.D. (1998): An ADHD educational intervention for elementary school teachers: A pilot study. Developmental and Behavior Pediatrics 19, 94-100.
Barrish, H.H.; Saunders, M. & Wolf, M.M. (1969): Good behavior game: Effects of individual contingencies for group consequences on disruptive behavior in a classroom. Journal of Applied Behavior Analysis 2, 119–124.
Barkley, R.A. (2011)[3]: Das große ADHS-Handbuch für Eltern. Verantwortung übernehmen für Kinder mit Aufmerksamkeitsdefizit und Hyperaktivität. Bern: Hans Huber.
Bauer, C.-P. (2011)[7]: Medizinische Rehabilitation bei Kindern und Jugendlichen. In: Deutsche Rentenversicherung Bund (Hrsg.): Sozialmedizinische Begutachtung für die gesetzliche Rentenversicherung. Berlin. Heidelberg. New York: Springer. 643–656.
Bauer, J. (2002): Das Gedächtnis des Körpers. Wie Beziehungen und Lebensstile unsere Gene steuern. Frankfurt: Eichborn.
Bauer, J. (2004): Gene sind keine Autisten. Psychologie heute 31 (3), 50–53.
Becker, N. (2014): »Schwierig oder krank?« ADHS zwischen Pädagogik und Psychiatrie. Bad Heilbrunn: Klinkhardt.
Becker-Pfaff, J. & Engel, S. (2010): Fallbuch Psychiatrie. Stuttgart: Thieme.
Biegert, H. (2004): ADHS und Jugendhilfe. Voraussetzungen, Möglichkeiten und Grenzen der Kostenübernahme von pädagogischen Maßnahmen bei ADHS im Rahmen der Eingliederungshilfe. In: Fitzner, T. & Stark, W. (Hrsg.): Genial, Gestört, Gelangweilt? ADHS, Schule und Hochbegabung. Weinheim: Beltz. 60–120.

Bonath, T. & Hock, N. (2007)[2]: Das Aufmerksamkeits-Defizit-/Hyperaktivitäts-Syndrom (ADHS). In: Pfeiffer, H.; Dresche, M. & Hirte, M. (Hrsg.): Homöopathie in der Kinder- und Jugendmedizin. München: Urban & Fischer. 131–143.

Born, A. & Oehler, C. (2003)[2]: Lernen mit ADS-Kindern. Ein Praxishandbuch für Eltern, Lehrer und Therapeuten. Stuttgart: Kohlhammer.

Both, F.; Schmiedeler, S.; Abelein, P. & Schneider, W. (2016): Wirksamkeit eines Workshops für Lehrkräfte über die Aufmerksamkeitsdefizit-/Hyperaktivitätsstörung (ADHS). Praxis der Kinderpsychologie und Kinderpsychiatrie, 65, 315–327.

Braaten, E.B. & Rosén, L. (2000): Self-regulation of affect in attention deficit-hyperacitivity disorder (adhd) and non-adhd boys: differences in empathic responding. Journal of consulting and clinical psychology 2, 313–321.

Brandau, H. (2004): Das ADHS-Puzzle. Systemisch-evolutionäre Aspekte, Unfallrisiko und klinische Perspektiven. Wien: Springer.

Brandau, H.; Daghofer, F.; Hollerer, L.; Kaschnitz, W.; Kellner, K.; Kitchmair, G.; Krammer, I. & Schlagbauer, A. (2007): The relationship between creativity, teacher ratings on behavior, age, and gender in pupils from seven to ten years. Journal of Creative Behavior 41, 91–113.

Brandau, H. & Kaschnitz, W. (2008): ADHS im Jugendalter. Grundlagen, Interventionen und Perspektiven für Pädagogik, Therapie und Soziale Arbeit. Weinheim und München: Juventa.

Bräutigam, M. (2009)[3]: Sportdidaktik. Ein Lehrbuch in 12 Lektionen. Aachen: Meyer & Meyer.

Breitenbach, E. (2005): Aufmerksamkeitsstörungen – therapeutische und pädagogische Maßnahmen. In: Ellinger, S. & Wittrock, M. (Hrsg.): Sonderpädagogik in der Regelschule. Stuttgart: Kohlhammer. 109–120.

Brinkman, W.B.; Sherman, S.N.; Zmitrovich, A.R.; Visscher, M.O.; Crosby, L. E.; Phelan, K.J. & Donovan, E.F. (2009): Parental Angst Making and Revisiting Decisions About Treatment of Attention Deficit/Hyperactivity Disorder. Pediatrics 124 (2), 580–589.

Brophy, J. (1996): Teaching Problem Students. New York: The Guilford Press.

Bruchmüller, K. & Schneider, S. (2012): Fehldiagnose Aufmerksamkeitsdefizit- und Hyperaktivitätssyndrom? Empirische Befunde zur Frage der Überdiagnostizierung. Psychotherapeut 57, 77–89.

Brunstein, J.C. & Spörer, N. (2010)[4]: Selbstgesteuertes Lernen. In: Rost, D.H. (Hrsg.): Handwörterbuch Pädagogische Psychologie. Weinheim: Beltz. 751–759.

Buitelaar, J.K.; van der Wees, M.; Swaab-Barneveld, H. & van der Gaag, R.J. (1999): Theory of mind and emotion recognition functioning in autistic spectrum disorders and psychiatric control and normal children. Devlopmental psychopathology 11, 39–85.

Bundeszentrale für gesundheitliche Aufklärung (2010): ADHS. Aufmerksamkeitsdefizit/Hyperaktivitätsstörung. Was bedeutet das? Köln.

Bussing, R.; Koro-Ljungeberg; M.E.; Williamson, P.; Gary, F.A. & Garvan, C. W. (2006): What »Dr. Mom« ordered: a community-based exploratory study of parental self-care responses to children's ADHD symptoms. Social Science & Medicine 63 (4), 871–882.

Casey, B.J.; Castellanos, F.X.; Giedd, J.N.; Marsh, W.L.; Hamburger, S.D.; Schubert, A.B.; Vauss, Y.C.; Vaituzis, A.C.; Dickstein, D.P.; Sarfatti, S.E. & Rapoport, J.L. (1997): Implication of right frontostriatal circuitry in response inhibition and attention-deficit/hyperactivity disorder. Journal of the American Academy of Child and Adolescent Psychiatry 36, 374–383.

Castellanos, F.X.; Giedd, J.N.; Marsh, W.L.; Hamburger, S.D.; Vaituzis, A.C.; Dickstein, D.P.; Sarfatti, S.E.; Vauss, Y.C.; Snell, J.W.; Lange, N.; Kaysen, D.; Krain, A.L.; Ritchie, G.F.; Rajapakse, J.C. & Rapoport, J.L. (1996): Quantitative brain magnetic resonance imaging in attention-deficit hyperactivity disorder. Archives of General Psychiatry 53 (7), 607–616.

Castellanos, F.X.; Lee, P.P.; Sharp, W.; Jeffries, N.O.; Greenstein, D.K.; Clasen, L.S.; Blumenthal, J.D.; James, R.S.; Ebens, C.L.; Walter, J.M.; Zijdenbos, A.; Evans, A.C.; Giedd, J.N. & Rapoport, J.L. (2002): Developmental trajectories of brain volume abnormalities in children and adolescents with attention-deficit/hyperactivity disorder. The journal of the american medical association (JAMA) 288, 1740–1748.

Chronis, A.M.; Jones, H.A. & Raggi, V.L. (2006): Evidence-based psychosocial treatments for children and adolescents with attention-deficit/hyperactivity disorder. Clinical Psychology Review 26 (4), 486–502.

Colla, M. (2012): Aufmerksamkeits-/Hyperaktivitätsstörung (ADHS) im Erwachsenenalter. In: Gründer, G. & Benkert, O. (Hrsg.): Handbuch der Psychopharmakotherapie. Berlin, Heidelberg: Springer. 1111–1122.

Cramond, B. (1994): Attention-Deficit Hyperactivity Disorder and creativity – what is the connection? The Journal of Creative Behavior 28 (3), 193–210.

Cruickshank, W.M. (1967): The brain-injured child in home, school, and community. Syracuse, NY: Syracuse University Press.

Cruickshank, W.M. (1981)[2]: Schwierige Kinder und Jugendliche in Schule und Elternhaus. Förderung lern- und wahrnehmungsgestörter Kinder und Jugendlicher. Berlin: Marhold.

Dammasch, F. (2006)[2]: ADHS – endlich hat das Kind einen Namen. Psychoanalytische Gedanken zur Bewegung des ruhelosen Kindes und zur

Bedeutung von Ritalin®. In: Leuzinger-Bohleber, M.; Brandl, Y. & Hüther, G. (2006): ADHS – Frühprävention statt Medikalisierung. Theorie, Forschung, Kontroversen. Göttingen: Vandenhoeck & Ruprecht. 189–221.

DeGrandpre, R. (2002): Die Ritalin-Gesellschaft. ADS: Eine Generation wird krankgeschrieben. Weinheim: Beltz.

Dernick, R. & Küstenmacher, W.T. (2009)[2]: Topfit für die Schule durch kreatives Lernen im Familienalltag. Kösel: München.

Deutsche Gesellschaft für Kinder- und Jugendpsychiatrie und Psychotherapie et al. (2007)[3]: Hyperkinetische Störungen (F90). In: Deutsche Gesellschaft für Kinder- und Jugendpsychiatrie und Psychotherapie et al. (Hrsg.): Leitlinien zur Diagnostik und Therapie von psychischen Störungen im Säuglings-, Kindes- und Jugendalter. Köln: Deutscher Ärzte Verlag. 239–254.

Diener, M.B. & Milich, R. (1997): Effects of positive feedback on the social interactions of boys with attention deficit hyperactivity disorder: A test of the self-protective hypothesis. Journal of Clinical Child Psychology 26, 256–265.

Dietz, F. (2006): Wenn ich doch nur aufmerksam sein könnte. Ein hyperaktiver Jugendlicher berichtet. Forchheim: Bundesverband Aufmerksamkeitsstörung/Hyperaktivität e. V., Nachdruck.

Dilling, H.; Mombour, W. & Schmidt, M.H. (2008)[6]: Internationale Klassifikation psychischer Störungen. ICD-10 Kapitel V (F). Klinische diagnostische Leitlinien. Weltgesundheitsorganisation. Bern: Huber.

Döpfner, M.; Berner, W.; Flechtner, H.; Lehmkuhl, G. & Steinhausen, H.-C. (1999): Psychopathologisches Befund-System für Kinder und Jugendliche (CA-SCAP-D). Befundbogen, Glossar und Explorationsleitfaden. Göttingen: Hogrefe.

Döpfner, M.; Lehmkuhl, G. & Steinhausen, H.-C. (2006): Kinder-Diagnostik-System (KIDS). Band 1: Aufmerksamkeitsdefizit- und Hyperaktivitätsstörungen (ADHS). Göttingen: Hogrefe.

Döpfner, M.; Breuer, D.; Wille, N.; Erhart, M. & Ravens-Sieberer, U. (2008): How often do children meet ICD-10/DSM-IV criteria of attention deficit-/hyperactivity disorder and hyperkinetic disorder? Parent-based prevalence rates in a national sample – results of the BELLA study. European Child & Adolescent Psychiatr 17 (1), 59–70.

Döpfner, M.; Görtz-Dorten, A. & Lehmkuhl, G. (2008): Diagnostik-System für Psychische Störungen im Kindes- und Jugendalter nach ICD-10 und DSM-IV, DISYPS-II. Bern: Huber.

Döpfner, M. (2011): Einseitige Sichtweise. Informationen für Erziehungsberatungsstellen 1, 28–29.

Döpfner, M.; Frölich, J. & Lehmkuhl, G. (2000): Ratgeber Hyperkinetische Störungen. Informationen für Betroffenen, Eltern, Lehrer und Erzieher. Göttingen: Hogrefe.
Döpfner, M.; Frölich, J. & Lehmkuhl, G. (2000): Hyperkinetische Störungen. Leitfaden Kinder- und Jugendpsychiatrie. Göttingen: Hogrefe.
Döpfner, M. & Kinnen, C. (2009): Hyperkinetische Störung. In: Lohaus, A. & Domsch, H. (Hrsg.): Psychologische Förder- und Interventionsprogramme für das Kindes- und Jugendalter. Heidelberg: Springer. 18–34.
Döpfner, M. & Steinhausen, H.C. (2010): Psychosoziale Faktoren. In Steinhausen, H.C.; Rothenberger, A. & Döpfner, M. (Hrsg.): Handbuch ADHS: Grundlagen, Klinik, Therapie und Verlauf der Aufmerksamkeitsdefizit-Hyperaktivitätsstörung. Stuttgart: Kohlhammer. 134–144.
Döpfner, M.; Frölich, J. & Lehmkuhl, G. (2013)[2]: Aufmerksamkeitsdefizit-/Hyperaktivitätsstörung (ADHS). Göttingen: Hogrefe.
Döpfner, M.; Schürmann, S. & Frölich, J. (2007)[4]: THOP – Therapieprogramm für Kinder mit hyperkinetischem und oppositionellem Problemverhalten. Weinheim: Beltz PVU.
Döpfner, M.; Schürmann, S. & Lehmkuhl, G. (2006)[3]: Wackelpeter & Trotzkopf. Hilfen für Eltern bei hyperkinetischem und oppositionellem Verhalten. Weinheim: Beltz PVU.
Dörpinghaus, A. (2009): Pathologisierungen schulischen Verhaltens. Über die biopolitische Umschrift pädagogischer Deutungsmuster. Ein Essay. In: Nießeler, A./Uphoff, I. (Hrsg.): Pädagogische Auffälligkeiten. Deutungsmuster von Verhaltensstörungen und Verhaltensauffälligkeiten – kritisch betrachtet. Würzburg: Königshausen & Neumann. 15–30.
Doyle, A.E.; Biederman, J.; Seidman, L.F.; Weber, W. & Faraone, S.V. (2000): Diagnostic efficiency of neuropsychological test scores for discriminating boys with and without attention deficit-hyperactivity disorder. Journal of Consulting and Clinical Psychology 68, 477–488.
Drechsler, R. (2010): Neuropsychologie. In: Rothenberger, A., Döpfner, M. & Steinhausen, C.M. (Hrsg.): Handbuch ADHS. Grundlagen, Klinik, Therapie und Verlauf der Aufmerksamkeitsdefizit-Hyperaktivitätsstörung. Stuttgart: Kohlhammer. 92–112.
Dreisörner, T. (2006): Wirksamkeit verhaltenstherapeutischer Gruppenprogramme bei Kindern mit Aufmerksamkeitsdefizit- und Hyperaktivitätsstörungen (ADHS). Kindheit und Entwicklung 15 (4), 255–266.
Dreisörner, T. (2007): Nicht jeder prinzipiell wirksame Therapieansatz besteht den Praxistest. Kindheit und Entwicklung 16 (3), 158–162.

Drüe, G. (2007): ADHS kontrovers. Betroffene Familien im Blickfeld von Fachwelt und Öffentlichkeit. Stuttgart: Kohlhammer.

Dunn, P.B. & Shapiro, S.K. (1999): Gender differences in the achievement goal orientation of ADHD children. Cognitive Therapy and Research 23, 327–344.

Eichlseder, W.: (1999)[3]: Unkonzentriert? Hilfen für hyperaktive Kinder und ihre Eltern. Weinheim: Beltz.

Ehret, A.M. & Berking, M. (2013): DSM-IV und DSM-5: Was hat sich tatsächlich verändert? Verhaltenstherapie 23 (4), 258–266.

Ellinger, S. (2007): Aufmerksamkeitsstörung und Hyperaktivität (ADS/ADHS). In: Ellinger, S.; Koch, K. & Schroeder, J. (Hrsg.): Risikokinder in der Ganztagsschule. Ein Praxishandbuch. Stuttgart: Kohlhammer. 16–148.

Ellinger, S. (2013): Förderung bei sozialer Benachteiligung. Stuttgart: Kohlhammer.

Esser, G.; Fischer, S.; Wyschkon, A.; Laucht, M. & Schmidt, M. (2007): Vorboten hyperkinetischer Störungen – Früherkennung im Kleinkindalter. Zeitschrift für Kinder- und Jugendpsychiatrie und Psychotherapie 35 (2), 127–136.

Ettrich, C. & Ettrich, K.U. (2006): Verhaltensauffällige Kinder und Jugendliche. Heidelberg: Springer.

Falkai, P. & Wittchen, H.-U. (2015): Diagnostisches und Statistisches Manual Psychischer Störungen DSM-5. Göttingen: Hogrefe.

Faraone, S.V.; Biederman, J.; Lehman, B.K.; Spencer, T.; Norman, D.; Seidman, L.J. et al. (1993): Intellectual performance and schoolfailure in children with attention deficit hyperactivity disorder and their siblings. Journal of Abnormal Psychology 102 (4), 616–623.

Faraone, S.V.; Spencer, T.J.; Aleardi, M.; Pagano, C. & Biederman, J. (2004): Meta-analysis of the efficacy of methylphenidate for treating adult attention-deficit/hyperactivity disorder. Journal of Clinical Psychopharmacology 24 (1), 24–29.

Faraone S.V.; Biederman J. & Mick E. (2006): The age-dependent decline of attention deficit hyperactivity disorder: a meta-analysis of follow-up studies. Psychol Med 36, 159–165.

Fastnacht-Hill, L.A. (2001): The role of empathy in differentiating conduct and attention-deficit hyperactivity disorders. Dissertation abstracts international: section B: the sciences and engineering, 61 (8-b), 4382.

Farnkopf, R. (2007): ADS und Schule. Tipps für Unterricht und Hausaufgaben. Weinheim: Beltz.

Filipek, P.A.; Semrud-Clikeman, M.; Steingard, R.J.; Renshaw, P.F.; Kennedy, D.N. & Biederman, J. (1997): Volumetric MRI analysis comparing subjects having attention-deficit hyperactivity disorder with normal controls. Neurology 48, 589–601.

Frances, A. (2013): Normal. Gegen die Inflation psychiatrischer Diagnosen. Köln: DuMont Verlag.

Frazier, T.W.; Demaree, H.A. & Youngstrom, E.A. (2004): Meta-Analysis of Intellectual and Neuropsychological Test Performance in Attention-Deficit/Hyperactivity Disorder. Neuropsychology 18 (3), 543–555.

Frenkel, B. & Randerath, A. (2015): Die Kinderkrankmacher. Zwischen Leistungsdruck und Perfektion – Das Geschäft mit unseren Kindern. Freiburg: Herder.

Freed, J. & Parsons, L. (2001): Zappelphilipp und Störenfrieda lernen anders. Wie Eltern ihren hyperaktiven Kindern helfen können, die Schule zu meistern. Weinheim: Beltz.

Freud, S. (1970): Abriß der Psychoanalyse. Frankfurt: Fischer.

Freitag, C.M. (2007): ADHS und autistische Störungen – Komorbidität oder Differentialdiagnose? In: Freitag, C.M. & W. Retz, W. (Hrsg.): ADHS und komorbide Erkrankungen. Stuttgart: Kohlhammer. 73–86.

Fröhlich, W.D. (1994)[20]: dtv Wörterbuch zur Psychologie. München: Deutscher Taschenbuch Verlag.

Frölich, J.; Döpfner, M. & Banaschewski, T. (2014): ADHS in Schule und Unterricht: Pädagogisch-didaktische Ansätze im Rahmen des multimodalen Behandlungskonzepts. Stuttgart: Kohlhammer.

Gawrilow, C. (2009): ADHS. München: Ernst Reinhardt.

Gawrilow, C.; Schmitt, K. & Rauch, W. (2011): Kognitive Kontrolle und Selbstregulation bei Kindern mit Aufmerksamkeitsdefizit-/Hyperaktivitätsstörungen. Kindheit & Entwicklung 20, 41–48.

Gawrilow, C. (2012): Lehrbuch ADHS. Modelle, Ursachen, Diagnose, Therapie. München: Ernst Reinhardt.

Gawrilow, C. & Gollwitzer, P.M. (2008): Implementation intentions facilitate response inhibition in children with ADHD. Cognitive Therapy and Research 32, 261–280.

Gawrilow, C.; Guderjahn L. & Gold, A. (2013): Störungsfreier Unterricht trotz ADHS. Mit Schülern Selbstregulation trainieren – ein Lehrermanual. München: Reinhardt.

Gerspach, M. (2006)[2]: Zum Verstehen von Kindern mit Aufmerksamkeitsstörungen. In: Leuzinger-Bohleber, M.; Brandl, Y. & Hüther, G. (Hrsg.): ADHS – Frühprävention statt Medikalisierung. Theorie, Forschung, Kontroversen. Göttingen: Vandenhoeck & Ruprecht. 91–110.

Gerspach, M. (2014): Generation ADHS – den »Zappelphilipp« verstehen. Stuttgart: Kohlhammer.

Gevensleben, H.; Holl, B.; Albrecht, B.; Schlamp, D.; Kratz, O.; Studer, P. et al. (2010): Neurofeedback training in children with ADHD: 6-month follow-up of a randomised controlled trial. European Child and Adolescent Psychiatry 19, 715–724.

Giernalczyk, T. & Albrecht, C. (2011): Psychodynamische Beratung in Lebenskrisen und bei akuter Suizidalität. In: Schnoor, H. (Hrsg.): Psychodynamische Beratung. Göttingen: Vandenhoeck & Ruprecht. 117–136.

Gilsbach, S.; Günther, T. & Konrad, K. (2011): Was wissen wir über Langzeiteffekte von Methylphenidatbehandlung auf die Hirnentwicklung von Kindern und Jugendlichen mit einer Aufmerksamkeitsdefizit-/Hyperaktivitätsstörung (ADHS)? Eine Übersicht über Methylphenidat (MPH) – Effekte auf Kognition, Motivation und Hirnentwicklung. Zeitschrift für Neuropsychologie 22 (2), 121–129.

Goetze, H. (2010): Schülerverhalten ändern. Bewährte Methoden der schulischen Erziehungshilfe. Stuttgart: Kohlhammer.

Gollwitzer, P.M. & Sheeran, P. (2006): Implementation intentions and goal achievement: A meta-analysis of effects and process. Advances in Experimental Social Psychology 38 (6), 69–119.

Goodman, R.; Ford, T.; Simmons, H.; Gatward, R. & Meltzer, H. (2000): Using the Strengths and Difficulties Questionnaire (SDQ) to screen for child psychiatric disorders in a community sample. British Journal of Psychiatry 177, 534–539.

Graw, J: (2010)[5]: Genetik. Springer: Berlin, Heidelberg.

Greene, R.W.; Beszterczey, S.R.; Katzenstein, T.; Park, K. & Goring, J. (2002): Are students with ADHD more stressful to teach?: Patterns of teacher stress in an elementary schoolsample. Journal of Emotional and Behavioral Disorders 10, 79–89.

Gröschke, D. (2005)[3]: Psychologische Grundlagen für Sozial- und Heilpädagogik. Ein Lehrbuch zur Orientierung für Heil-, Sonder- und Sozialpädagogen. Bad Heilbrunn: Klinkhardt.

Hänig, S. (2010): Interventionen bei Kindern und Jugendlichen mit ADHS. In: Rösler, M.; Von Gontard, A.; Retz, W. & Freitag, C.M. (Hrsg.): Diagnose und Therapie der ADHS. Kinder – Jugendliche – Erwachsene. Stuttgart: Kohlhammer. 122–128.

Hässler, F. & Thome, J. (2012): Intelligenzminderung und ADHS. Zeitschrift für Kinder- und Jugendpsychiatrie und Psychotherapie 40, 83–94.

Hallowell, E.W. & Ratey, J. (1999): Zwanghaft zerstreut – oder die Unfähigkeit aufmerksam zu sein. Reinbek: Rowohlt.

Hamm, M. & Berger, M. (2004): ADHS bei Erwachsenen. Die Nährstofftherapie. Hannover: Schlütersche Verlagsgesellschaft.
Harland, S. (2003): Hyperaktiv oder hochbegabt? Bergisch Gladbach: Lübbe.
Hattie, J.A.C. (2009): Visible learning: A synthesis of over 800 meta-analyses relating to achievement. London: Routledge.
Haubl, R. & Liebsch, K. (2010): Mit Ritalin leben. ADHS-Kindern eine Stimme geben. Göttingen: Vandenhoeck & Ruprecht.
Healey, D. & Rucklidge, J.J. (2005): An Exploration Into the Creative Abilities of Children With ADHD. Journal of Attention Disorders 8 (3), 88–95.
Heil, G.; Effinger, I. & Wölfl, E. (2007): Schüler mit ADHS verstehen, fördern und stärken. Maßnahmen und Methoden für Lehrer aller Schularten. In: Janssen-Cilag GmbH (Hrsg.): Schule macht schlau. Freunde machen stark. Neuried: CARE-LINE GmbH. 1–60.
Heimlich, U. (2009): Zwischen Aussonderung und Integration: Schülerorientierte Förderung bei Lern- und Verhaltensschwierigkeiten. Weinheim: Beltz.
Heinemann, E. & Hopf, H. (2006): AD(H)S. Symptome. Psychodynamik. Fallbeispiele. Psychoanalytische Theorie und Therapie. Stuttgart: Kohlhammer.
Hellwig-Brida, S.; Daseking, M.; Petermann, F. & Goldbeck, L. (2010): Intelligenz- und Aufmerksamkeitsleistungen von Jungen mit ADHS. Zeitschrift für Psychiatrie, Psychologie und Psychotherapie 58 (4), 299–308.
Hennemann, T. & Hillenbrand, C. (2010): Klassenführung – Classroom Management. In: Hartke, B.; Koch, K. & Diehl, K. (Hrsg.): Förderung in der schulischen Eingangsstufe. Stuttgart: Kohlhammer. 255–279.
Hervey, A.S.; Epstein, J. & Curry, J.F. (2004): The neuropsychology of adults with attention deficit hyperactivity disorder: A meta-analytic review. Neuropsychology 18 (3), 485–503.
Hillenbrand, C. (2003)[2]: Didaktik bei Unterrichts- und Verhaltensstörungen. München: Reinhardt.
Hillenbrand, C. (2010): Evidenzbasierte Unterrichtsgestaltung bei ADHS. In: Ricking, H. & Schulze, G.C. (Hrsg.): Förderbedarf in der emotionalen und sozialen Entwicklung. Prävention, Interdisziplinarität und Professionalisierung. Bad Heilbrunn: Klinkhardt.
Hillenbrand, C. (2015): Evidenzbasierte Praxis im Förderschwerpunkt emotional-soziale Entwicklung. In: Stein, R. & Müller, T. (Hrsg.): Inklusion im Förderschwerpunkt emotionale und soziale Entwicklung. Stuttgart: Kohlhammer. 170–215.
Hillenbrand, C. & Pütz, K. (2008): KlasseKinderSpiel. Spielerisch Verhaltensregeln lernen. Hamburg: Edition Körber-Stiftung.

Hinshaw, S.P.; Klein, R. & Abikoff, H. (2007): Childhood Attention Deficit/Hyperactivity Disorder: Nonpharmacologic Treatments and Their Combination with Medication. In: Nathan, P.E. & Gorman, V. (Hrsg.): A Guide to Treatments that Work. New York: Oxford University Press. 3–27.
Hoberg, K. (2013): Schulratgeber ADHS. München: Ernst Reinhardt.
Hochwald, F. (2012): Diagnose AD(H)S: Eine Erkenntnisreise für Eltern in sieben Kapiteln. Norderstedt: Books on Demand.
Holowenko, H. (1999): Das Aufmerksamkeits-Defizit-Syndrom (ADS). Wie Zappelkindern geholfen werden kann. Weinheim: Beltz.
Hoza, B.; Waschbusch, D.A.; Pelham, W.E.; Molina, B.S.G. & Milich, R. (2000): Attention-deficit/hyperactivity disordered and control boys' responses to social successes and failure. Child Development 71, 432–446.
Hoza, B.; Gerdes, A.C.; Hinshaw, S.P.; Arnold, L.E.; Pelham, W.E.; Molina, B.S.G.; Abikoff, H.B.; Epstein, J.N.; Greenhill, L.L.; Hechtman, L. & Odbert, C. (2004): Self-perceptions of competence in children with ADHD and comparison children. Journal of Consulting and Clinical Psychology 72, 382–391.
Huber, C. (2006): Soziale Integration in der Schule?! Eine empirische Untersuchung zur sozialen Integration von Schülern mit sonderpädagogischem Förderbedarf im Gemeinsamen Unterricht. Marburg: Tectum.
Huber, C. (2009): Gemeinsam einsam? Empirische Befunde und praxisrelevante Ableitungen zur sozialen Integration von Schülern mit Sonderpädagogischem Förderbedarf im Gemeinsamen Unterricht. Zeitschrift für Heilpädagogik 60, 242–248.
Huber, C. (2011): Soziale Referenzierungsprozesse und soziale Integration in der Schule. Empirische Sonderpädagogik 3 (1), 20–36.
Huber, C. & Grosche, M. (2012): Das response-to-intervention-Modell als Grundlage für einen inklusiven Paradigmenwechsel in der Sonderpädagogik. Zeitschrift für Heilpädagogik 63 (8), 312–322.
Hüther, G. (2006)[2]: Die nutzungsabhängige Herausbildung hirnorganischer Veränderungen bei Hyperaktivität und Aufmerksamkeitsstörungen. Einfluss präventiver Maßnahmen und therapeutischer Interventionen. In: Leuzinger-Bohleber, M.; Brandl, Y. & Hüther, G. (Hrsg.): ADHS – Frühprävention statt Medikalisierung. Theorie, Forschung, Kontroversen. Göttingen: Vandenhoeck & Ruprecht. 222–237.
Hynd, G.W.; Hern, K.L.; Novey, E.S.; Eliopulos, D.; Marshall, R.; Gonzalez, J.J. & Voeller, K.K. (1993): Attention deficit-hyperactivity disorder and asymmetry of the caudate nucleus. Journal of Child Neurology 8, 339–347.
Hynd, G.W.; Lorys, A.R.; Semrud-Clikeman, M.; Nieves, N.; Huettner, M.I. & Lahey, B.B. (1991): Attention deficit disorder without hyperactivity: A

distinct behavioral and neurocognitive syndrome. Journal of Child Neurology 6, 37–43.
Imhof, M.; Skrodzki, K. & Urzinger, M.S. (2007)[6]: Aufmerksamkeitsgestörte, hyperaktive Kinder und Jugendliche im Unterricht. Donauwörth: Auer.
Imhof, M.; Skrodzki, K. & Urzinger, M.S. (2011)[7]: Aufmerksamkeitsgestörte, hyperaktive Kinder und Jugendliche im Unterricht. Donauwörth: Auer.
Jacobs, C. & Petermann, F. (2008)[2]: Training für Kinder mit Aufmerksamkeitsstörungen. Das neuropsychologische Gruppenprogramm ATTENTIONER. Göttingen: Hogrefe.
Jepsen J.R.; Fagerlund B. & Mortensen E.L. (2008): Do attention deficits influence IQ assessment in children and adolescents with ADHD? Journal of Attention Disorders OnlineFirst, published on September 24, 2008. 551–562.
Kats-Golyd, I.; Besser, A. & Priel, B. (2007): The role of simple emotion recognition skills among school aged boys at risk of ADHD. Journal of Abnormal Child Psychology 35, 363–378.
Keller, I. & Grömminger, O. (1993): Aufmerksamkeit. In: von Cramon D.Y.; Mai N. & W. Ziegler (Hrsg.): Neuropsychologische Diagnostik. Weinheim: Beltz. 65–90.
Kieling, C.; Kieling, R.R.; Rohde, L.A.; Frick, P.J.; Moffitt, T.; Nigg, J.T.; Tannock, R. & Castellanos, F.X. (2010): The age of onset of attention deficit hyperactivity disorder. American Journal of Psychiatry 167, 14–16.
Kleber, E.W. & Stein, R.A. (1993): Konzentrationsprobleme – Fehldiagnose oder Zeitkrankheit. Heilpädagogische Forschung. Band XiX (4), 147–151.
Klupsch-Sahlmann, R. (1995): Bewegte Schule. Sportpädagogik 19 (6), 14–22.
Klicpera, C. & Gasteiger-Klicpera, B. (2007): Psychische Störungen im Kindes- und Jugendalter. Wien: Facultas.
Kölch, M.G.; Plener, P.L. & Fegert, J.M. (2012)[2]: Psychostimulanzien und verwandte Substanzen bei psychisch kranken Kindern. In: Gründer, G. & Benkert, O. (Hrsg.): Handbuch der Psychopharmakotherapie. Berlin: Springer. 765–772.
Konrad, K. (2010): Neuroanatomie. In: Rothenberger, A.; Döpfner, M. & Steinhausen, C.M. (Hrsg.): Handbuch ADHS. Grundlagen, Klinik, Therapie und Verlauf der Aufmerksamkeitsdefizit-Hyperaktivitätsstörung. Stuttgart: Kohlhammer. 42–56.
Kounin, J.S. (1976): Techniken der Klassenführung. Stuttgart: Klett.
Krain, A.L. & Castellanos, F.X. (2006): Brain development and ADHD. Clinical Psychology Review 26, 433–444.

Krause, J. & Krause, K. H. (2009)[3]: ADHS im Erwachsenenalter. Die Aufmerksamkeitsdefizit-/Hyperaktivitätsstörung bei Erwachsenen. Stuttgart: Schattauer.

Križan, A. & Vossen, A. (2016): Evidenzbasierung in Schulen durch Verzahnung von Wissenschaft und Praxis erreichen. Zeitschrift für Heilpädagogik 67 (2), 79–90.

Krowatschek, D. (1996)[1]; **(2002)**[4]: Überaktive Kinder im Unterricht. Dortmund: Borgmann.

Krowatschek, D. (2001): Alles über ADS. Ein Ratgeber für Eltern und Lehrer. Düsseldorf und Zürich: Walter.

Krowatschek, G. & Domsch, H. (2007): Lernverhalten und Aufmerksamkeit. In: Fleischer, Th.; Grewe, N.; Jötten, B.; Seifried, K. & Sielanyd, B. (Hrsg.): Handbuch Schulpsychologie. Psychologie für die Schule. Stuttgart: Kohlhammer. 114–123.

Krowatschek, D., Krowatschek, G. & Reid, C. (2015)[9]: Marburger Konzentrationstraining (MKT) für Schulkinder. Dortmund: Verlag Modernes Lernen.

Krowatschek, D. & Hengst, U. (2004): Schokolade für die Seele: Tröstliche Geschichten für Lehrkräfte und Eltern von ADHS-Kindern. Dortmund: Verlag Modernes Lernen.

Krowatschek, D. & Wingert, G. (2009): Marburger Verhaltenstraining (MVT). Dortmund: Borgmann.

Kubesch, S. & Walk, L.M. (2009): Körperliches und kognitives Training exekutiver Funktionen in Kindergarten und Schule. Sportwissenschaft 39 (4), 309–317.

Kusmierz, F. (2004): Die Mini-Notschule – Ein Pilotprojekt. In: Fitzner, T. & Stark, W. (Hrsg.): Genial, gestört, gelangweilt? AD(H)S, Schule und Hochbegabung. Weinheim: Beltz. 41–59.

Landau, S. & Moore, L.A. (1991): Social skill deficits in children with attention-deficit hyperactivity disorder. School Psychology Review 20, 235–251.

Laucht, M.; Eisert, H.G.; Esser, G. (1986): Minimale cerebrale Dysfunktion: Ende eines Mythos? In: Neuhäuser, G. (Hrsg.): Entwicklungsstörungen des Zentralnervensystem. Stuttgart: Kohlhammer. 189–198.

Laucht, M.; Esser, G. & Schmidt, M.H. (2000): Längsschnittforschung zur Entwicklungsepidemiologie psychischer Störungen. Zielsetzung, Konzeption und zentrale Befunde der Mannheimer Risikokinderstudie. Zeitschrift für Klinische Psychologie und Psychotherapie 29, 246–262.

Laucht, M. & Schmidt, M.H. (2004): Mütterliches Rauchen in der Schwangerschaft: Risikofaktor für eine ADHS des Kindes? Zeitschrift für Kinder- und Jugendpsychiatrie und Psychotherapie 32, 177–85.
Lauth, G.W. & Heubeck, B.G. (2006): Kompetenztraining für Eltern sozial auffälliger Kinder. Göttingen: Hogrefe.
Lauth, G.W.; Heubeck, B.G. & Mackowiak, K. (2006): Observation of children with attention-deficit-hyperactivity (ADHD) under three classroom conditions. British Journal of Educational Psychology 76, 385–404.
Lauth, G.W. & Knoop, M. (1998): Konzeption von Aufmerksamkeitsdefizit-/Hyperaktivitätsstörungen aus der Sicht des Lehrers. Heilpädagogische Forschung 24, 21–28.
Lauth, G.W.; Linderkamp, F.; Schneider, S. & Brack, U.B. (2011)[3]: Verhaltenstherapie mit Kindern und Jugendlichen. Weinheim: Beltz.
Lauth, G.W. & Mackowiak, K. (2004): Unterrichtsverhalten von Kindern mit Aufmerksamkeitsdefizit-/Hyperaktivitätsstörungen. Kindheit und Entwicklung 13, 158–166.
Lauth, G.W. & Naumann, K. (2009): ADHS in der Schule. Übungsprogramm für Lehrer. Weinheim: Beltz.
Lauth, G.W. & Schlottke, P.F. (2007): Wenn man sich schon in die Praxis begibt. Kindheit und Entwicklung 16 (3), 152–157.
Lauth, G.W. & Schlottke, P.F. (2009)[6]: Training mit aufmerksamkeitsgestörten Kindern. Weinheim: Beltz.
Lehmkuhl, G. & Döpfner, M. (2008): Aufmerksamkeitsdefizit-/Hyperaktivitätsstörungen. In: Remschmidt, H.; Matejat, F. & Warnke, A. (Hrsg.): Therapie psychischer Störungen bei Kindern und Jugendlichen. Stuttgart: Thieme. 224–229.
Leuzinger-Bohleber, M. (2006)[2]: Einführung. In: Leuzinger-Bohleber, M.; Brandl, Y. & Hüther, G. (Hrsg.): ADHS – Frühprävention statt Medikalisierung. Theorie, Forschung, Kontroversen. Göttingen: Vandenhoeck & Ruprecht. 9–50.
Leuzinger-Bohleber, M. (2009): Frühe Kindheit als Schicksal? Trauma, Embodiment, Soziale Desintegration. Psychoanalytische Perspektiven. Mit kinderanalytischen Fallberichten von Angelika Wolff und Rose Ahlheim. Stuttgart: Kohlhammer.
Leuzinger-Bohleber, M.; Brandl, Y. & Hüther, G. (2006)[2]: ADHS – Frühprävention statt Medikalisierung. Theorie, Forschung, Kontroversen. Göttingen: Vandenhoeck & Ruprecht.
Lersch, R. (2009): Gemeinsamer Unterricht: Schulische Integration Behinderter. Studientexte für das Lehramt. Band 10. Weinheim und Basel: Beltz.

Liebrand, M. (2007): Lernprobleme ADHS? Fallanalysen aus der Lerntherapie. Bern: Hans Huber.
Linderkamp, F.; Hennig, T. & Schramm, S.A. (2011): ADHS bei Jugendlichen. Das Lerntraining LeJA. Weinheim: Beltz.
Lindström, K.; Lindblad, F. & Hjern, A. (2011): Preterm Birth and Attention-Deficit/Hyperactivity Disorder in Schoolchildren. Pediatrics 127 (5), 858–886.
Madan-Swain, A.J. & Zentall, S.S. (1990): Behavioral comparisons of liked and disliked hyperactive children in play contexts and the behavioral acoomodations by their classmates. Journal of Consulting und Clinical Psychology 58, 197–209.
Margolis, H. & McCabe, P. (2004): Self-efficacy: A key to improving the motivation of struggling learners. The Clearing House 77, 241–249.
Marton, I.; Wiener, J.; Rogers, M.; Moore, C. & Tannock, R. (2009): Empathy and social perspective taking in children with attention-deficit/hyperactivity disorder. Journal of Abnormal Child Psychology 37, 107–118.
Mayes, S.D. & Calhoun, S.L. (2006): WISC-IV and WISC-III profiles in children with ADHD. Journal of Attention Disorders 9, 486–493.
McMahon, R.J. & Forehand, R. (1984): Parent training for the noncompliant child. Treatment outcome, generalization, and adjunctive therapy procedures. In: Dangel, R.F. & Polster, R.A. (Hrsg.): Parent training. Foundations of research and practice. New York: Guilford. 298–329.
McMahon, R.J. & Wells, K.C. (1989): Conduct disorders. In Marsh, E.J. & Barkley, R.A. (Hrsg.): Treatment of childhood disorders. New York: Guildford. 73–132.
Meyer, H. (2004): Was ist guter Unterricht? Berlin: Cornelsen.
Miedzinski, K. (1994): Spiel und Bewegung – Hilfe für das hyperkinetische Kind. In: Czerwenka, K. (Hrsg.): Das hyperaktive Kind. Weinheim: Beltz. 79–90.
Mischel, W. (1976): Introduction to personality (Second Edition). New York: Holt, Rinehart & Winston.
Moor, P. (1965): Heilpädagogik. Ein pädagogisches Lehrbuch. Bern: Huber.
Mrug, S.; Hoza, B.; Pelham, W.E.; Gnagy, E.M. & Greiner, A.R. (2007): Behavior and peer status in children with ADHD. Journal of Attention Disorders 10, 359–371.
Müller, A.; Candrian, G. & Kropotov, J. (2011): ADHS. Neurodiagnostik in der Praxis. Berlin, Heidelberg: Springer.
Müller, O. (2002): Entwicklung und Förderung des Selbstkonzeptes. Aarau/Schweiz: Sauerländer Verlag.
Mutzeck, W. (2000): Verhaltensgestörtenpädagogik und Erziehungshilfe. Bad Heilbrunn: Klinkhardt.

Myschker, N. (2009)[6]: Verhaltensstörungen bei Kindern und Jugendlichen. Erscheinungsformen – Ursachen – Hilfreiche Maßnahmen. Stuttgart: Kohlhammer.
Myschker, N. & Stein, R. (2014)[7]: Verhaltensstörungen bei Kindern und Jugendlichen. Stuttgart: Kohlhammer.
Neuhaus, C. (2001)[3]: Hyperaktive Jugendliche und ihre Probleme. Erwachsen werden mit ADS. Wie Eltern helfen können. Berlin: Urania Verlag.
Neuhaus, C. (2007): ADHS bei Kindern, Jugendlichen und Erwachsenen. Symptome, Ursachen, Diagnose und Behandlung. Stuttgart: Kohlhammer.
Neuhaus, C. (2009): Jugendliche mit AD(H)S. Wie Erwachsenwerden gelingt. Freiburg: Urania.
Neuhaus, C. (2012)[3]: ADHS bei Kindern, Jugendlichen und Erwachsenen. Symptome, Ursachen, Diagnose und Behandlung. Stuttgart: Kohlhammer.
Neukäter, H. & Goetze, H. (1978): Hyperaktives Verhalten im Unterricht. München: Ernst Reinhardt.
Nijmeijer, J.; Minderaa, R.B.; Buitelaar J.K.; Mulligan, A.; Hartman, C.A. & Hoekstra, P.J. (2008): Attention-deficit/hyperactivity disorder and social dysfunctioning. Clinical Psychology Review 28 (4), 692–708.
Nolting, H.-P. (2007)[6]: Störungen in der Schulklasse. Ein Leitfaden zur Vorbeugung und Konfliktlösung. Weinheim: Beltz.
Nussbeck, S. (2014): Evidenzbasierte Praxis. In: Wember, F.B., Stein, R. & Heimlich, U. (Hrsg.): Handlexikon Lernschwierigkeiten und Verhaltensstörungen. Stuttgart: Kohlhammer. 247–249.
Ohan, J.L.; Cormier, N.; Hepp, S.L.; Visser, T.A.W. & Strain, M.C. (2008): Does knowledge about attention-deficit/hyperactivity disorder impact teachers' reported behaviours and perceptions? School Psychology Quarterly 23, 436–449.
Ostermann, D. (2011): Beitrag widerspricht langjähriger Erfahrung. Informationen für Erziehungsberatungsstellen 1, 19–21.
Petermann, F.; Döpfner, M & Schmidt, M.H. (2007)[2]: Aggressiv-dissoziale Störungen. Leitfaden Kinder- und Jugendpsychotherapie, Band 3. Göttingen: Hogrefe.
Petillon, H. (1978): Der unbeliebte Schüler. Braunschweig: Westermann.
Petillon, H. (1982): Soziale Beziehungen zwischen Lehrern, Schülern und Schülergruppen. Weinheim/Basel: Beltz.
Plück, J.; Wieczorrek, E.; Wolff Metternich, T.; Döpfner, M.; Brix, G.; Freund-Braier, I. & Hautmann, C. (2006): Präventionsprogramm für Expansives Problemverhalten (PEP). Ein Manual für Eltern- und Erziehergruppen. Göttingen: Hogrefe.

Polanczyk, G.; de Lima, M.S.; Horta, B.L.; Biederman, J. & Rohde, L.A. (2007): The Worldwide Prevalence of ADHD: A Systematic Review and Metaregression Analysis. American Journal of Psychiatry 164, 942–948.
Pelz, R.; Banaschewski, T. & Becker, K. (2008): Pharmakotherapie bei Kindern und Jugendlichen mit ADHS. Monatsschrift Kinderheilkunde 156 (8), 768–775.
Perls, F.; Hefferline, R.F. & Goodman, P. (1993)[2]: Gestalttherapie. Praxis. München: dtv/Klett-Cotta.
Perold, M.; Louw, C. & Kleynhans, S. (2010): Primary school teachers' knowledge and misperceptions of attention deficit hyperactivity disorder (ADHD). South African Journal of Education 30, 457–473.
Preuss, U. & Stümpfig, S. (2010): Kinder- und Jugendpsychiatrie. Für Pflege- und Sozialberufe. München: Urban & Fischer.
Rafalovich, A. (2004): Framing ADHD Children. A Critical Examination of the History, Discourse, and Everyday Experience of Attention Deficit/Hyperactivity Disorder. Latham, MD: Rowman and Littlefield-Lexington Books.
Regler, B.; Regler, C. & Braunewell, H. (2010): Nahrungsmittel-Unverträglichkeiten bei Kindern. Stuttgart: Trias-Verlag.
Reichert, H. (2000)[2]: Neurobiologie. Stuttgart: Thieme.
Remschmidt, H.; Schmidt, M. & Poustka, F. (2012)[6]: Multiaxiales Klassifikationsschema für psychische Störungen des Kindes- und Jugendalters nach ICD-10 der WHO. Mit einem synoptischen Vergleich von ICD-10 und DSM-IV. Bern: Huber.
Resch, F.; Parzer, P. & Brunner, M. (1999): Entwicklungspsychopathologie des Kindes- und Jugendalters. Ein Lehrbuch. Weinheim: Beltz.
Resnick, R.J. (2004): Die verborgene Störung – ADHS bei Erwachsenen. Stuttgart: Klett-Cotta.
Rind, M. (2011): ADHS im Kindes- und Jugendalter als Familienproblematik. In: Sauerbrey, U. & Winkler, M. (Hrsg.): Pädagogische Anmerkungen zur Aufmerksamkeitsdefizit-/Hyperaktivitätsstörung (ADHS). Jena: IKS Garamond. 139–164.
Rinschede, G. (2007)[3]: Geographiedidaktik. Paderborn: Schöningh.
Roessner, V. & Rothenberger, A. (2010): Neurochemie. In: Rothenberger, A.; Döpfner, M. & Steinhausen, C.M. (Hrsg.): Handbuch ADHS. Grundlagen, Klinik, Therapie und Verlauf der Aufmerksamkeitsdefizit-Hyperaktivitätsstörung. Stuttgart: Kohlhammer. 76–91.
Rogers, C. (1957): The necessary and sufficient conditions of therapeutic personality change. Journal of Consulting Psychology 21 (2), 95–103.
Roggensack, C. (2006): Mythos ADHS. Konstruktion einer Krankheit durch die monodisziplinäre Gesundheitsforschung. Heidelberg: Carl-Auer.

Rosendahl, J. (2015): Konzentrationstraining – einfach und differenziert. Materialsammlung für Schüler mit sonderpädagogischem Förderbedarf. Hamburg: Persen.

Rossi, P. (2001): Aufmerksamkeitsdefizit-/Hyperaktivitätsstörung – auch bei Hochbegabten? In: Deutsche Gesellschaft für das hochbegabte Kind e. V. (Hrsg.): Im Labyrinth. Hochbegabte Kinder in Schule und Gesellschaft. Münster: Lit Verlag.

Rothenberger, A. & Neumärker, K.-J. (2005): Wissenschaftsgeschichte der ADHS. Kramer-Pollnow im Spiegel der Zeit. Darmstadt: Steinkopff.

Ruf, B. & Arthen, K. (2006): ADHS und Wahrnehmungsauffälligkeiten. Früherkennung und Prävention im Kindergarten und in der 1. Klasse. Donauwörth: Auer.

Ryffel-Rawak, D. (2001): ADS bei Erwachsenen. Betroffene berichten aus ihrem Leben. Bern: Hans Huber.

Schad, G. (2015): Evidenzbasierte Erziehung? Zeitschrift für Heilpädagogik 66 (7), 334–344.

Schäfer, U. & Gerber, W.-D. (2007): AD(H)S – Die Aufmerksamkeitsdefizit-Hyperaktivitätsstörung. Ein Ratgeber für Eltern, Lehrer und Erzieher. Göttingen: Vandenhoeck & Ruprecht.

Scharfetter, C. (2002)[5]: Allgemeine Psychopathologie – Eine Einführung. Stuttgart: Thieme.

Schaupp, U. (2009): Immer dieser Michel … oder: Tipps zum täglichen Umgang mit aufmerksamkeits- und konzentrationsschwachen Kindern und Jugendlichen. In: Menzel, D. & Wiater, W. (Hrsg.): Verhaltensauffällige Schüler. Bad Heilbrunn: Klinkhardt. 176–183.

Schleiffer, R. (2009)[4]: Der heimliche Wunsch nach Nähe. Bindungstheorie und Heimerziehung. Weinheim: Juventa.

Schlack, R.; Hölling, H.; Kurth, B.M. & Huss, M. (2007): Die Prävalenz der Aufmerksamkeitsdefizit-/Hyperaktivitätsstörung (ADHS) bei Kindern und Jugendlichen in Deutschland. Erste Ergebnisse aus dem Kinder- und Jugendgesundheitssurvey (KIGGS). Bundesgesundheitsblatt Gesundheitsforschung Gesundheitsschutz 50 (5–6), 827–835.

Schlack, R.; Mauz, E.; Hebebrand, J.; Hölling, H. & KiGGS Study Group (2014): Hat die Häufigkeit elternberichteter Diagnosen einer Aufmerksamkeitsdefizit-/Hyperaktivitätsstörung (ADHS) in Deutschland zwischen 2003–2006 und 2009–2012 zugenommen? Ergebnisse der KiGGS-Studie – Erste Folgebefragung (KiGGS Welle 1.) Bundesgesundheitsblatt – Gesundheitsforschung – Gesundheitsschutz 57 (7), 820–829.

Schmiedeler, S. (2013): Wissen und Fehlannahmen von deutschen Lehrkräften über die Aufmerksamkeitsdefizit-/Hyperaktivitätsstörung (ADHS). Psychologie in Erziehung und Unterricht 60, 143–153.

Schmiedeler, S.; Niklas, F. & Schneider, W. (2014): Symptoms of attention-deficit hyperactivity disorder (ADHD) and home learning environment (HLE): Findings from a longitudinal study. European Journal of Psychology of Education 29 (3), 483–501.

Schmid, G. (2012)[2]: Ätiologie. In: Kahl, K.G.; Puls, J.H.; Schmid, G. & Spiegler, J. (Hrsg.): Praxishandbuch ADHS. Diagnostik und Therapie für alle Altersstufen. Stuttgart: Thieme. 7–10.

Schmid, G. & Wolke, D. (2014): Preschool regulatory problems and attention-deficit/hyperactivity and cognitive deficits at school age in children born at risk: Different phenotypes of dysregulation? Early Human Development 90, 399–405.

Schmidt, H.-R. (2010): Mein Kind hat ADHS? Das gibt`s doch nicht! Informationen für Erziehungsberatungsstellen 3, 7–15.

Schmitman gen. Pothmann, M. (2014)[2]: Kinder brauchen Freunde – Soziale Fertigkeiten fördern. Gruppentherapie bei AD(H)S und anderen Verhaltensauffälligkeiten. Stuttgart: Klett-Cotta.

Schramm, S.A. (2013): Intervention bei ADHS im Jugendalter: Konzeption und empirische Evaluation des Lerntrainings für Jugendliche mit ADHS (LeJA). Unveröffentlichte Dissertation, Universität Oldenburg. Verfügbar unter oops.¬uni-oldenburg.de/1630/ (Abruf 31.08.2015).

Schreyer, I. & Hampel, P. (2009): ADHS bei Jungen im Kindesalter: Lebensqualität und Erziehungsverhalten. Zeitschrift für Kinder- und Jugendpsychiatrie und Psychotherapie, 37, 69–75.

Schröder, A. (2006): ADS in der Schule. Handreichungen für Lehrerinnen und Lehrer. Göttingen: Vandenhoeck & Ruprecht.

Schuck, S.E.B. & Crinella, F.M. (2005): Why children with ADHD do not have low IQs. Journal of learning disabilities 38, 262–280.

Schütz, A. (2005): Je selbstsicherer, desto besser? Licht und Schatten positiver Selbstbewertung. Weinheim: Beltz.

Schulz, E.; Fleischhaker, C. & Theisen, F.M. (2011): Medikamentöse Behandlung. In Remschmidt, H. (Hrsg.): Kinder- und Jugendpsychiatrie – Eine praktische Einführung. Thieme: Stuttgart. 448–461.

Schwander, M.W. & Andersen, K.N. (2005): Spiel in der Grundschule. Multiple Funktionen – maßgebliche Aufgaben. Bad Heilbrunn: Klinkhardt.

Schwenck, C.; Walitza, S. & Warnke, A. (2007): Komorbide Störungen bei ADHS im Kindes- und Jugendalter und ihre Therapie. In: Freitag, C.M. &

Retz, W. (Hrsg.): ADHS und komorbide Erkrankungen. Neurobiologische Grundlagen und diagnostisch-therapeutische Praxis bei Kindern und Erwachsenen. Stuttgart: Kohlhammer. 28–40.

Sciutto, M.J.; Terjesen, M.D. & Frank, A.S.B. (2000): Teachers' knowledge and misperceptions of attention-deficit/hyperactivity disorder. Psychology in the Schools 37, 2. 115–122.

Seitz, W. (1998): Delinquenz von Kindern und Jugendlichen als Folge mangelnder Selbst- und Handlungskontrolle. In: Knab, E. & Macsenaere, M. (Hrsg.): Heimerziehung als Lebenshilfe. Festschrift zum 70. Geburtstag von Dr. Peter Flosdorf. Mainz: Eigenverlag des Institutes für Kinder- und Jugendhilfe. 121–150.

Seitz, W. (2006)[3]: Verhaltensstörungen. In: Rost, D. H. (Hrsg.): Handwörterbuch Pädagogische Psychologie. Weinheim: Beltz. 840–847.

Seitz, W. & Stein, R. (2010)[4]: Verhaltensstörungen. In: Rost, D. H. (Hrsg.): Handwörterbuch Pädagogische Psychologie. Weinheim: Beltz. 919–927.

Simchen, H. (2007)[5]: ADS. Unkonzentriert, verträumt, zu langsam und zu viele Fehler im Diktat. Hilfen für das hypoaktive Kind. Stuttgart: Kohlhammer.

Singh, I. (2003): Boys will be boys: fathers' perspectives on ADHD symptoms, diagnosis, and drug treatment. Harvard Review of Psychiatry 11 (6), 308–316.

Singh, I. (2004): Doing their jobs: mothering with Ritalin in culture of motherblame. Social Science & Medicine 59 (6), 1193–1205.

Sinzig, J.; Morsch, D. & Lehmkuhl, G. (2008): Do hyperactivity, impulsivity and inattention have an impact on the ability of facial affect recognition in children with autism and ADHD? European Child and Adolescent Psychiatry 17, 63–72.

Skrodzki, K. (2009)[2]: Die differenzierte, individuelle und adaptive medikamentöse Behandlung der ADHS. In: Winter, B. & Arasin, B. (Hrsg.): Ergotherapie bei Kindern mit ADHS. Stuttgart: Thieme. 22–29.

Skrodzki, K. (2009): Kinder mit ADHS. Kinder mit besonderem Förderbedarf. In: Menzel, D. & Wiater, W. (Hrsg.): Verhaltensauffällige Schüler. Symptome, Ursachen und Handlungsmöglichkeiten. Bad Heilbrunn: Kinkhardt. 161–175.

Speck, O. (1978): Geleitwort? In: Neukäter, H. & Goetze, H.: Hyperaktives Verhalten im Unterricht. München.

Sprich, S.; Biederman, J.; Crawford, M. H.; Mundy, E. & Faraone, S.V. (2000): Adoptive and biological families of children and adolescents with ADHD. Journal of the American Academy of Child and Adolscent Psychiatry 39, 1432–1437.

Stauffenberg, A.M. (2011): Zur Psychoanalyse der ADHS. Manual und Katamnese. Frankfurt am Main: Brandes & Apsel.

Stein, R. (2005): Einführung in die pädagogische Gestaltarbeit. Hohengehren: Schneider.

Stein, R. (2015)[4]: Grundwissen Verhaltensstörungen. Hohengehren: Schneider.
Stein, R. & Ellinger, S. (2015): Zwischen Separation und Inklusion: Zum Forschungsstand im Förderschwerpunkt emotionale und soziale Entwicklung. In: Stein, R. & Müller, T. (Hrsg.): Inklusion im Förderschwerpunkt emotionale und soziale Entwicklung. Stuttgart: Kohlhammer. 76–109.
Stein, R. & Stein, A. (2014)[2]: Unterricht bei Verhaltensstörungen. Ein integratives didaktisches Modell. Bad Heilbrunn: Klinkhardt.
Steinhausen, H.-C. (2000)[2]: Klinik und Konzepte der hyperkinetischen Störungen. In: Steinhausen, H.-C. (Hrsg.): Hyperkinetische Störungen bei Kindern, Jugendlichen und Erwachsenen. Stuttgart: Kohlhammer. 9–37.
Steinhausen, H.-C. (2010)[7]: Psychische Störungen bei Kindern und Jugendlichen. Lehrbuch der Kinder- und Jugendpsychiatrie und -psychotherapie. München: Urban & Fischer.
Stevens, J.O. (1993)[13]: Die Kunst der Wahrnehmung. Übungen der Gestalttherapie. Gütersloh: Chr. Kaiser.
Stiehler, M. (2007): Konzentrationserziehung statt AD(H)S-Therapie. Ein Modell nach Paul Moor. Bad Heilbrunn: Klinkhardt.
Still, G.F. (1902): Some abnormal psychical conditions in children. The Lancet 1, 1008–1012, 1077–1082, 1163–1168.
Strauss, A. & Lehtinen, L. (1947): Psychopathology and education of the brain injured child. (Vol. 1) New York: Grune & Stratton.
Strehl, U. (2007): Train your brain – Neurofeedback bei ADHS. In: Vorstand der Landesarbeitsgemeinschaft für Erziehungs-, Jugend- und Familienberatung Bayern e. V. Erziehungsberatung aktuell 1, 34–40.
Strehl, U.; Hinterberger, T.; Veit, R. & Birbaumer, N. (2005): Entwicklungen der Medizinischen Psychologie: Neuroprothesen für neurologische Erkrankungen. In: Balck, F. (Hrsg.): Anwendungsfelder der medizinischen Psychologie. Heidelberg: Springer. 117–125.
Streif, J. (2008): Cognitive Enhancement durch »Ritalin«? In: ADHS Deutschland e. V. (Hrsg.): Fachbuch 2008 »ADHS heute«. ADHS Deutschland e. V: Forchheim. 63–83.
Streif, J. (2011): ADHS – oder: Warum Leugnen manchmal sinnlos ist. Informationen für Erziehungsberatungsstellen 1, 21–28.
Streßler, M. (2008): Im Klassenzimmer. Der Wandel des Lehrer-Schüler-Verhältnisses in Österreich. Frankfurt am Main: Peter Lang Verlag.
Subcommittee on Attention-Deficit/Hyperactivity Disorder (2011): ADHD: clinical practice guideline for the diagnosis, evaluation, and treatment of attention-deficit/hyperactivity disorder in children and adolescents. Pediatrics

128 (5), 1007–1022. (Online verfügbar unter: http://pediatrics.aappublications.¬org/content/early/2011/10/14/peds.2011-2654.full.pdf+html, zuletzt abgerufen am 11.05.2015).

Swanson, J.; Castellanos, F.X.; Murias, M.; LaHoste, G. & Kennedy, J. (1998): Cognitive neuroscience of attention deficit hyperactivity disorder and hyperkinetic disorder. Current Opinion in Neurobiology 8, 263–271.

Tausch, R. & Tausch, A. (1998)[11]: Erziehungspsychologie. Begegnung von Person zu Person. Göttingen: Hogrefe.

Textor, A. (2007): Analyse des Unterrichts mit »schwierigen« Kindern. Hintergründe, Untersuchungsergebnisse, Empfehlungen. Bad Heilbrunn: Klinkhardt.

Thapar, A.; Fowler, T.; Rice, F.; Scourfield, J.; van den Bree, M.; Thomas, H.; Harold, G. & Hay, D. (2003): Maternal smoking during pregnancy and attention deficit hyperactivity disorder symptoms in offspring. The American journal of psychiatry 160 (11), 1985–1989.

Trott, G.-E. (2000): Biologische Ursachen und Möglichkeiten der medikamentösen Therapie des Hyperkinetischen Syndroms. In: Skrodzki, K. & Mertens, K. (Hrsg.): Hyperaktivität. Aufmerksamkeitsstörung oder Kreativitätszeichen? Dortmund: Borgmann. 107–122.

Tschauer, W. & Feuz, S. (2011): ADHS: Ein kritischer Überblick zu einer Modediagnose. In: Bonney, H. (Hrsg.): Neurobiologie für den therapeutischen Alltag. Auf den Spuren Gerald Hüthers. Göttingen: Vandenhoeck & Ruprecht. 159–176.

Tücke, M. (2005)[4]: Psychologie in der Schule, Psychologie für die Schule. Eine themenzentrierte Einführung in die Pädagogische Psychologie für (zukünftige) Lehrer. Münster: LIT Verlag.

Quaschner, K. & Theisen, F.M. (2008)[5]: Hyperkinetische Störungen. In: Remschmidt, H. (Hrsg.): Kinder- und Jugendpsychiatrie. Eine praktische Einführung. Stuttgart: Thieme. 156–164.

Quaschner, K.; Theisen, F.M. & Becker, K. (2011)[6]: Hyperkinetische Störungen. In: Remschmidt, H. (Hrsg.): Kinder- und Jugendpsychiatrie. Eine praktische Einführung. Thieme: Stuttgart. 157–166.

Vagedes, J. & Soldner, J. (2008): Das Kindergesundheitsbuch – Ganzheitlich handeln mit anthropologisch erweiterter Medizin. München: Gräfe und Unzer.

Valera, E.M.; Faraone, S.V.; Murray, K.E. & Seidman, L.J. (2007): Meta-analysis of structural imaging findings in attention-deficit/hyperactivity disorder. Biological Psychiatry 61, 1361–1369.

Vernooij, M.A. (1992): Hampelliese – Zappelhans. Problemkinder mit hyperkinetischem Syndrom. Stuttgart: Haupt.

Walk, L.M. & Evers, W.F. (2013): Fex – Förderung exekutiver Funktionen. Wissenschaft, Praxis, Förderspiele. Bad Rodach: Wehrfritz.

Walther, P. & Ellinger, S. (2008): Effektivität von Förderprogrammen bei Aufmerksamkeitsstörung und Hyperaktivität (ADS/ADHS). In: Fingerle, M. & Ellinger, S. (Hrsg.): Sonderpädagogische Förderprogramme im Vergleich. Stuttgart: Kohlhammer. 157–192.
Warnke, A. & Satzger-Harsch, U. (2004): ADHS. Das Aufmerksamkeitsdefizit-Syndrom. Stuttgart: Trias.
Warnke, A. & Wewetzer, C. (2008): Medikamentöse Therapie. In: Remschmidt, H.; Mattejat, F. & Warnke, A. (Hrsg.): Therapie psychischer Störungen bei Kindern und Jugendlichen. Ein integratives Lehrbuch für die Praxis. Stuttgart: Thieme. 30–44.
Warrlich, C. & Reinke, E. (2007): Auf der Suche. Psychoanalytische Betrachtungen zum AD(H)S. Gießen: Psychosozial-Verlag.
Weiß, T. (2005)[2]: Zentralnervensystem. In: Van den Berg, F. (Hrsg.): Angewandte Physiologie. Organsysteme verstehen. Stuttgart: Thieme. 297–374.
Weiß, S.; Kollmannsberger, M. & Kiel, E. (2013): Sind Förderschullehrkräfte anders? Eine vergleichende Einschätzung von Expertinnen und Experten aus Regel- und Förderschulen. Empirische Sonderpädagogik 5 (2), 167–186.
Whalen, C.K. & Henker, B. (1991): Therapies for hyperactive children: Comparisons, combinations, and compromises. Journal of Consulting and Clinical Psychology 59, 126–137.
White, H.A. & Shaw, P. (2006): Uninhibited imaginations: Creativity in adults with attention-deficit/hyperactivity disorder. Personality and Individual Differences 40 (6), 1121–1131.
Wyschkon, A. & Esser, G. (2007): Bedeutung komorbider Störungen im Kindesalter für den Langzeitverlauf der ADHS. In: Freitag, C.M. & Retz, W. (Hrsg.): ADHS und komorbide Erkrankungen. Stuttgart: Kohlhammer. 41–49.
Zentall, S.S. (2005): Theory – and evidence-based strategies for children with attentional problems. Psychology in the schools 42 (8), 821–836.
Zentall, S.S. & Goetze, H. (1994): Kinder mit Aufmerksamkeits- und Hyperaktivitätsproblemen (ADHD) – Neuere experimentelle Befunde und Anwendungen für den Unterricht. Sonderpädagogik 3, 82–91.

Internetquellen

Biegert, H. (2009): ADHS: Impulsiv und unaufmerksam – Lehrer und Pädagogen ohne Chance? Online verfügbar unter: http://www.wuerzburger-fachtagung.¬de/bilder/ADHSBiegert.pdf (Abruf 15.01.2016).

Bundesärztekammer (2005): Stellungnahme zur Aufmerksamkeitsdefizit-/Hyperaktivitätsstörung (ADHS). http://www.bundesaerztekammer.de/downloads/¬ADHSLang.pdf (Abruf 07.01.2016).

Bundespsychotherapeutenkammer (2013): Trauer ist keine psychische Krankheit. BPtK warnt vor dem Aufweichen diagnostischer Kriterien. http://www.¬bptk.de/aktuell/einzelseite/artikel/trauer-ist-k.html (Abruf 20.02.2016).

Hoffmann, C. & Schmelcher, A. (2012): Ritalin gegen ADHS. Wo die wilden Kerle wohnten. http://www.faz.net/aktuell/politik/inland/ritalin-gegen-adhs-wo-¬die-wilden-kerle-wohnten-11645933.html (Abruf 20.12.2015).

Irle, K. (2010): Immer mehr Pillen. http://www.fr-online.de/wissenschaft/AD(H)S-¬immer-mehr-pillen,1472788,4453766.html (Abruf 11.11.2015).

Kailitz, S. (2011): Psychopharmaka als letztes Mittel. http://www.zeit.de/wissen/¬gesundheit/2011-05/adhs-medikamente-verschreibung (Abruf 02.01.2016).

Küchenhoff, J. (2013): Psychiatrische Klassifikation und die Anerkennung des Fremden http://www.psychoanalyse-aktuell.de/324+M54c4bf41f2.0.html?&¬tx_ttnews[day]=19&tx_ttnews[month]=07&tx_ttnews[year]=2013 (Abruf 02.01.2016).

Kühle, H.-J. (2010): Neurofeedbacktherapie bei ADHS – Grundlagen, Erfolgsaussichten und Kriterien für die Auswahl einer Behandlung. http://www.¬agadhs.de/uploads/NeurofeedbackfuerAGADHSHP1110_2.pdf (Abruf 15.01.2016).

Mpfs Medienpädagogischer Forschungsverbund Südwest (2010): JIM – Studie 2010. Jugend, Information, (Multi-) Media. http://www.mpfs.de/fileadmin/¬JIM-pdf10/JIM2010.pdf (Abruf 15.02.2016).

MTV Networks (2007): Circuits of Cool. http://advertising.microsoft.com/¬deutschland/wwdocs/user/de/de/researchlibrary/researchreport/2007%2009¬%2006%20Circuits%20of%20Cool%20Germany%20final.pdf (Abruf 31.08.2015).

N-TV (2012): Inflation psychischer Erkrankungen. Handbuch verursacht Streit. http://www.n-tv.de/wissen/Handbuch-verursacht-Streit-article9872696.html (Abruf 07.10.2015).

Internetseiten

http://www.AD(H)S.info (Abruf 29.02.2016).

https://www.adhs-lebenswelt.de/lehrer/schule/Lehren.aspx#Strukturierung_des_¬Unterrichts (Abruf 30.01.2016)

http://www.ads-hyperaktivitaet.de (Abruf 29.02.2016).
http://www.aerzteblatt.de/nachrichten/45517/Methylphenidat-jetzt-auch-fuer-Erwachsene (Abruf 31.01.2016).
http://www.aerzteblatt.de/nachrichten/47837/USA-Ritalin-auch-fuer-4-Jaehrige (Abruf 20.02.2016)
http://www.aerztezeitung.de/medizin/krankheiten/neuro-psychiatrische_krankheiten/adhs/article/648519/experten-fordern-adhs-diagnostik-muss-besser.html (Abruf 11.11.2015)
http://www.bfarm.de/SharedDocs/Pressemitteilungen/DE/mitteil2011/pm02-2011.html (Abruf 05.02.2016).
http://www.bllv.de/ADHS-im-Unterricht.7171.0.html (Abruf 30.12.2015)
http://www.focus.de/familie/lernen/lernstoerungen/adhs/wann-gilt-ein-kind-als-hyperaktiv-der-lange-weg-zur-diagnose_id_2488881.html (Abruf 07.01.2016)
http://www.info-AD(H)S.de (Abruf 30.01.2016)
http://www.medizin-telegramm.com/mediapool/45/451382/data/2011/11-2011/11.28.11_Neurofeedback.pdf (Abruf 07.01.2016)
http://www.rhein-zeitung.de/region_artikel,-Forscher-ADHS-ist-zur-Modeerscheinung-geworden-_arid,384776.html#.VVCEjZMsGPU (Abruf 27.12.2015)
http://www.sichere-schule.de/klassenraum/_docs/sitzbaelle.pdf (Abruf 15.02.2016)

Norbert Myschker
Roland Stein

Verhaltensstörungen bei Kindern und Jugendlichen

Erscheinungsformen – Ursachen – Hilfreiche Maßnahmen

7., überarbeitete und erweiterte Auflage 2014
646 Seiten. Kart. € 39,90
ISBN 978-3-17-023438-3

auch als EBOOK

In der Art eines Handbuches vermittelt dieser Band den aktuellen Wissensstand zum Thema Verhaltensstörungen bei jungen Menschen. Gemeint sind Kinder und Jugendliche, die in ihrem Verhalten in unerwünschter Weise von den Erwartungsnormen der Gesellschaft abweichen, d.h. junge Menschen, die Verwahrlosungserscheinungen, psychosoziale Störungen, delinquentes Verhalten und/oder starke Ängste, Depressionen, suizidale Tendenzen zeigen. Die Autoren stellen in übersichtlicher Form effektive pädagogische Konzepte und Maßnahmen vor; sie beschreiben und bewerten diagnostische Verfahren, zeigen bewährte und wirksame Interventionsmethoden auf und setzen sich mit Arbeit und Funktion der einschlägigen Institutionen auseinander. Das Buch ist sowohl eine umfassende Einführung für Studierende als auch eine aktuelle Orientierungshilfe für Fachleute.

Leseproben und weitere Informationen unter www.kohlhammer.de

W. Kohlhammer GmbH
70549 Stuttgart

Katja Mackowiak
Satyam Antonio Schramm

ADHS und Schule

Grundlagen, Unterrichtsgestaltung, Kooperation und Intervention

2016. 194 Seiten
Kart. € 28,-
ISBN 978-3-17-029994-8

auch als EBOOK

Brennpunkt Schule

Aufmerksamkeits- und Hyperaktivitätsstörungen (ADHS) zählen zu den häufigsten Verhaltensstörungen des Kindes- und Jugendalters (ca. 5-7 %). Neben Lern- und Leistungsschwierigkeiten kann dadurch vor allem die Interaktion mit Gleichaltrigen und Erwachsenen problematisch sein. Lehrkräfte und Eltern sind somit beim Vorliegen einer ADHS besonders herausgefordert. Das Buch liefert auf der Grundlage klinisch-entwicklungspsychologischer und (sonder-)pädagogischer Theorien sowie empirischer Befunde grundlegendes Wissen zur Symptomatik, Entstehung und Diagnostik von ADHS. Darauf aufbauend werden praktische Handlungsempfehlungen und evaluierte Maßnahmen im Umgang mit Kindern und Jugendlichen mit ADHS sowie Beratungsaufgaben im Kontext Schule vorgestellt. Das Ganze wird angereichert durch Fallbeispiele und Materialien (Checklisten, Beobachtungsbögen usw.).

Leseproben und weitere Informationen unter www.kohlhammer.de

W. Kohlhammer GmbH
70549 Stuttgart